传播与中国译丛

新闻·新技术·公共生活

主　　编◎陆　晔

执行主编◎李红涛　白红义

危机时代重思新闻业

[英] 斯图尔特·艾伦（Stuart Allan）◎著

胡　特◎译　　张昱辰◎校

中国传媒大学出版社

·北京·

目　录

总　序

二十世纪六十至七十年代，伴随着以新闻编辑部为核心的组织化新闻生产规范化程度的提升，以及以电视为代表的大众传播媒介对社会生活日益深刻的影响，在世界各国媒介社会学领域，诞生了一大批基于经验研究的卓越新闻生产社会学理论成果。其中多部经典著作在初版三十年之后引进中国，如盖伊·塔克曼的《做新闻》(初版 1978 年，中译本 2008 年)、赫伯特·甘斯的《什么在决定新闻》(初版 1979 年，中译本 2009 年)等。这些著作在中国的"理论旅行"，嵌入中国新闻传播学科的本土语境，与中国新闻业在社会主义市场经济蓬勃发展引领下改革创新的理论反思和业务实践相互激发，无论对于搭建学科知识地图还是推动原创性经验研究并与国际学术同行展开交流和批评，都起到积极作用。

近年来，信息与传播技术(ICT)革命和以全球化、数字化、移动互联网为标志的新传播形态，极大地挑战了大众传播媒介的组织化新闻生产逻辑。

在线新闻媒体、移动社交平台、短视频平台，各类新型新闻生产和传播模式的快速演化，社会大众从新闻受众到新闻用户的转变，颠覆了传统的新闻生产流程，从新的维度激活和维系社会公共生活，生产出有关数字时代“何为新闻”“新闻何为”的全新理解。就像2017年3月，著名科技文化前沿期刊《连线》封面报道聚焦“危机中的新闻业”，八篇文章围绕上述主题展开讨论，“新闻业危机”话语一度成为学界和业界的焦点。

21世纪初以来，新一代媒介社会学者围绕数字时代新闻学的理念和实践，展开了扎实的经验研究，力图从对新闻学相关重要理论概念在移动互联网时代的反思和数字新闻生产实践两个维度，批判性地发掘、拓展、阐释新技术环境下新闻和新闻业之于当今世界风云变幻的理论意义与现实价值。这套《传播与中国译丛——新闻·新技术·公共生活》可以说是欧美数字时代新闻生产社会学研究最新成果的集中呈现。

与十多年前引进二十世纪六七十年代美国新闻生产社会学经典著作不同，这套丛书所选的著作与过往相比，翻译引进的时间差很小。这些学术专著所关注的议题，无论是对新闻学核心概念的理论反思，还是对数字新闻生产实践的经验阐释，无不具有强烈的当下性和前沿性，既是对新技术时代“新闻业危机话语”的回应，也强烈地预示着全新的数字新闻业的前景。其中，杰弗里·亚历山大等人主编的论文集《新闻业危机再反思》跳脱技术和经济视野，从文化的视角考察新闻业的危机与数字未来，戴维·莱夫则在传统新闻业“日薄西山”的当口踏入田野，记录美国新闻业如何适应变化、求得生存。当然，莱弗的出发点和民族志的焦点仍然是传统媒体机构的新闻编辑部，C.W.安德森则将眼光转向一整座城市，浓墨重彩地呈现出费城新闻生态系统的演变和都市新闻业再造的轨迹。在系统的实证研究之外，本译丛还收录了三种“纯理论”著作，它们立足数字时代，分别对公共性和客观性这两个“古老”概念和公民见证这个“年轻”概念做了历史性、比较性的梳理和阐释。这些理论和实证著作，不仅有助于我们理解现在，也有助于我们想象新闻、新技术与公共生活的未来。

这套丛书的译者和译校，皆为目前国内新闻传播学领域的优秀中青年学者。他们接受过系统的学术训练，理论功底扎实，具有丰富的经验研究积累，在各自的研究领域尤其是新闻社会学相关领域，都完成过有较高学术价值的原创性研究成果。译者的专业素养，加上试译、译校等翻译把关程序，务求让这批著作以可信的面貌呈现在中国读者面前。更重要的是，从翻译开始，我们希望开启并推动积极、有效的学术批评和学术对话。

我们也希望这套丛书能从新技术场景下新闻与社会生活的关系出发，勾连、回望、对话新闻学研究的历史和经典，激励新一代学者立足移动互联网时代中国新闻传播实践的丰富样态，发展出既有现实针对性又有理论阐释力的原创学术成果，为中国和世界留存一份我们的思考，就像波兰诗人米沃什的著名诗篇："书籍将会站在书架上，此乃真正的存在……书籍比我们持久。"

执行主编　李红涛

白红义

主　　编　陆　晔

2021 年 8 月 23 日

中文版序

什么人能被称为新闻记者？自新闻业成为一种公认的对专业性有要求的行业以来，就有些人愿意置身于其边界之内，秉持其身份认同的理念；而出于对扰乱行业的恐惧，有些人被排斥在外，若将其视为同行，就会被认为是逾越了已具有合法性的惯例、规约和价值观。业内和业外二者间的张力显而易见。早在我们今天的数码世界出现以前，这种“专业人士”和“非专业人士”(即“普通”个体或“业余爱好者”)之间的二元对立就已引发了关于什么才算是新闻业，以及什么人能被称为新闻记者的激烈辩论。

纵观当下的媒介图景，相关的争论仍在纠缠翻转。对未来的新闻报道而言，这样的争论自有深意。我们已经习惯，在危机事件发生的现场，那个在现场直播所见所闻所感(最有可能通过智能手机)的人并非新闻记者，而是普通民众。有时，在充满不确定性的环境中，出于不同的理由和动机，所谓“意料之外的记者(accidental journalists)”可能是幸存者、旁观者、应急反应人员、官员、执法人员、作战人员、社会活动家等人士——他们会认为自己有义务进行见证。为了更好地理解这一现象，本书引入了“公民见证(citizen witnessing)”的概念，意图修正某些表述“公民新闻”的方式。很多公民见证人并不认为自己是记者。他们之所以有冲动记录和分享身边发生的一切，是因为别的更重要的原因。在进行公民见证的过程中，很多人身上展现出了惊人的能量、热情和专业素养。他们也为在朋友、家人以及相距甚远却思想相似的人之间建立沟通的桥梁做出了贡献。

然而，务实的新闻机构越来越充分地认识到，可以通过某些方式，将在正确的时间碰巧出现在错误的地点的公众成员纳入新闻报道中，提高新闻报道的质量。不过，这种协作行为本身是有风险的，需要仔细考虑一些棘手的议题，比如，怎样才能更好地调和可信度和准确性。与此同时，还需要通过恰当的程序处理好信息验证和授权认证的问题。在日常工作的压力下，这些举措都很难坚持下来，更何况还要面对社交媒体平台上纷纷扰扰的流言、误导民众的虚假信息、阴谋论和故意散布的假消息，氛围相当浮躁。尽管风险一直存在，但在职业新闻工作者和公民见证人之间建立合作关系、充分发掘其潜力，还是会为重塑新闻业、使其面貌焕然一新创造至关重要的机会。而本书的目标，就是要呈现，在前景不甚明朗、面临重重质疑之时，学术研究能够有助于重振关于新闻报道的更广泛的对话和评议。

斯图尔特·艾伦

译者序

主编论文集《9・11 后的新闻业》的时候，本书作者斯图尔特・艾伦面临着颇有挑战的局面。9・11 事件发生后，公众信息需求空前高涨，但由于多家广播电视机构位于世贸中心的广播电视发射塔被摧毁，部分受众无法收看电视直播报道，主流媒体旗下的新闻网站又在流量剧增的情况下陷入瘫痪，几乎无法访问。与此形成鲜明对比的是，第一架飞机撞上世贸中心还不到十分钟，目击者的描述就已经出现在了互联网上，之后更是涌现出了大量令人震惊的图片和视频[①]。在危机事件中，互联网上的新闻传播现象尤其引人注目，对传统的“记者”“新闻生产”甚至“新闻网站”等概念构成了冲击和挑战，然而，彼时却几乎没有新闻学者关注互联网新闻报道。艾伦甚至找不到一位研究 9・11 事件相关网络新闻报道的学者，来帮助他完成这本论文集中相关章节的写作。

本书正缘起于相关研究的缺位。在自己执笔，完成论文《重织互联网：9・11 的网络新闻报道》，

---

① 参见 Allan, S. (2011) Reweaving the Internet: Online News of September 11. In Zelizer, B. & Allan, S. (eds.), *Journalism After September 11 (2nd.)*. Abingdon: Routledge, 169-190.

并将其收入《9·11后的新闻业》后，艾伦继续关注危机事件中“公民见证”的现象及相关研究，并以此为核心概念，搭建了本书的理论框架。在本书中，艾伦回溯了“公民见证”的历史，讨论随着信息传播技术的发展，“公民见证”这一概念的内涵和外延发生了何种变化，以期呈现贯穿这一领域始终的张力、鸿沟和矛盾。他试图探索一条有可能克服“业余人士”和“职业记者”、“我们”和“他们”、“东方”和“西方”等二分法局限性的研究路径，并基于此，讨论在民主文化中重振公民参与的可能性。

值得注意的是，为充分讨论“公民见证”这一概念，本书引入了大量案例和相关学术成果，有助于引导我们重新思考见证行为和新闻报道的关系。我们会发现，“见证”的概念可追溯至马可·波罗的游记和中世纪的庭审文书，其意义一直在不同的时空情境中发展变化，时至今日，依然通过微博客、即时影像等方式，呈现于Twitter、维基解密和各大新闻媒体网站的公民新闻频道中。而在肯尼迪遇刺、洛杉矶暴乱、击毙本·拉登、印度洋大海啸、孟买恐袭等重大历史事件和自然灾害发生时，公民见证的行为不仅影响着传统新闻报道的内容和形式，也在塑造公众认知、引导公众舆论方面扮演着至关重要的角色。公民见证者和职业记者的关系，也并不是单纯的合作或是竞争。艾伦在不同的研究案例中反复提醒我们的是，既要深入研究作为记者的公民，也要重视作为公民的记者。

此外，艾伦还非常强调“公民见证”在行动层面的意义。他深入研究社交网络在“占领华尔街”、伦敦暴乱、

“阿拉伯之春”等公民抗争行动中扮演的角色，既看到社交网络在记录、动员和组织公民抗争行为方面的潜力，也指出其有可能助长暴力、散播流言等问题。更为重要的是，他指出，公民见证者和职业记者的合作，有可能将大量不同形式的现场讯息和传统的追求真实性的中立的报道框架相结合，为公民提供质量更高的新闻报道。他也敏锐地发现，人们审视和评价不同地区的民众使用社交媒体的行为时，有可能使用了双重标准：讨论“阿拉伯之春”时，社交媒体被认为是“民主的工具”，而讨论“占领华尔街”和伦敦暴乱时，情况却并非如此。

斯图尔特·艾伦作为英国当代知名的媒介研究专家，著述颇丰，迄今为止已出版了七本著作，本书即为其中最新的一本。他的另一本著作《媒介、风险与科学》已于 2014 年由陈开和老师译为中文，由北京大学出版社出版。他还编辑出版了十三本论文集，其中著于 2005 年的《新闻业：批判的议题》已于 2011 年由纪莉老师和石义彬老师译为中文，由武汉大学出版社出版。纵观其论著，危机、风险、批判始终作为关键词出现。其中的“危机”，似乎并不仅指现实生活中的重大历史事件和自然灾害，更暗示着随着信息传播技术的发展，新闻业自身面临的种种挑战。然而，他对相关议题的深入思考，并非为了宣告传统新闻业之死，而是为了寻求在新媒介环境中重塑新闻业，使之更好地服务于民主的公共生活的可能性。在当下国内学界讨论新闻创新研究和新闻专业主义再出发的浪潮下，相信他的著述将拓展我们的视野，为我们探索相关领域的研究对象和研究路径指出新的方向。

不过，艾伦的论著思想深邃、旁征博引，涉及大量相关的案例和文献，翻译难度不低。作为译者，常常为了准确理解和翻译相关历史事件的背景和细节，“上穷碧落下黄泉”，通过各种渠道查阅各种资料；或是困于层次丰富、逻辑严谨、用词考究的理论表述中，苦求一个完美的意义转达方案而不得。成书之时，回想这一路，能以译者之披荆斩棘，换读者之乘风破浪，还是颇感欣慰的。特别感谢主编陆晔老师、执行主编白红义老师、李红涛老师一直以来的支持、信任和帮助，感谢责任编辑杨小薇老师以十分专业的工作技能和严谨认真的工作态度，对完善译著做出的不懈努力。本书最终得以出版，是大家共同努力的结果，如有任何错漏缺陷，均是我自身局限所致，还望读者不吝指正。

胡　特
2022 年岁末于杭州，适逢初雪

致　谢

成书之后回头看，我才意识到，自己关于公民见证的最初想法，是在和芭比·泽利泽（Barbie Zelizer）一起编辑论文集《9·11后的新闻业》（*Journalism After September* 11）时开始成形的。在准备相关章节时，我们很难找到一位学者，愿意且能够研究关于那一天暴行的网络新闻报道并为此撰写一个章节。在2001年，几乎没有新闻学者关注互联网的问题。这意味着，到最后，我只能自告奋勇，接受这个挑战。在检视主流新闻网站如何应对这场危机的过程中，我发现，普通公民为新闻报道做出的杰出贡献同样激发了我的研究兴趣。他们有着不同的称谓，比如“业余新闻工作者”“即时通讯员”或“个体记者”等。来自他们的第一手目击描述、照片和视频片段作为早期证据，提醒人们深刻而重要的转变正在发生。这种转变指的不仅仅是网络上的新闻（journalism on the Internet）迅速转型为网络新闻（journalism of the Internet），更意味着，在数码媒介的美丽新世界惊人的影响力下，由来已久的新闻报道原则和人们耳熟能详的关于谁有资格对悲剧事件进行见证的预设，都被重新定义了。 vi

自那以后的数年里，我继续研究公民对网络新闻做出的贡献，研究成果逐渐汇聚成了本书的研究

模式。一路走来，获得了很多善良的人的帮助。我特别感谢伯恩茅斯大学媒体学院的同事们［特别要对新闻与
vii 传播研究中心的成员表示感谢，特别是埃纳尔·托尔森(Einar Thorsen)，他在最后一刻还在帮忙审阅倒数第二稿］。我也要感谢我的学生们，他们的积极参与极大提升了本书的构思理念。在此期间，我有幸成为几所大学的访问学者，得以借机提出一些新的想法，在积极活跃的学术讨论中获益匪浅。我诚挚感谢科廷大学的克里斯汀·戴蒙(Christine Daymon)和奈杰尔·德·布西(Nigel de Bussy)，斯德哥尔摩大学的卡琳·贝克尔(Karin Becker)，于默奥大学的克尔斯汀·恩斯特罗姆(Kerstin Engström)和格里菲斯大学的杰基·伊尔特(Jacqui Ewart)的热情款待，同时感谢艺术和人文研究委员会(英国)和瑞典研究委员会对相关项目的支持。政治出版社(Polity)的安德烈·德鲁根(Andrea Drugan)和她的同事们非常出色。我还要感谢本书提案和初版手稿的匿名审稿人，他们为本书提供了深刻而有见地的评论。利·米勒(Leigh Mueller)在文本编辑方面简直是业界典范。放在最后的，是我内心深处最为感激的，辛迪和杰夫。

斯图尔特·艾伦

第一章 『意外新闻』

在危机时刻成为见证者意味着什么？绝大多数记者接受过正规训练，知道在这种情况下，记录其所见所闻时要保持中立，因为他们能意识到，他们选择披露的事实，其真实性并非万无一失。然而，对普通人来说，当发现自己意外卷入那些令人不安的突发事件时，他们不太会有什么新闻意识。不过，他们可能还是会以见证者的身份努力进行现场报道，也许会用手机拍张照片、录段视频或发条 tweet 来记录和分享他们在现场感受到的一切。这种自发且即刻的反应通常由与他人建立联系的渴望所驱动，触及了当下关于公民新闻种种争议的核心。而公民新闻，正是当下新闻媒体面临的最具挑战的议题之一。为呈现本书的研究场景，并由此凸显若干有待探讨的议题，我们将首先讨论一个非常耐人寻味的案例。在下文中，我们有意称其为“公民见证（citizen witnessing）”。

对于居住在巴基斯坦北部小镇的苏哈比·艾萨尔（Sohaib Athar）来说，低空飞抵他家所在的安静城郊的直升机有些非同寻常，何况此时正值深夜。

无论如何，这足以发条 tweet 了。于是，他迅速在 Twitter
上写道："凌晨一点在阿伯塔巴德（Abbottabad）上空有直
升机盘旋（难得一见）。"在他的账号@ReallyVirtual 上，
2 他的自我介绍是"IT 顾问，带着笔记本电脑躲在山里，暂
离疯狂竞争"。艾萨尔发的 tweets 通常都与他的日常生活相关，从他的家庭写到他的技术观点，从政治聊到咖啡（他和妻子经营着一间咖啡馆）。他希望这些内容能够得到他那七百五十来个关注者的认可。但这一次，当突如其来的爆炸划破夜空时，他震惊了。伴随着直升机恼人的噪音，他决定将自己愈发不安的感受分享到网上。"在阿伯塔巴德的坎特这边听到一声巨响，窗户都在震动，希望接下来不会发生啥糟心事儿:-S，"他在 Twitter 上写道。在他和朋友们使用的当地社交网络上，各种信息正飞快涌现。出于本能，他开始收集整理这些信息的要点。

在接下来的 tweets 中，艾萨尔转发了网上的各种说法，大部分来自他在 Facebook 上关注的朋友。转发的内容包括出现的直升机不只一架；这些直升机看起来不像是巴基斯坦的；那声爆炸听起来像其中一架"在比拉尔镇（Bilal Town）附近被击中并坠毁"（附上标注了该区域的 Facebook 地图链接）；交火"大约持续了四到五分钟"。他并不确定这些说法是事实还是流言。"一位出租车司机声称：军队已封锁坠机现场，并在附近挨家挨户进行搜索，"他补充道。不久后，他又加了一条："一位清洁工声称：还有一户人家在坠机事故中丧生，一位直升机驾驶员已经逃脱，现正被追捕。"当时，艾萨尔并未意识到，在几个小时后，他努力提供的关于这一"复杂状况"（他在一条

tweet中用这个词恰如其分地概括了当时的情况)的第一手描述，将在全球范围内产生广泛而持续的影响。

在Twitter的其他地方，关于白宫即将举行临时新闻发布会的流言甚嚣尘上。大家都在猜测，这很可能是因为利比亚领导人穆阿迈尔·卡扎菲已被俘或被杀死。关于电视讲话的传闻于2011年5月1日(周日)晚9点45分得到官方证实。白宫通信主任丹·法伊弗(Dan Pfeiffer)发布tweet：“POTUS将于东部时间今晚10点30分发表全国电视讲话。”(POTUS即美国总统贝拉克·奥巴马)网上关于发布会内容的猜测开始愈演愈烈，直到前国防部长唐纳德·拉姆斯菲尔德的前政治助理基思·厄邦(Keith Urbahn)晚10点25分发布了一则内幕消息： 3
“据可靠信源，他们击毙了奥萨马·本·拉登。我的天啊。”随后，厄邦意识到不能在确认事实之前妄下断言，他又发tweet表示“尚不知真伪，不过，让我们祈祷这是真的”，以及“女士们、先生们，让我们坐等总统先生的讲话吧。信息可能有误，或纯粹是流言而已”。很清楚的是，几分钟后，来自五角大楼和白宫的匿名信息源开始向主要的新闻机构披露了同样的信息，使得ABC(美国广播公司)、CBS(哥伦比亚广播公司)和NBC(美国全国广播公司)等电视台中断电视节目，插播了这条新闻(Stelter, 2011)。晚上11点35分，在厄邦那则未经证实的tweet发布一个多小时后，奥巴马发表了电视演说，向观众们宣布“正义已得到伸张”，本·拉登已为策划2001年9月11日的恐怖袭击付出了代价。“本·拉登之死是我国在打击‘基地组织’的努力中，迄今为止取得的最重要的成

就,”奥巴马指出,“所以,他的死讯当是所有爱好和平并相信人之尊严的人所喜闻乐见的。”(Obama,2011)

新闻评论多聚焦于评估美国此次行动对国家安全产生的广泛影响,然而,关于这一新闻是如何在第一时间广为人知的,却疑问犹存。特别引发争议的是,在有些人看来,Twitter 在其中扮演的角色,是不是证明了在突发新闻报道中,社交媒体网络已超越了传统媒体。在那些鼓吹微博客(microblogging)上的“独家新闻”的人中,有一些人对微博客如何超越传统信息渠道、转型成更受“知情人士”青睐的媒体这一现象尤为热衷。其他人则深入细致地探究这一进程缘何发展得如此之快,强调各种因素的聚合作用。电脑分析师吉拉德·洛坦(Gilad Lotan,2011)指出:“基思·厄邦并不是第一个猜测本·拉登死讯的人,但他是网上最受信任的人……由此,最完美的情景出现了:恰到好处的时机、在社交层面和职业层面都匹配的网络化受众、相关性极高的信息碎片都在发挥作用,使得公众迅速认可了他的可信度。”厄邦获得信任,很可
4 能是因为大家都假设,第一时间向他提供信息的人是拉姆斯菲尔德。而真实情况是,厄邦接到过一个“熟悉的电视新闻制作人”(他后来发的 tweet 中有相关描述)的电话,希望通过他了解拉姆斯菲尔德得知突袭结果后的反应。

有趣的是,苏哈比·艾萨尔后来在 Twitter 上欣然承认,几小时后,他才因为一条 tweet 的提醒意识到,自己无意中记录下了在离自己家差不多 250 码的地方展开的美国军方的最高机密行动。“哇哦,在毫不知情的情况

下，我竟然成了在网上文字直播猎杀本·拉登的第一人。”他发了这样一则 tweet。面对如雪片般纷至沓来的新闻采访邀请，他谦虚地表示：“我不过就是个 Twitter 用户，在美军行动时刚好醒着。在阿伯塔巴德并没有多少人用 Twitter，大家更多在玩 Facebook。仅此而已。”

Twitter 的“CNN 时刻”

在这场关于社交媒体在新闻报道中扮演的角色的讨论中，有些参与者就其重要性提出了更强有力的观点。《商业内幕》(*Business Insider*)的马特·罗索夫(Matt Rosoff，2011)事后马上大胆宣布：“Twitter 刚刚迎来了它的 CNN(美国有线电视新闻网)时刻。”

> 还记得 1990 年海湾战争爆发时的 CNN 吗？在那之前，CNN 的用户大多是重度新闻使用者——金融人士、政府工作人员、政治学教授、失眠症患者。然后，萨达姆·侯赛因侵略了科威特。一夜之间，CNN 无处不在，就连在酒吧都能见到。
>
> 今夜，美国特种部队在距巴基斯坦首都伊斯兰堡两小时车程的城市阿伯塔巴德击毙了奥萨马·本·拉登。此事公之于众后，当年 CNN 经历的一切，就是 Twitter 将要面对的未来。(Rosoff，2011)

罗索夫相信，Twitter“比现有的任何新闻源都要迅捷、准确，且更具娱乐性”，他强调，社交媒体在时效性方面的巨大优势正在重新定义新闻的优先级排序。波因特媒体研究所(The Poynter Institute)的史蒂夫·迈尔斯(Steve Myers，2011b)在某种程度上同意罗索夫的观点，尤其是看到在事发 24 小时内，艾萨尔 Twitter 上的关注者从 750 人骤增至 86,000 人。对他来说，这意味着，这次不经意间对本·拉登之死的“耳听为证(ear witness)”得以迅速传播且影响力巨大，其原因在于 Twitter 能够迅捷地在不同的社交网络之间搭建桥梁。在这个案例中，桥的一端是巴基斯坦，而另一端则是海外媒体。在迈尔斯看来，想法类似的人在 Twitter 上分享他们的所见所闻、所思所想。他们之间相互重叠的社交圈能够形成新的信息链。这一信息链使得“一个人深夜随手写下的关于直升机的几句评论，变成了在全球范围内广为人知的公民新闻作品”。

《旧金山周报》(*San Francisco Weekly*)的博客写手丹·米切尔(Dan Mitchell，2011)对此持不同意见。他虽承认，关于此事，艾萨尔实时发布的 tweets 也许“极为有限地”让他暂时成了一个记者，然而，几乎没有证据证明他的努力有任何现实意义。“新闻报道不是在 Twitter 上猜测为啥你家附近有直升机飞来飞去，”米切尔指出，“全世界获知本·拉登已被处决，是因为美国政府提前告知了几大新闻媒体奥巴马的演讲主题。”(Mitchell，2011)在他看来，Twitter 扮演的角色是提供实时的新闻提要，在短期内，这不太可能导致传统新闻媒体的消亡。迈尔斯

(2011c)对米切尔的质疑进行了回应。他强调，艾萨尔是一个公民新闻记者，“因为当他卷入突发事件时，他像一个记者一样行动”。更确切地说，艾萨尔不仅报道了事件本身，他还回答他人提问，探寻更深层次的细节。在收集信息的同时，他还充当了信息的中转站，分辨哪些说法有确切的信息源（“出租车司机”“清洁工”等），哪些说法仅仅是流言。他与当地其他新闻账号分享链接，和大家一起努力搞清正在发生的一切，并就事态发展给出自己的分析判断。迈尔斯认为：“这些行动中的任何一项，都只能被视为朋友之间的交流，但合而观之，这就是新闻报道。”而且，在突击行动结束后，艾萨尔将 Twitter 当作“信息分发网络（distribution network）”。他在 Twitter 上发布照片，展示阿伯塔巴德混乱不堪、空无一人的街道（交 6
通已被切断），以及赶来报道此事的新闻媒体。考虑到上述所有情况，迈尔斯得出结论：“艾萨尔拓展了已有的知识。因为他的存在，我们得以更深入地了解此次突击，更深刻地认识人们分享信息的方式。这是件好事。”

然而，争议并未仅仅停留在语义层面。更棘手的问题开始出现，那就是我们应该如何看待这种现象，是像有些人那样，将其视为“意外的新闻报道”，还是如其他人所坚持的，公民参与新闻生产，通常意味着以特定方式分享看似重要的印象、意见和现场观察。还有些人会认为，是两者共同作用，催生了这种引人注目的报道形式。那些将艾萨尔的实时报道带进主流新闻媒体视野中的人扮演了重要角色，就很好地证明了这一点。

克里斯·艾伯盖特（Chris Applegate，2011）在他的

个人博客上将自己描述为“极客,想变得博学”。他将艾萨尔发的关于他家上空有直升机的 Twitter 和猎杀本·拉登的行动联系到了一起,并因此广受赞誉。后来,他在自己的博客上对此进行了解释。他的女友马哈·拉菲·阿塔尔(Maha Rafi Atal)是一位记者。她给他看了 Twitter 上一则转发的关于阿伯塔巴德“低飞直升机”的信息。这使得他开始猜测,在巴基斯坦,会不会有某个人在突击行动发生时报道了这次行动。他在谷歌实时(Google Realtime)上以“阿伯塔巴德”为关键词,搜索了奥巴马演讲前的相关信息,立刻就发现了艾萨尔的报道。他迅速发了条 tweet:“哇哦,看来至少有个人@ReallyVirtual 在今天早些时候无意中用自己的 Twitter 直播了阿伯塔巴德的军事行动 http://bit.ly/IU5b4s。”全球媒体因此获得了报道这个故事的新维度,而艾伯盖特在其中扮演了决定性的角色。

在艾伯盖特看来,“此事表明 Twitter 具有极强的变革能力”。随着新闻事件的发展,Twitter 能让像艾萨尔这样的人扮演“公民记者或是某种通讯员”的角色:

> 苏哈比今天早些时候的 Twitter 直播之所以引人注目,关键在于它是无意的,反映出了我
> 7 们很难相信这些年来本·拉登不为人知地静静蛰伏在巴基斯坦一个类似英格兰的坦布里奇韦尔斯(Tunbridge Wells)那样的地方,我们任何人都不知道。这个故事和我们的情绪高度共鸣。也是因为无意为之,这个故事显得真诚而

> 坦率，与24小时新闻播报天花乱坠、投机取巧的路数截然不同。(Applegate，2011)

艾伯盖特自谦地表示，自己“只是燎原的一点星火”。他也十分羡慕艾萨尔能够参与多样化的新闻生产活动：进行采访、拍摄照片、描述镇上的氛围——随着“故事发展，他声名鹊起”。在他看来，艾萨尔的工作反击了以下观点：“人们愤世嫉俗地把Twitter讽刺为回音壁，上面没有任何新的声音，所有的一切都只是无穷无尽的转发。”(Applegate，2011)

有趣的是，艾伯盖特的女友马哈·拉菲·阿塔尔(2011)回应了他发布的博客。阿塔尔是一位在纽约工作的自由新闻记者，同时也是《福布斯》(*Forbes*)的博主。她先是补充了一些更深入的细节，让人们更了解她是如何将那则引发艾伯盖特调查兴趣的tweet分享给他的(此处的关键在于，阿塔尔指出，她“碰巧处于两个社交网络的交叉点上：一个网络上是关注巴基斯坦新闻的人，另一个网络上是美国的记者、媒体评论员和政策专家”)，对于艾萨尔公民新闻记者的地位，她也表达了自己的观点。用她的话来说：

> 对我而言，艾萨尔这个故事的影响力在于，它提醒我们，所谓“战区”同时也是人们的家。它生动地呈现了日常生活中的普通细节，呈现了生活在这个世界上那些较为危险疯狂的国家的令人同情的人们，如何努力维系他们的日常

> 生活——对艾萨尔而言，不过是拥有一个能够安静工作的夜晚。我为《福布斯》采访艾萨尔时，他告诉我，他几年前从拉合尔搬到阿伯塔巴德，就是为了带着家人躲避当时席卷整座城市的骚乱。

她继续写道：

> 我们在他的 Twitter 上看到的，是一个人如何想逃离疯狂的生活，却始终被疯狂的生活所追赶。我们在 Twitter 上见证的，正是他意识到
> 8 那种疯狂的生活又追上他的时刻。巴基斯坦人民真正在意的事物，与那些打乱他们日常生活的暴力行为之间存在矛盾。这种矛盾，即当地苦涩而充满讽刺意味的生活，正是我的写作常常涉及的对象。然而，无论我写了多少报道，这些事情依然深深使我触动。在关于本·拉登之死的新闻报道出来后，艾萨尔获知了发生的一切。记者们的采访邀约开始如雪片般纷至沓来。他在 Twitter 上写道："本·拉登死了。不是我杀的。现在，请让我睡一会儿吧。"对我来说，看到这一幕，就像肚子上被狠狠揍了一拳一样。(Atal，2011)

和艾伯盖特一样，阿塔尔进而表达了她对艾萨尔所作所为的欣赏——他在艰难环境中走上了公民新闻记者

的道路。她写道:“在我看来,艾萨尔展示了社交媒体和公民新闻理想的工作方式。不是每个人都能如此迅速、如此体面地进入新角色,成长为个人信息播报网(one-person-broadcast-network)。这就是为什么我常常怀疑,公民新闻如何发展为一种新模式。但艾萨尔的转变无疑是一次重大的胜利。”(Atal,2011)

第一人称报道

上述个案分析意图研究当普通人发现自己不得不进行第一人称报道时,他们会采用哪些方式,在此过程中清晰地呈现了大量亟待深入细致阐释的相关议题。在某些情况下,将参与者们描述为“公民新闻记者”或许是有好处的,因为承认了他们的行动可被视为新闻生产行为。但这一标签也引出了某些颇有启示的难题。正如我们将要看到的,在认为新闻业应通过为公共生活做出更大贡献来努力转型的人看来,“公民新闻”的话语展现了各种优越性。而在将新闻工作视为具有整体性的专业实践,并试图保留这一观点的批评家眼中,这一话语体系隐藏了大量原罪。无论是展现还是隐藏,其方式都是复杂的,偶尔还会背道而驰。本书将对其组织原则之一,即被称为“见证(witnessing)”的重要观念展开讨论,意图介入上述论争,并对各种立论和驳论针锋相对的状态保持警惕。

本书使用的公民新闻的概念,可被认为具有某种第 9
一人称报道的特征。采用此种报道形式的个体为普通人。他们刚好出现在危机、事故、悲剧或灾难现场,通常自发地暂时扮演记者的角色，以便参与到新闻生产的过程中。有些人认为，“公民新闻”的概念是从早期各种各样的公共新闻或市民新闻发展而来的。这一概念在 2004 年 12 月印度洋大海啸后被广泛使用。当时，新闻媒体发现自己处于一个尴尬的位置，因为他们在很大程度上需要依赖“业余”报道来讲述当地正在发生的故事。虽然这一概念语意模糊，但很多人察觉到，它捕捉到了普通人进行见证的能力具有某种代偿的(countervailing)特质。因此，这一概念为新闻评论员们提供了一个很有用的标签，用以描述一种看似新颖的新闻报道类型。

在大海啸之后数年里，“公民新闻”在新闻专业词汇中的地位渐渐稳固(在很多新闻媒体看来，这一现象很难说是好是坏)，通常与重大突发事件的新闻报道密切相关。公民新闻贡献了形式多样的内容，包括第一人称的目击者叙述、录音、录像，以及用移动电话、手机和数码相机拍摄的照片等。这些内容通常通过电子邮件、电子公告板、博客、维基、个人网页和社交网络在互联网上分享和传播。这样的新闻也被称为“用户生产的内容(user-generated content)”“草根新闻(grassroots journalism)”“开源新闻(open source journalism)”“参与式新闻(participatory journalism)”“超地域新闻(hyperlocal journalism)”“分布式新闻(distributed journalism)”或“网络新闻(networked journalism)”。毋庸置疑的是，此类新闻对重置传统新闻报道中信息传播的优先级和操作流程产生了决定性的影响，有些影响尤为深刻。

通常，行之有效的调查报道倾向于使用“见证”的话语，用诸如“见证人”“目击者”“观看者”“观察者”“旁观者”“观赏者”等类似的词汇来强调或描述公民们具有通过分享其在现场的所见、所闻、所感参与新闻生产的能力。“在场”本身的价值，自危机报道诞生伊始就倍受重视。从新闻媒体的角度看来，职业新闻记者有能力在危 10
急时刻充当一个可靠的、值得信任的见证人。关键是，他们能够为了那些在当地和相距甚远的人（对这些人来说，由此产生的新闻报道有可能决定性地塑造他们对现实的认知），与一些限制他人亲见事实的障碍展开斡旋，保证一手报道在论述层面的合法性（discursive legitimacy）。这是一项艰巨的挑战，尤其因为见证不仅是有条件的、即时的，也是困难重重的。“在场”的权威，即具体情境中“此时此地”的相互交织，作为某种并不稳固的成果，随时可能因为人类理解、阐释和记忆之间的张力而土崩瓦解。然而，有些自相矛盾的是，对见证的主观性的讨论，使得对新闻客观性的明文约束出现了松动的迹象。然而，职业新闻记者在工作中不带感情、不偏不倚、置身事外进行观察的能力，依然展现了其职业特质。这一点自不待言，同时也展示了其职业道德的特征。

进行见证

一次又一次，传媒业界不断涌现的新闻报道案例打破了专业客观性和业余主观性之间固有的简单区隔。最近发生在叙利亚的人道主义相关的突发事件虽触目惊心，却能证明这一点。记者肖恩·麦卡利斯特（Sean

McAllister)在大马士革的咖啡馆被捕。当时，他正在为英国第四频道新闻部（Channel 4 News）进行暗访。被捕后，他被蒙上双眼押上车，带往一处监狱羁押。

> 我被按在座位上。空荡荡的房间里只有我一个人。我能听到隔壁房间传来的击打声。有人正在遭受掌掴。当他们遭到重击时，他们发出了痛苦的哀号……
>
> 11 如果你提供的信息不能让他们满意，他们会在凌晨三点把你带到刑讯室，用电缆抽你……每一下抽打都沉重而痛苦，能把你的骨头打断。那哀号，那当人被电缆重击时发出的痛苦叫声，会让你……你知道，不寒而栗。你会听到前所未有的声音，我之前就从未听到过。我见过死人，也见过垂死的人。我还见过被斩首的人。但这种声音，这种人类发出的哀鸣，是那么恐怖。几乎没有一种声音可以与之相提并论。（转引自 Channel 4 News，2011b）

值得称道的是，麦卡利斯特并没有坚持扮演一个没有感情的传播者，以机器人般的精准传递冰冷沉重的事实。他将自己呈现为一个有血有肉的普通人。“我最大的精神创伤，我的噩梦，”他补充道，“就是看着他们如何对待他们的人民，想象着将来有一天，我可能也会被带到下面某间阴暗的牢房，无限期地待在那里，不知道何时才会被释放。”

这种第一人称的证言为读者提供了令人痛苦的深刻洞见。在长久以来严格遵循客观性原则的新闻报道中，这种情感的传递就算有可能实现，也会十分困难。当问及此事时，记者会承认危险的存在，但他们通常会坚持认为，他们有责任进行见证，有责任充当受众的眼睛和耳朵。在相同情况下，这是对真相并无执念的人会尽量避免的。[1]很少有人会质疑，见证是优秀新闻报道的关键所在。用《纽约时报》(*The New York Times*)罗杰·科恩(Roger Cohen，2009b)的话来说，即使记者们大多数时候表现得像是“贪得无厌的偷窥狂”，也不会削弱见证作为这一行业标志性特征的地位。他指出：“在全年无休的充满党派偏见的声嘶力竭的发言中，在将媒介重重包围、几乎从未停歇的丧钟声中，一个基本的事实被忘却了。那就是，身为新闻记者，就是要进行见证。”其他部分，他补充道：“不过只是装饰品。”

驻外通讯记者玛丽·科尔文(Marie Colvin)在同行中享有崇高声望，因为多年来，她一直坚持在全球范围内经常发生冲突的地带进行见证和报道。在人群中她能被一眼认出，因为她左眼戴着一个黑色眼罩。在报道斯里兰卡内战时，她被手榴弹的弹片击中，失去了左眼。2012年2月，她在叙利亚为《星期天泰晤士报》(*The Sunday Times*)工作。她在个人的Facebook页面上为记者们写 12
道：“在巴巴阿姆尔区(Baba Amr)。感到厌恶。无法理解整个世界怎么能袖手旁观。到现在我本该铁石心肠。今天，看着一个婴儿死去。是流弹，医生无能为力。他的小肚子上下起伏，一次又一次，然后停了。感到无助，还有寒冷！会一直尝试把信息发出去。”这被证实是她最后留下的文字。

科尔文在位于霍姆斯(Homs)市郊的巴巴阿姆尔区遭炮击身亡。同时遇难的还有法国摄影记者雷米·奥奇力克(Remi Ochlik)。当时，巴巴阿姆尔区正在遭受针对平民的猛烈轰炸。一枚火箭炮击中了他们藏身避险的房屋。在这座被围困的城市里，她曾是唯一一位来自英国报社的记者。她沿着一条走私者偷运食品和药物的路线，偷偷从黎巴嫩边境进入叙利亚。她对记录不断蔓延的战争危机抱持的坚定信念由此可见一斑。“报道一场战争，意味着去往那些被混乱、毁灭和死亡撕碎的地区……试图进行见证，”在两年前的一次悼念仪式上，她曾这样说，“这意味着，当军队、部落和恐怖分子激烈交锋的时候，我们试图在宣传的沙尘暴中寻找真相……我们的任务是精准地、不带偏见地报道这些恐怖的经历。”(Colvin，2010)

随后出现的关于科尔文遇难的相关报道，都在显著位置强调了进行见证的重要性。这一点在下述新闻标题中清晰可见：

> 《玛丽·科尔文：勇气可嘉的驻外通讯记者，她见证了全世界的战争》[《卫报》(*The Guardian*)，2012年2月23日]

> 《追忆一位新闻记者，她为见证战争而殉难》(《纽约时报》，2012年2月23日)

《科尔文之死凸显见证战争的危险性》[《环球邮报》(*The Globe and Mail*),加拿大,2012年2月24日]

《见证者之死》[《悉尼先驱晨报》(*The Sydney Morning Herald*),2012年2月24日]

持续出现的证据表明,被炸毁的建筑不仅是科尔文、奥奇力克和其他记者的藏身之所,也是当时记者们正在使用的一个临时媒体中心。“他们进行杀戮,却不会受到 13
惩罚……我应该会坚守在这里,尽我所能地写作,揭露发生在这里的一切,”在科尔文被杀害三天前发出的一封电子邮件中,她写道。她清醒地意识到,自己性命堪忧。“没有任何事能让她停下脚步,”在一则告知同事们科尔文死讯的讯息中,《星期天泰晤士报》的总编辑约翰·威瑟罗(John Witherow,2012)写道。《泰晤士报》(*The Times*)的安东尼·罗伊德(Anthony Loyd,2012)则这样描述她:“这位女性是新闻从业者中的翘楚,是新闻行业中勇气、智慧和美好的化身。”[2]

能获取的真相

在“为那些无法在场的人见证人类社会的种种现实”时,作为“人民的见证者”,新闻记者坚定不移地践行见证的重任,忠实地报道他们的所见所闻,未曾有半点踌躇

(Inglis,2002:3)。虽然在哲学层面有细微区别,但一直以来,关于真相、事实和求证的原则都是新闻报道所遵循的信条。然而,在强调见证的核心地位的同时,不能忽视的是,记者在追寻所谓的真相时,通常会或多或少地抱有某种怀疑论的态度。这一点至关重要。经验告诉他们,在场的个体,无论其意愿多么美好,其重述的所见所闻可能并不准确。在种种压力下,记忆会出错,所见会模糊,事件的意义会被误读。由此产生的证词可能会在不知不觉间变得毫无新闻价值,更糟糕的是,还有可能在无意中误导读者。就算那些所谓的真相看起来十分可靠,小心翼翼的记者们还是会尽量反复验证其真实性。他们清楚地知道,有人为了获利,会蓄意提供虚假陈述。将各种目击报告去伪存真所必需的技能是记者职业自豪感的来源。一旦人们讲述的事实面临争议,记者们就能够利用这些来之不易的技能,直面持续不断的压力,确保新闻故
14 事不会轻易崩塌。目前面临争议的主要问题是,是不是拥有这些技能才能公布事实真相。

记者们能够运用各种策略,将对真相的声明处理为口述的形式,从而保护他们自己的职业声誉。至少当他们声称自己的新闻报道完整真实时,这些策略会帮助他们将可能面临的风险降到最低。比如,引用个人发言的引号,就是一个常用的信号或提示符,提醒读者,支撑新闻中所谓真相的证据来自对个体发言的引用,而非对个体发言的重新表述。毋庸置疑,在新闻报道中使用这些策略,代表着一种保持距离的装置。通过使用这些装置,哪怕最后发现信源提供的信息并不可靠,记者也能够将

自己作为作者的声音与来自信源的声音隔绝开。正因如此,上述操作成为中立报道原则明确规定的、务实的(甚至是保护性的)报道策略之一。这也是新闻学与其他话语体系,特别是法律的话语体系,在认识论层面支持真实性的基础。在这些领域,对目击者证言真实与否的判定标准扮演着重要的角色。[3]在处理特定证据(包括那些被视为真相的想象)时,新闻行业会尊重一些默认的规则。通常,这些规则只有在被违反时才变得可见。所谓违规,即发现目击证人在说谎,在打自己的小算盘,或是为了推进他们自己的议程,以特定的方式扭曲一些显而易见的事实。

更典型的问题是,在新闻报道中,对目击经历的文字表述十分微妙。在这个问题上,新闻记者表述事实的能力和他选择呈现的信源表述事实的能力被混为一谈。尽管新闻学的术语用拟人的方式表明“事实本身会说话”,但见证本身必然是一个复杂的中介(meditation)过程。事实上,芭比·泽利泽(2007)认为,见证行为最显著的特征,即“它能够用一种看起来未经中介的方式,让公众相信那些与他们相距甚远的经历或事件”,这正是见证在新闻收集工作中处于核心地位的关键(2007:424)。通过将“见证”作为美国新闻实践的关键词,她追溯了这一概念的演变过程,并将其划分为四个阶段,呈现了对现实进行描述的某几种受到推崇的方式获得合法性的过程,即新闻共同体成员们如何达成共识,认为这些方式是恰当的(参见 Zelizer,2002b,2010)。泽利泽认为,第一阶段大致始于几世纪前,与新闻报道开始出现并被视为一种专业 15

技能基本处于同一时期。这一阶段，现场报道被用于表述个人在公共事件中的经历。其典型表现是，这样的报道充斥着“非新闻专业人士”。他们的个人叙述更倾向于强调“理想化的、带有明显主观性的、风格精致的特征”。这与当时大部分编年史中呈现的高度情绪化同时也异彩纷呈的时代特征相吻合。第二阶段延续到十九世纪中期，标志着见证者范围扩大，参与者变得更加多元，尤其是新闻记者自己也开始有意识地像见证者一样行动。泽利泽指出，他们的报道形式“变得更加具体，更追求真相”，这意味着，为了回应公众对记者可信度的质疑，记者对真相的陈述需要更经得起推敲。

见证与现实主义之间的联系越来越密切，这并未回避见证自身的问题。相反，人们越来越认可，见证这一概念的内涵天然地肯定了真实性的价值。尤其是新闻摄影，提供了“一种另类的见证形式，消解了语言描述的局限性”(2007：417)。二十世纪早期的技术发展标志着第三阶段的到来。在这一阶段，可供选择的见证形式变多，记者呈现新闻现场的能力变强，专业优势变得明显，提升新闻报道的可信度和真实性成为可能。泽利泽认为，到第二次世界大战末期，“见证已变为一则优秀报道的默认设置”，新闻媒体讨论见证时，“仿佛其地位已经神化”(2007：421)。而第四阶段，也就是当下，其基本的阶段性特征是记者的缺席，即：一方面，记者常常被技术传输手段所取代(也就是“无人的”现场报道已经“将风格、主观性乃至人本身与见证行为剥离，使其看起来未经修饰、脱离肉身”)；而另一方面，作为公民的个体也会像“非常规的”新闻记者那样行动，承担起见证的工作。然而，可靠性、准确性、可验证性乃至过度直观等问题，却未能像从前那样，通过场景化等新闻的处理方式得以化解。泽利 16
泽警惕的是，当见证工作被“外包”到一定程度时，新闻行业在公共生活中的文化权威会慢慢被削弱。

毋庸置疑的是，就算需要对上述每一个阶段都进行进一步的审视和批判，这种观点依然有其价值。它强调见证行为得以实现的必要条件是不断发展的，是根据社会情境不断变化的，以及通过对历史特殊性保持敏感的方式对这些特征详加考察是十分重要的。深入探究这些问题后，我们不难发现，如果想要准确地知道见证的过程具体涉及什么，尤其是在讨论互联网新闻的时候，我们需要重新斟酌描述相关概念的用语。这些用语通常被用于讨论新闻报道，以及与新闻现场相距甚远的读者、听众和观众的想法是如何被新闻报道影响的。简而言之，这就是我们目前的主要任务。

“以行走的眼睛观察世界”

追问公民见证中隐含的公民概念会引发激烈的争论。在讨论个人的权利义务等我们耳熟能详的概念如何在日常生活的语境中不断被重塑的问题时，很多相互竞争的观点很可能会浮出水面，涉及传播权力关系时尤其如此。这些传播权力的相互关系越来越密切，其相互依赖的程度越来越高，体现了曼纽尔·卡斯特(Manuel Castells,2009)所说的“全球网络社会”(详见第五章)。

显而易见的是，除了在相关的概念模型中，新闻媒体通常不会获得持续的关注。至少，超越人们一般认知的是，在报道与受众相距甚远的危机事件（譬如事故、灾难、冲突和战争）时，新闻媒体在塑造受众的集体认知和回应方面扮演的角色理应比当下获得更多的关注。新闻和公民权利的关系，新闻在相互混杂的本土化与全球化的语境中促进、丰富、滋养有意义的公民参与的能力，几乎从未获得足够的重视。

然而，即便如此，民主文化中盛行的关于新闻的话语，还是大大弱化了长久以来人们对这个问题的关注。
17 记者们常常会发现自己正受到谴责，因为他们没有努力促进公民权利的发展，为实现更长远的社会目标做出贡献。然而，几乎没有记者会认为自己的首要目标是完成这一使命。也有批评人士认为记者应受谴责，是因为他们延续了民主赤字（democratic deficit），遏制了本就被动而顺从的公民积极参与公民治理的可能性。这样的观点同样会因其不合情理而被摒弃。认为记者应该教育受众的观点会让记者们感到不适。他们更认可的是，记者应该专注于信息的传递，并在信息传递过程中尽量遵循一视同仁、公正、平衡等职业准则。

然而，如果联系起新闻媒体正面临更大的政治经济危机，联系起他们在数码时代仅仅是为了求生，都谈不上发展，就要努力重构其新闻生产的方式，那么，这些批评会变得更加尖锐。当很多新闻编辑部面临巨大的经济压力，要尽可能缩减开支时，特别常见的情况是，他们会重构公共服务的价值，在涉及公民责任的议题时，采用更温和的措辞。特别典型的是，对调查性新闻报道而言，投资必不可少，但在某些经营者眼中，在看似无从逃避的市场压力下，证明对调查性报道进行投资的正当性是件既奢侈又困难的事，尤其考虑到某些其他类型的新闻，在生产过程中更具“性价比”，更能轻易吸引公众游移的目光（同时也是潜在广告商的目光）。结果是，很多人担心，当很多新闻编辑部得不到必要的时间和资源投入时，他们就会在新闻必须完整真实的问题上做出让步，而完整真实的新闻是代表公共利益、推进公民权利建设的保证。

关于新闻业承担的公民责任的讨论，需要在更宏大的政治经济语境中展开。简而言之，高质量的新闻报道成本高昂。这使得有些新闻媒体会由于支持高质量的新闻报道而被拖垮，有些彻底瓦解，有些则要求员工们屈从于“重组”“缩减规模”“停工”“削减开支”等类似的要求。新闻和编辑的岗位通常还能保持“专注”，至于其他员工，他们不得不承担起“多个任务”，并在薪资和工作条件方面忍受更高的“弹性”。“合成”的内容被“重新包装”，这
不过是一种客气的说法，表明其数量和质量（在绝大多数 *18*
情况下）在“效率”的压力下正在缩水（Allan，2012b；Boczkowski，2010；Bruns，2005；Domingo and Paterson，2011；Fenton，2010；Friend and Singer，2007；McChesney and Pickard，2011；McNair，2011；Meikle and Redden，2011）。传统的记者-新闻源的动态关系也在发生类似的变化。部分原因是考虑到新闻编辑部内部的雇佣关系，他们不得不采取一些短期措施，来降低迅速缩减开支的影响。这些举措使得新闻生产越来越依赖披着

新闻外衣的公关稿[戴维斯(Davies,2008)将其描述为“抄稿新闻业(churnalism)”是恰如其分的],也导致身为公众的社会成员在新闻生产过程中做出的贡献受到了前所未有的重视。后者获得的正当性,通常被概括为“用户生产的内容”,同时也彻底否定了其作为新闻的特质。然而,这已融入官僚化的新闻生产流程,几乎成为新闻收集过程中的常规操作。尽管对此类信息进行核实、确保其真实性的工作面临持续的困难,但相对而言,处理此类信息的成本是可以承受的,且它对受众的吸引力也是显而易见的——这些因素使“用户生产的内容”在有些人眼中变得难以抗拒。就是这些人,以保底利润最大化为基础,定义了自身新闻供给的格局。

然而,这些遏制策略——就算“受众”知道其立场,并按其设想去行动——也一直未能贯彻到底。新闻生产过程中多样化的公众参与比以往任何时候都要活跃。他们轻巧地绕开主流媒体中努力斡旋各方的职业把关人,或者更准确地说,他们在其偏好的制度化的范围内,对自己生产的内容进行规约,并将其货币化。在悲观者看来,那些名副其实的有力量的调查新闻报道就算没有立即消失,也正变得越来越少。然而,这种观点很容易被一些大胆的观念所驳斥。这些观点承诺以公民为中心,引领来自底层的另类新闻报道。这样由“之前被认为是受众的人”(Rosen,2006)开展的“随机的新闻工作”(Lasica,2003)标志着一种记者们承认却仍无法完全接受的转型正在发生:公民们正在为自己进行新闻报道。

19 “以手机(比如黑莓手机和苹果手机)为武器,”《多伦多太阳报》(*The Toronto Sun*)的唐·皮特(Don Peat，2010)说，“任何一个普通人，现在都能以‘行走的眼睛’观察世界。作为一位公民记者，他能够拍下一张照片，加点说明文字，或讲个短故事，将这些内容上传到互联网上，供他的朋友们，通常也包括了其他所有人去观看。”此处需要注意的是短语“以行走的眼睛观察世界”，因为在这一短语中，见证的概念被视为日常观察，而且这一短语强调的重点是一种冲动，这种冲动使人们在社交网络内与观点相似的个体进行分享，同时也对更广阔的网络图景保持开放。然而，进行见证的普通公民(那个普通的“他”或“她”，以手机“为武器”，保持“以行走的眼睛观察世界”)和“公民记者”之间是否存在某种对等关系，这一点依然是存疑的。这不仅仅是一个语义学的问题。一个倾向于将自己视为能够扮演记者角色的人——也许是一个独立博主、摄影师或摄像师——更有可能认为，自己和那些可能有新闻价值的事件发生时刚好在现场的人是不一样的。

譬如，能够有意识地举起有摄像功能的移动设备去捕捉现场的影像，在某些情况下会取得倍受赞誉的成就，但这种行为呈现的参与度是不同的。“让我们面对现实吧，拍到这种影像的人大都有工作要做，有事情要办，有房要供，有家要养，”众包(crowdsourcing)分析师艾瑞克·托伯特(Eric Taubert，2012)坚持这样认为。“若被问及，他们并不认为自己是公民记者，”他补充道，虽然这些人也青睐将自己拍摄的影像与更多受众分享的机会。“公民们使用智能手机拍摄的优质内容可能在还没被看到之前就胎死腹中,"他继续指出,"除非这些内容能够找到通往专业记者的通道。这些记者知道如何围绕这些内容去编织一个故事,对相关事实进行核查,并将其置入传播渠道中。"换句话说,除非被质疑的公民已准备好自行承担这些责任——需要承认,通过使用数码媒体,这正变得越来越简单——他们还是会倾向于转向某家新闻媒体,希望这家新闻媒体能代表他们进行报道。

由此,我们意图探索一种路径,这种路径有助于阐明相比较而言公民新闻中个体的投入程度。为此,我们将
20 聚焦见证的本质,关注见证的不同层次,探讨对见证的不同记录。在处理不同层次的细微差别时,我们将拒绝这样的诱惑,用托伯特(2012)的话来说,即将术语"公民新闻"扔到"煽动性的陈词滥调的垃圾堆"上,从而将其定义的范围收窄,只呈现好的一面。然而,我从最开始就急于承认的是,尝试为此搭建一个单独、统一的理论框架是不现实的。获取一种普适理论的愿望或许是可以理解的,但这并不会产生具有长远价值的洞见。我认为,对理论的建构会有所帮助的是从一些较为适中的研究对象开始推进,通过确认和批判这一领域最开始出现的张力、鸿沟和矛盾,检视这一领域那些表面上明显的、理所当然的特征。至于暴露出的断层线是预示着界定职业见证和公民见证的基础发生断裂,还是会导向某种替代性的方案,让二者和谐共存,这一问题将为我们的研究模式指引方向。

关于本书

我选择的书名是《危机时代重思新闻业》,这是为了

强调支撑本研究的是对现实世界的介入。为了将“公民见证(citizen witnessing)”作为关键概念引入新闻学并将其进行细化，我将在讨论亟待解决的理论问题时，对迫切的职业诉求保持警惕。我们的讨论范围仅限于某些相关选题，但我仍希望这样的讨论能鼓励更多人关注和本书强调的内容一样值得探索的各种研究路径。

本书的核心观点是，在关于危机事件的互联网新闻报道中，报道层面的见证是不可或缺的。这标志着本书在更笼统的层面脱离了大家更为熟悉的公民新闻研究路径。[4]近几年，“媒介见证(media witnessing)”这一术语开始被用于描述数码技术如何导致进行见证的能力发生变化，也推动了大量调查报道团队的诞生。这一术语的定 21
义根据规训重点的不同而有差异，但就其最常规的意义而言，正如保罗·弗罗什和阿米特·皮诺维斯基(Paul Frosh and Amit Pinchevski，2009b)所说，这个术语指称的是“在媒介中、利用媒介、经由媒介进行的见证行为。它描述的报道行为，是向大量受众系统地、实时地报道远方他者的经历及其面对的现实”(2009a：1)。此处他们进一步限定了“媒介见证”的使用范围，认为这一术语试图同时描述“在媒介报道中见证的出现、媒介自身进行见证的可能性以及媒介受众同时是被报道事件的目击者时其立场的问题”(2009a：1)。譬如，在电视新闻报道的案例中，新闻报道“有可能描述新闻事件的见证人、进行新闻事件的见证、将旁观者变成见证人。所有这三件事都在同一时间完成”(2009a：1)。三者的区别值得进一步推敲，原因我将在下文中详述。但在此，我们注意到，它凸显的理论层面和新闻业务层面的问题给我们的研究带来了新的灵感，敦促我们超越媒介有效性分析中更传统的概念维度。

借由本书的讨论，我的主要目标是：为建构一个另类的研究视角辨明概念基础，帮助修正在西方新闻媒体进行危机报道时普遍存在的、表现为“我们”和“他们”的二元对立的社会排斥现象。更确切地说，研究者们以多元化的方式全面考察新闻业对见证行为的中介化。本书将对其价值进行评估，从而讨论其中某些方式是否能更广泛地应用于研究普通公民临时卷入突发事件和即兴参与见证过程的现象。借由本书的讨论，我将详尽说明“公民见证”的概念。关于新闻生产过程中前所未有的公众参与将会导致新闻业走向繁荣还是灭亡的讨论正愈演愈烈，而对“公民见证”这一概念的详细阐释，则提供了一种可能的路径，用来调和由此引发的概念外延之争。虽然困难是不可避免的，但也并非无法克服。我相信，由于公民见证本身具有改善民主文化的能力，新闻业进行公共服务的承诺可能会因此焕然一新。在面对这一创新带来的挑战时，新闻业将会获得新的机会，用一种立竿见影
22 的、更透明也更可靠的方式与其受众重新建立联系，同时，这也鼓励了一种更开放、更包容、更坚持对话、商议和辩论的新闻文化。新闻业将因此受益匪浅。[5]

从第二章开始，我们将检视一组正变得越来越有挑战的关系——作为职业观察者的新闻记者和拥有第一手信息、进行有血有肉的真相陈述的普通公民之间的关系——所具有的不断演进的特性。近来，关于新闻业在

民主框架中扮演更宽泛角色的争论不绝于耳，这样做能够揭示这场争论的一些核心议题。为达到这一目的，这一章采用了历史的视角。我们首先发掘了关于“公正客观的记者作为值得信任的见证人”的不同观念，然后追溯了当时出现的关于新闻业社会责任的争论的概况，其中最引人注目的当属记者沃尔特·李普曼（Walter Lippmann）和哲学家约翰·杜威（John Dewey）在二十世纪二十年代分别提出的针锋相对的观点。李普曼坚持认为，“难以想象，像我们这样的社会，竟然要一直依赖那些未经训练、偶然经过的目击者”，如今天的公民记者们所愿，杜威尽力驳斥了这一论断。

在第三章，我将试图通过讨论早期“业余报道者”为突发新闻的一手现场报道做出的贡献，以及通过更密切地关注形式、实践和认识论的议题，来扭转学术研究中对职业新闻报道领域过度强调的局面。首先，我将讨论见证对保证新闻报道的完整真实的重要性（Anna Politkovskaya 和 Wilfred Burchett 等记者的论著中对此有详细的说明），然后，我将详细检视对互联网公民见证行为产生深远影响的两个真实案例，即 1963 年亚伯拉罕·泽普鲁德（Abraham Zapruder）用 8 毫米电影胶卷摄制“家庭录影”时拍下了美国总统约翰·F. 肯尼迪遇刺时的影像，以及 1991 年罗德尼·金（Rodney King）被洛杉矶警察殴打的“用便携摄像机业余拍摄的影像”。而本章的后半部分也会明确指出互联网作为新闻平台，其发展壮大对重新定义新闻业做出贡献的几种方式，并由此讨论，在危机报道中，究竟谁能声称自己拥有新闻见证的社会权威。

23 第四章将会聚焦于一系列探讨公民新闻相关的研究时常常被忽略的议题。在大致追溯不同历史时期用于描述见证行为特征的不同概念后，我们将注意力转向新闻业（特别是电视新闻）本身的技能，这种技能为虚拟的见证形式赋予特权，由此，相距甚远的他者遭受的苦难可能会引发感同身受的痛苦回应。尤其是媒介影像将我们置于见证的位置上，于是，我们无法否认，呈现在摄像机前的一切和我们建立了显而易见的关联。“我们知晓种族灭绝，我们知晓数以万计的死亡，”约翰·埃利斯（John Ellis，2000）这样认为，“我们知晓饥荒和绝对的贫穷。我们知晓，是因为我们看到的图像、听到的声音传达了这一切。”这使得我们无法通过声称无知来自我辩护（2000：9-10）。为考察普通公民掌握的社交媒体如何改变了人们熟知的动态关系，这一章将阐述 2008 年 11 月孟买恐怖袭击报道中公民们做出的贡献。在这次危机事件中，Twitter 在突发新闻报道层面的新闻学意义已变得显而易见，这也标志着公民见证新形式的出现。

在曼纽尔·卡斯特（2007，2011）提出的“全球网络社会（global network society）”中“大众的自我传播（mass self-communication）”概念的影响下，第五章将考察青年人如何通过在社交媒体上使用见证策略表达对国家政权的抗议和反对。这一章将讨论多个例子，包括希腊警方射杀一位十五岁少年引发的学生骚乱，伊朗少女奈达·阿加-索乌坦（Neda Agha-Solton）在反对政府压迫的示威游行中被射杀[《时代周刊》（*Time*）的克里斯塔·马赫尔（Krista Mahr，2009）指出，手机拍摄的视频影像使得它

“可能成为人类历史上见证人数最多的死亡”]，伦敦暴乱
时的社会动荡，“占领华尔街”运动以及“阿拉伯之春”时
骚乱的登峰造极。半岛电视台（Al Jazeera，2011b）关于
后几次骚乱的新闻观察也在不同程度上适用于上述每个
事件，那就是“这些公民中，有很多人为记录下发生在自
己身边的事件而置身险境”。这样一来，“结果往往是出 24
现了象征着‘阿拉伯之春’的标志性影像，很多分析人士
认为，如果不是这些影像吸引了全世界的关注，事件发展
的走向将会完全不同”。

在第六章中，我将揭示关于公民见证的一个更深层次的问题，那就是，在调查新闻报道中“吹哨人（whistle-blower）”的角色。我将详细考察备受争议的网站维基解密（WikiLeaks），特别关注其创始人朱利安·阿桑奇（Julian Assange，2006）倡导的另类见证准则：“每当我们见证了我们认为非正义的行为却无所作为时，我们就成了非正义行为的帮凶。”本章会据此评估若干维基解密涉及新闻报道的案例。在每个案例中，吹哨人都提供了一些引发公众关注的文件，并在此过程中有意推进一种行之有效的见证形式，将其作为公民参与更先进的形式。我们将评价维基解密关于以公民为中心的“科学的”新闻业这一另类概念，重点关注 2010 年发布的绝密的阿富汗战争日志。由此产生的分歧将会引发关于现有职业新闻报道的理念，以及新闻媒体是否有能力保有其话语权用以维护公众利益的广泛争议。

在第七章，我们的讨论行将结束。我们将总结前几章涉及的大量主题，同时试图对“阿拉伯之春”期间的公

民见证行为进行整体考察，对利比亚冲突予以特别关注，对本研究进行进一步深化。对于后者，我们将会对手机拍摄的利比亚领导人卡扎菲被处决前后的即时影像的意义进行评估，主要考察新闻媒体使用此类见证影像时，在新闻报道的恰当性和新闻价值间左右为难的伦理意涵。在一个“有图有真相”的时代，对于如何处理恐怖图片以使其适宜传播的问题，新闻工作者的决定可能会面临尖锐的批评，这引发我们进一步追问，即允许相距甚远的受众观看哪些内容的规范限制是如何设定的。我相信，这
25 一问题的答案对未来公民新闻的生产创新而言是至关重要的。

最后，我希望，本书呈现了一个令人信服的研究范例，能够推动新闻学研究中公民见证概念的持续发展。

即使是最诚恳、最细致的见证人，也很难剥离自身的观点和看法，提供一种“单纯的现场画面”，沃尔特·李普曼在他的《公众舆论》（*Public Opinion*，1922）中这样写道。这本书对当时的新闻报道进行了犀利的批判，时至今日其观点依然能引发共鸣。“对任何产生广泛影响的公共事件而言，”他认为，“我们最多只能看到一个阶段或一个方面。”在将明显事实传递给其他人的过程中，事件本身存疑的性质必然导致扭曲变形。“一则报道是认知者和被认知事物相结合的产物，在这一过程中，观察者的作用总是选择性的，常常还是创造性的，”李普曼补充道，“我们看到的事实，取决于我们身处何地，以及我们眼睛的习惯。”（1922：53-54）

“我们眼睛的习惯”是一个生动的短语，生动地表明我们早先对熟悉事物和陌生事物的理解如何以特定的方式塑造了我们的预设立场，基于此，我们去追寻李普曼所说的“庞大、嘈杂、混乱不堪的外部世界”的意义。“在大多数情况下，我们并不是先观察，再下结论。我们会先下结论，再观察，”他写道，并由此简明扼要地指出了中立的新闻报道面临的认识论挑战，即难以避免的个人偏见。然而，具有专业地位的新闻行业，从维护自己的权利出发，反复强调的论断是中立的报道者拥有一种独特的能力，能够将事实和价值判断分开，这也是公认的区分真正的新闻工作者和业余仿冒者的决定性因素。

27 当然，把简单地判断新闻工作究竟有没有专业性作为首要处理的问题，是会引发争议的。答案会因具体情况而有所不同，但就算是那些迅速响亮地回答“是的，当然是了”的人也很有可能会补充说明，新闻工作的专业性正面临挑战——在数码媒介的全新世界中，新闻工作面临着分崩离析的威胁。大家正热火朝天地讨论引发这一明显转变的若干因素，但其中最毋庸置疑的是“公民记者”的兴起。这一现象对曾被视为具有专业技能的新闻报道者专属的领地造成威胁，如风暴般冲击着这一行业的壁垒。然而，如果采用历史的视角，那么如何和为何的问题便值得一问——通过某些接纳的规则，以及某些同样意味深长的排他的规则，专业主义的话语维系着它对记者们集体认同的追求。纵观大量国家层面的文本，可以说，自二十世纪以来，将新闻工作视为一种艺术、一门手艺、一种交易、一项使命或是一种职业的种种不同的观念，已逐渐以一种不稳定的方式被一种号称具有专业性的职业地位所取代。这种职业化记者不惜一切代价，要与既非从业人士、又不是专家的公民从事的新闻工作划清界限。事实上，在考察关于职业地位的问题时，观察一下代表相距甚远的公众进行中立的见证这一行为的重要性是如何一次又一次地支撑起关于“什么才算是新闻工作”的首选定义，将会让我们深受启发。

本章的目的，是为本书考察公民见证提供基于具体语境的背景分析。为此，我们将着手考察新闻业与公众的关系在不断演进的过程中遵循的某些原则。在这个问题上，关于新闻从业者的身份有着各种相互竞争的定义，这些定义引发了某些分歧，以及与之呼应的缄默，其中，专业性和业余性通常势均力敌。为了呈现这一现象，我们将把注意力转向二十世纪早期，关注现代新闻业形成过程中处于核心地位的一系列议题。接下来，本章将转向考察李普曼关于上述关系性质的思想，特别关注其二十世纪二十年代的作品。在当下的情境中进行阅读，我们能更清晰地看到，他这一时期发表的文章和出版的著作代表着一种有意义的干预，这种干预本身就很引人注目，但也在他与一位对他的理论最有洞察力的批评者之间引发了辩论，这个人就是哲学家杜威。其中一些相互 28
竞争的观点，成为本章关注的主要议题。在民主文化中，见证的恒久价值支撑了新闻业的既有权威，也引发了持续讨论。本章将会论证本书更宏大的目标，即致力于为这场讨论注入新的活力。

眼睛的准确性

在探讨公民见证之于新闻工作的重要性时，我们将把亲眼见证作为一种独特的形式，回顾早些时候对其演进过程进行的讨论。如果我们更深入地挖掘这一概念，就会发现，在现代新闻业出现之前，历史的记录就已在试图追溯见证行为的各种语义变化，以及它们多样化的内涵。对《牛津英语词典》(*The Oxford English Dictionary*)中“见证”的主要释义“进行见证或给出证词(见证了……，作为对……的见证；进行见证的行为，进行见证)”的仔细查阅表明，数世纪以来，这个词语的语源谱系与宗教、文学、法律的概念相互交织，具有不同的面向。

学者们早已注意到，视觉概念的不同含义之间存在张力——通过某人自己的眼睛观察以及对那些无法亲眼所见的事物进行验证，即相信能够排除个人认知的影响进行见证(Oliver，2001；Weine，2006)。在更宽泛的视觉文化中，这一术语的含义发生了变化。彼得·伯克(Peter Burke，2001)描述了从古希腊开始，在绘画作品中呈现的见证的原则：深刻影响艺术家们的规则是“呈现，且仅仅呈现一位见证人在一个特定的时刻从一个特殊的角度所能看到的一切”(2001：14；参见 Azoulay，2008；Gombrich，1982)。伯克认为，为达到这一形式上的要求，画作看上去要尽量真实，这就鼓励了一种观点，即艺术家们认为提供精确的见证是十分重要的，然而，在这个问题上，他们作为证人的状态，仍是可供阐释的。与之相关的视觉文化历史不断为某些见证形成的方式赋予特权。通
29 过这些方式，关于真实性和可验证性的金科玉律使得通过见证获得的证词在福柯(Foucault，1980)所说的在特定社会中的“真理的体制”中得以成形。比如，尼古拉斯·米尔佐夫(Nicholas Mirzoeff，2011)的另类历史，就提出了一些探索性的问题，追问多样化的视觉模式如何推动

权力关系的常态化。这些权力关系支撑了决定在何时、何处、谁做的何事可以被看见的国家权威——事实上，这引发了可视性和反可视性之间的竞争。他写道："看的权利宣称要从权威那儿获得自主权。它拒绝被隔离，并自发地创造出新的形式。"(2011：4)换言之，看的权利即"宣称拥有对真实的权利"。这一论断必然将见证置于人权的领域，并以此名义将其作为一个政治斗争的阵地。

还有大量与见证的各个层面相关的历史研究记录了见证作为一个概念的种种语义变化，其中最有意义的一些研究详细讨论了纳粹对犹太人的大屠杀暴行中那些"第一手观看"。当与登峰造极的邪恶行为联系起来时，关于证词和作证的议题揭示了为何尽管我们面临自身的困境，仍需要在概念层面对见证进行更深入更细致的研究。出于铭记的目的，这一点被证明是十分关键的。例如，当照片穿越时间、空间和地域，对远方的他者造成真实的恐惧时，不同的记录方式也可被纳入考量。在《论摄影》(*On Photography*)一书中，苏珊·桑塔格(Susan Sontag，1977)回忆起她童年时曾直面("一次消极的顿悟")关于贝尔根-贝尔森(Bergen-Belsen)集中营和达豪(Dachau)集中营的图像，那是她在书店里偶然看到的。用她的话来说：

> 无论在照片中或是在日常生活中，我从未见过任何事物像这样触动我，尖锐、深刻、突如其来。事实上，对我而言貌似合理的是，我的生命被分割成了两部分，我看到这些照片之前(我

> 当时十二岁)和看到这些照片之后,虽然数年后,我才完全理解,这些照片是关于什么的。看到它们有什么好处呢?它们只不过是照片而已——对它们所描述的事件,我鲜有耳闻、无能为力;对它们所呈现的痛苦,我无法想象、无从释怀。当我看着那些照片时,有东西破碎了。一些边界已被触及,但并不仅仅关于恐惧;无可挽回地,我感到被刺痛了,被伤害了,但某一部分感觉开始收紧;有什么已经死去,有什么仍在哭泣。(1977:20)

30 在区分苦痛和“忍受相机捕捉到的关于苦痛的影像”时,她指出,后者“并不必然强化良知和同情的能力”。事实上,她补充道,无论是良知还是同情心,都是会堕落的。“影像让人惊恐,影像使人麻木,”她写道,“与从未见过照片的情况相比,通过照片知晓的事件,肯定会变得更加真实……但在一次又一次地接触影像之后,这个事件也变得不那么真实了。”(1977:20)然而,在差不多二十五年后回顾这一立场时,桑塔格(2003)也没那么确定了。“有没有证据表明,”她问道,“照片能够产生削弱的效果,而我们关于旁观的文化则中和了关于暴行的照片在道德层面的力量?”(2003:94)颇有启发的是,她建议,这一问题现在应转向电视新闻,因为通过接连不断、反反复复地使影像屈从于选定的用途,电视新闻能让影像失去原本的力量。她指出:“通过提供过量的影像,电视节目的组织形式唤醒和满足的是不稳定的注意力。”她认为这种“供过于求的影像”发生作用，使得“注意力不集中，易变，对内容相对冷漠”——通过这样的方式，进一步导致“感觉的消亡”(2003：94,95)。[1]

记者的见证人身份，或用桑塔格的话来说，“那些被称作记者的特殊的职业观光客”由此走向前台。更确切地说，在讨论新闻业声称自己扮演的“第四权力”的角色如何在“观看文化”中转型的问题时，人们会立竿见影地面对一系列围绕着语言表达反复出现的比喻修辞——舆论的声音必须被倾听——在那些所见之物以外，这些比喻被赋予特权。在一项在我看来十分有趣的研究中，杰弗里・爱德华・格林(Jeffrey Edward Green，2010)检视了“观看时代”的民主，目的在于指出在关于民主思想的现代传统中，对 *vox populi*(人民的声音)这一原则的强调既充满疑问，又墨守成规。关于发声的问题被证明是有争议的，因为声音亦会有所遮蔽；当我们认为民主取决于对人民声音的赋权时(比如在选举时投票、民意调查、就单一议题的抗议活动等类似行为)，对其关注点的理解可能会过于狭隘，并因此质疑其相关性。格林指出，从发 31
声的层面严格解读的政治权力，很可能“对大多数人大多数时候体验政治的方式，以及对一直以来人民本身(即日常生活中的大众，具有集体能力且不担任公职的公民)体验政治的方式而言，是遥不可及的”(2010：3-4)。

尽管哈贝马斯的公共领域(public sphere)在字面上深具吸引力，但我们中的大多数人仍然更倾向于观看和倾听其他人进行“理性且批判的辩论”并进行决策，而不是直接参与其中(Habermas，1989)。格林指出，观看行为镌刻于通过这些术语构想的政治行动的本质中；我们常常作为观看者，通过我们的双眼，而不是声音，与政治产生联系。源远流长的民主理念有着深刻的内涵。“大众媒介将政治带到了人民的眼前，其程度前所未有，”他写道，“这也使得一系列政治实践成为常态——摆拍、政客讲话的片段、媒体泄密，以及更宽泛地说，个人化的无主题的政治——这些行为已逐渐降低了公共话语的合理性。”这一结果意味着，“日常生活中的大众与这样的观念进一步疏离：他们才是真正进行政治决策的一方，也是政治决策存在的理由”(2010：4-5)。所以，从视觉而非听觉的角度重新审视民主，关于观看行为的问题，必然顺理成章地在一些存在已久的研究议题上引发新的思考。

公民观看者

若要对普通个体的兴趣所在进行延展和细化，研究者必然会面对那些熟悉的关于积极的公民参与对抗消极的观看行为的话语。格林坚持认为，在这方面典型的观点是，假设“双眼在权力之外”，也就是说，“如果观看行为象征着什么的话，那它标示了主导的地位(大多数观看的人从属于少数在公共场合被观看的人)，以及赋权因此只能通过演讲、行动、决策来完成——很显然，这些恰恰是
32 观看者不会去做的”(2010：8)。为了摆脱这一概念困境，我们必须看到，观看者并非无权，相反，通过对权威人士的审视、观察和监看，他们具有形成看法的能力，且这些看法具有改变的潜质。[2]

格林引入了“民众凝视(popular gaze)”的概念，将其作为一种被赋权的观看形式，用他的话来说，其基础是一种根植于全民公决式民主的“民众赋权的视觉模型”。由此，领导人无法再完全掌控其公之于众的各种状况。然而，由于“前所未有的技术资源和组织资源”，这种情况仍然存在：领导人和他们的政治机器仍能够控制他们的公开亮相，从预先包装好的形象，到事先安排好的脚本，甚至到对细枝末节的微观管理，包括摄像机的拍摄角度、作为背景的场景，以及越来越常见的据说是自发聚集起来的观众们的反应(2010：14)。于是，坦诚变成了一个关键的原则，在对民主想象的批判和重构过程中需要尽量坚持这个原则。这并未否认民众凝视会部分依赖非视觉的信息源(特别是选举、法案修正、诉诸法律的可能性等)，而是要指出，“坦诚的政治具有平等的价值观，它会尽可能地将特殊的风险和义务加之于政治精英，作为其拥有不成比例的、从未完全合法的、等级分明的权威所需付出的代价”(2010：17)。只有在兼具声形的民众赋权模式的作用下，基于充分协商的交换能力才会以追求更高透明度的名义被激发出来。

在现代代议制民主影响下的日常生活场景中，澄清公民具有观看者属性的需求变得迫切。在此，我们可以大致描述一下格林设想的一个连续体(continuum)。在连续体的一端是社会参与的公民，其标签是“公民管理者”，与直接民主密切相关。公民“讨论、行动、参与、抗争、选择立场、立法，以及最关键的，决策——对于现代民主的传统而言，这一形象稳居最蛊惑人心的纪念品的中

央，被理论家们反复表述，这些理论家包括卢梭、托马斯·杰弗逊、约翰·密尔、托克维尔、杜威和今天的协商
33 式理论家们”(2010：32-33)。在这个连续体的另一端的，则是“不问政治的公民”。他们在法律上具有公民的地位，具备合法权利，享有社会权益。此类公民“对公共事务毫无兴趣，对政府运作毫无常识，对作为一个有效能的政治行动者毫无感觉。他们不参与选举，即便进行选举，也不清楚自己到底选了什么”(2010：33)。格林指出，事实上，这两种概念都拒绝承认一种与众不同的公民权利形式，这种形式恰恰标示了当下的民主，我们将其称为“公民观看者(citizen-spectator)”。

第三种形式，即公民观看者，在前两种概念之间取了一个居中的位置。它标志着在心理上有意义地卷入当下发生的事件，但这并不会转化为对政治生活的积极参与。由此，观看行为定义了这种大部分情况下间接的公民政治体验。换句话说，公民观看者或许可被看作是“被统治的公民”，他们能感受到自己的政治生活与官方的政治领域之间存在着显著的差别(当然，除非有某个特殊的议题引发了他们的关注)。格林写道，自第一张日报出现以来，“通过将政治观看者与实际进行政治决策的地点分隔开，大众传播技术的稳步发展(包括电报、无线电、电影、电视、互联网)仅仅让被管理者越来越多地暴露在政府面前”(2010：39)。这一通则鲜有例外，仅包括领导层辩论、新闻发布会或公众对领导人和高级官员施政方式的质询。这就提示格林，对于绝大部分公民来说，使掌权者“强制可见”[他从福柯(1977)那里借用了这个概念]的机

会是非常稀少的。尽管如此，正是在对坦诚这一至关重要的理想的追寻过程中，人们开始正视公民共享的集体利益的价值，他们获得了“一种与其他普通公民团结在一起的感觉，他们都只有观看的能力，且只能用这种能力消极地体验政治”(2010：28)。格林相信，这里正是希望所在，在此，人民的定义有希望变得可见，而非可闻，并由此获得新生。

对我来说，这一研究思路对我们在此主要讨论的问题颇有启发。如果将它与我称之为“公民见证”的概念联系起来，那它会与个人拒绝支持或接受公民权利的教科书式定义的常规待遇形成鲜明对比。这种待遇，若非贬损的，也是父权的。然而，若想揭示见证对于公民观看者的重要性，我们还有很多工作要做。在格林非常有见地的论述中并没有提到这一点(他也没有考虑到，在消费媒介内容之外，还存在通过媒介实现的公民参与，而对我们的研究来说，这是一个至关重要的关注点)。从下一节开始，我们将以更直接的方式，转而探究新闻业在民主制度中扮演的角色，而我们的第一个案例，就是考察中立的记者作为值得信任的见证人这一现象的兴起。 34

客观的传播者

如今主流的观点通常认为，引发了新闻工作中基于现场目击的客观性理念的很多因素不断凸显。这些因素在美国已显而易见，在其他西方国家尚不明显。出现这种情况的原因有很多。詹姆斯・W. 凯瑞(James W. Carey,

1969)关于“传播革命”的历史研究一直回溯到了十九世纪九十年代，其中有大量研究发现对我们很有帮助，可作为我们研究的起点。

在描述这场革命中“自相矛盾的趋势”时，凯瑞明确提出了至关重要的三个维度。第一个维度与国家层面大众传播媒介的兴起有关，包括现代报纸、全国性杂志、渐占优势的新闻通讯社和初具雏形的电子通信。第二个维度是专业媒体和小众媒体的发展。它们根植于有“特殊利益”的社会群体中，比如与族群身份、职业身份、阶级身份、地域身份或宗教身份相关的社会群体。此处重要的是，这些小众媒体采用何种方式扮演中介的角色，将本土小环境（之前依赖的是面对面传播）与更大的社会结构联系起来，从而创造了一个全国范围内的利益共同体。第
35 三个维度是，在这段时间里，一个新的社会角色开始出现，他们被称为职业沟通者，他们“在两个群体之间扮演中介的角色，通过运用操控符号的专业技能，对语言、价值观、利益、理念和目标进行翻译，把一个群体的惯用语转化为另一个使用不同话语体系的群体能够接受的形式”(1969：132)。最后一个维度的内容与我们的研究目的尤为相关。[3]

凯瑞认为，职业沟通者的角色很像“符号掮客”，在各种不同的职业中都能看到其身影，包括广告、公共关系、科学传播和新闻业。虽然方式有所不同，但这些职业从十九世纪九十年代就已开始转型，这是由于新教育方式的发展（主要是通过大学和学院），以及社会成员的联系越来越紧密的原因。这些行业的职业管理规范开始逐渐

成形，与之同时形成的还包括与众不同的角色认同和职业意识形态的要素。人们通常认为，新闻是一种文学类型，此时，它却迅速转型成一种技术性的写作形式，在很大程度上为翻译的任务所定义。用凯瑞的话来说，“新闻工作的特质并不仅仅是把其他人的言语和行为转化为更简单的语言并将其报道出来，新闻工作更像是对行动和行动者的液态解读，努力创造一种语义学上的现实，为平凡的事物赋予意义。传统上，记者会诱导受众以新的方式接受旧的现实”(Carey，1969：137)。在转型过程中出现的一个关键要素是，人们越来越重视“客观报道”。凯瑞认为，十九世纪晚期，美国的新闻记者经历了一次“向下转化”，他们的角色开始明显地在“去知识化”的同时“技术化”。记者不再是事件的独立解读者；他们的身份变为职业沟通者，这意味着他们会变得越来越擅长技术化的写作技能，而不是“作为批评者、解读者和当代历史学家的知识技能”。在此受到重视的是“进行翻译的能力，即将行政、科学、艺术、医学和经济的专业话语和目标转化为通俗用语，使其能够被更广泛的、无组织的、受教育程度较低的受众所理解”(1969：137)。 36

在此之前，受商业利益所限，对客观性的“迷恋”只在无倾向性的报道中与日俱增。据凯瑞所述，到这一时期，这种“迷恋”迅速变得“合理，成为判定专业能力的标准和关于职业责任的意识形态。其依据是一种模棱两可的假设，即衡量新闻工作专业性的最高标准是记者能够为读者提供关于一个议题各个方面的全部信息（虽然通常只有两个方面），呈现所有‘事实’，还允许读者自行决定这些事实的意义"(1969：137-138)。他继续指出，传统新闻报道中进行倡导和批评的内容很快消失了，在这些新标准、新程序、新惯例的影响下，它们的地位迅速下降，沦为附庸。在报道不同信源的各种说法时，作为职业沟通者的记者应该持一种被动的预设立场。当记者们发现自己高度依赖这些信源来获取信息，并因此更倾向于内化自己的态度和预判时，新闻报道中创造性的工作便岌岌可危了，更不用说其独立性了(参见 Carey，2011)。然而，与此同时，长久以来一直存在的、记者最恰当的身份应该由什么构成这一问题带来的焦虑感开始慢慢被职业沟通者制度化的规则所化解。

大量研究文献都在关注新闻专业主义的各种话语体系，而各种不同的组织机构(诸如新闻俱乐部、工会、编辑与出版者协会等)产生的深远影响也在十九世纪下半叶获得了应有的认可。迈克尔·舒德森(Michael Schudson，1978)的研究指出，事实上，记者这一职业是十九世纪八九十年代的一项社会发明，用一位报纸编辑的话来说，这标志着所谓"记者时代"的到来。早期的办报工作倾向于围绕一个扮演多种角色(印刷工、广告经理、编辑和记者)的个人展开，而这一时期，主要由于报刊的商业化，专业化程度
37 的不断发展成为可能。记者作为一个较为与众不同的职业开始出现是一项渐进的成就，其成形的过程有所不同，部分原因来自职业理念的差异，而不同的职业理念对好的新闻实践有着不同的定义。

舒德森继续指出，在进行新闻写作时，真实性理念(即"信息"模式，强调新闻真实的价值)和娱乐性理念(即

"故事"模式,强调美学的或可供享乐的"消费价值")之间的差异,取决于其主要目的是收集各种事实还是获得一个故事。他发现,"无论对错,新闻学中信息模式的理念总与公平、客观、严谨且不带感情色彩相关",与更不可靠、更不值得信任且更不负责(虽然这种提法是有待商榷的)的故事模式相比,信息模式本身获得的评价会更高(1978: 90)。然而,在十九世纪下半叶和二十世纪的前二十年,几乎没有记者会觉察到,在"客观的"事实和"主观的"价值之间,存在着尖锐的对立和分歧;人们很少质疑在感知层面的个人倾向带来的影响,认为它坚实地扎根于我们日常生活的世界上那些不证自明的"现实"中。这种舒德森所说的"天真的经验主义",面对挑战也并非一成不变。第一次世界大战结束后,它开始让位于更精妙的"客观性"的理念——或是"事不关己的现实主义习惯",我们将在下文李普曼的作品中看到这一说法——作为对那个时代广为流传的公众怀疑论的回应。舒德森写道,客观性与"对事实的信仰的终极表述"相去甚远,它代表的是"一种关于方法的表述,这种方法是为一个连事实都不一定能让人相信的世界设计的"(1978: 122)。

社会责任

在一项补充性的研究中,杰拉尔丁·穆尔曼(Géraldine Mulhmann,2008,2010)清晰地描述了记者作为"见证特使"的出现。现代的、"聚合"的新闻业最终得以在西方民主制度中占据主导地位,记者的这一角色尤

为关键。她认为,“聚合”给人的感觉与“把人们联系在一起的愿望”相关,对此,最明显的是,新闻业力图为读者提
38 供“真相”(“一种排除不同观点的差异,能被所有人接受的东西”),这一趋势在十九世纪末变得越来越明显(2008:6)。新闻记者本人作为报道者出现在新闻现场,充当亲临现场的见证人,而非身处远方的评论员,“无论记者报道的是什么,这种对真实体验的价值的强调都能够作为对‘真相’的保证,这也保证了公众会对此做出默认的授权。这种授权要求记者们提供一种能够被所有人接受的描述,任何人被置于见证的位置上都会提供同样的描述,而这种保证将会受到尊重”(2010: 34)。事实上,穆尔曼认为:“因为他们是见证人,所以他们能够成为好的特使;又因为他们作为特使必须尊重这种授权,所以他们必须去见证。”(2010: 34)记者们代表他们的公众接受了这一角色,这就意味着一个显而易见的转变发生了:记者们进行报道时,不再强调个人观点的表达(即“我”的第一人称叙述),而是强调将他们自己作为“我们”的代言人。这种关系随即在二者间建立了紧密的关联,随之而来的还有某些社会责任。然而,在很长时间内,这使得记者关于其角色恰当性的自我认知变得越来越复杂。

事实证明,在基于事实的新闻学概念中将记者定义为独立的见证人,这是一个曲折的、充满偶然性的协商过程。与法律、医学等采用严格的准入制度、通过执业执照保障道德行为规范、以正规的方法实现自我规约的行业相反,人们从未想过,对新闻实践要采用与上述行业一致的衡量标准。应该如何进行新闻实践是由一群不同教育

机构培养的毕业生们设想出来的。这些教育机构出现于十九世纪晚期至二十世纪早期,以培养新闻记者为己任。然而,如果我们讲到纽约的哥伦比亚学派,它的主要资助人约瑟夫·普利策(Joseph Pulitzer)就坚定不移地相信,无论在读者的眼中,还是在记者自己的眼中,新闻业的地位和价值都应该与其他行业一样获得认可。不管从什么角度看,专业主义这一术语都应该为所有新闻记者提供指导思想,供其努力追随。而塑造这一职业身份结构的
要素,也应紧紧围绕对公益精神的公开承诺。 *39*

普利策设想的“公民正义的标准”是一个补充性的概念,正是这一概念拒绝了简单的概念说明,发现只有与推进“公众利益”所必需的“特质”相关的更广泛的定义才能取而代之。道义上的勇气对公共服务至关重要,应该被写进教科书里,但贯彻其原则的能力,以及负责任地行动的决心却并非与生俱来。普利策(1904)在区分“真正的记者”和“从事某种新闻工作,既不需要知识,也不需要信念的人”时强调的是个人特质的差异,即通过新闻学教育塑造的从业者和那些来自“纯商业化教育”的人之间的差别(1904：19)。不惜一切代价地接受教育,是“这个职业的尊严所在”,对于记者而言,他们“拥有特权,去塑造舆论、触动心灵,每天引发成千上万人的思考”。他补充道,每天,“都有新的大门会为记者打开,只要他们对社群心怀信念,并且有能力去表述它”(1904：12)。

就在那场被称为第一次世界大战的军事冲突结束后不久,德国社会学家马克斯·韦伯(Max Weber,1919)发表了他最重要的论文之一,《以政治为业》(“Politics as a

Vocation"),将这些议题带到了前台。这篇论文主要探讨的是重新定义国家的性质与合法使用暴力的问题,以及政治领导的不同分类方式,但与此同时,他也为一种另类的视角打下了基础。韦伯并不认同英国的新闻业,他注意到,欧洲大陆的记者缺乏一个确定的社会类别归属,这就有助于解释为什么人们对其代表地位的重要性并未予以充分的认可。事实上,他走得更远,指出:"在'社会'的眼中,(记者属于)某种贱民阶层,人们总是从道德层面,根据其最低级的代表人物,对其做出社会评判。"(1919:55)

让韦伯觉得遗憾的是,关于新闻记者及其工作的"最奇怪的想法"在不断传播,使得他想要指出:

> 40 并不是所有人都能意识到,要写出一篇真正**好**的新闻作品,对才智的要求至少不会低于任何学者获取的任何成就。如果我们考虑到,虽然与学术研究的创作条件全然不同,但新闻作品必须现场写作、梳理事实,还必须获得立竿见影的**效果**,这一观点就显得尤为正确。通常被我们忽略的是,记者实际上承担的责任比学者要大得多,而且平均看来,每个受人尊重的记者的责任感也绝对不低,这正是我们在战时看到的。我们忽略这一切,是因为就这种情况本身而言,我们倾向于记住那些**不负责任**的新闻作品,因为它们通常产生可怕的效果。(1919:55;加粗部分来自原文)

尽管韦伯个人确信,有才干的记者表现出的审慎周全应获得赞美,然而,他也指出,社会公众开始“用一种卑劣的怯懦混合着轻蔑的眼光看待报纸”。韦伯并未深究导致这些情况出现的原因,他转而强调,记者对公众的责任和“追求哗众取宠的效果”之间存在矛盾,哪怕后者可能在报纸读者中大受欢迎。当记者的职责变得前所未有的沉重,尤其是因为时效性带来的压力越来越大的时候,他们就必须要面对“尤为纷繁复杂的精神挑战”了。他补充道:

> 在地球上最有权势的那些人的客厅里与他们打交道绝非小事。你们看起来是平等交往,他们奉承你是因为害怕你,而你也一直知道,只要你身后那扇门轻轻关上,招待你的主人就会马上向他的客人们辩解,自己为何要邀请一个“来自报业的败类”。(1919:57)

同样让人气馁的是,在记者进行报道时,还需要和“市场”的需求进行斡旋,与此同时,还不能“流于绝对的浅薄”。

然而,并不是每个人都做好了为新闻学教育的学术优势高唱赞歌的准备,就算新闻记者自己也是如此。这一时期发表的重要评论都倾向于反复讨论大量共通的主题(参见 Angell,1922; Hayword and Langdon-Davies, 41
1919; Sinclair,1920)。在这方面表现出的特别引人注目的思考是,对战时宣传运动广泛的幻灭感,在多大程度上导致了对“官方”信息渠道的戒备心。一些评论家发现了这个问题,而“广告宣传员”“宣传报道”和“推广专家”的存在,使这个问题愈发恶化(Allen,1922; *The New York Times*,1920)。将事实等同于官方认可的关于真相的定义是危险的,有些记者对此十分警觉,对他们而言,用更“科学”的方法来精确处理信息的需求越来越明确。[4]这就是李普曼关于新闻业及其公众的讨论做出的贡献,事实证明,在当时其论述产生了重大的影响,而且,出于我们即将看到的种种原因,时至今日,这些论述还在继续影响相关的讨论。

“未经训练的意外见证人”

“仅仅是讨论记者之于文明真正的重要性,都会让报人们大笑不止,”李普曼在《自由与新闻》(*Liberty and the News*,1920)中这样写道,“然而,新闻报道依然受到不同寻常的尊重。观察行为必须置于其他任何行为之前,而公共观察员(也就是记者)具有决定性的价值。”(1920:79-80)他相信,这一过程面临的风险,无异于民主社会本身的健康程度受到威胁。“客观信息”要求政府部门能够有效地管理报纸,迫使其提供“值得相信的新闻”。这一角色要求“办报的事业”进行转型,从“一种随意的商业行为,转化为一种受过专业训练的职业”。而且,从这一前提出发,我们就能够解释,为什么新闻工作和公众的关系需要通过严苛的评估和批判来保障。

李普曼在这本书中指出,“总体而言,我们很难想象,像我们这样的社会，会一直依赖那些未经训练且意外出现的见证人”，这与他从一开始就在探索的所谓的“现代新闻的难题”是一致的。在这部才华横溢、观点鲜明的作品中，他清晰地阐述了他的信仰，即“当下西方民主的危 42
机”同时也是“新闻业的危机”。他强调事实固有的价值，坚持认为事实应该为社会成员所知，以便他们日常处理报纸上刊登的种种问题。他指出，无论身在何方，人们感到困惑、受到误导，是因为他们没有办法完全相信他们被告知的一切。他愿意接受的是，在这种情况下，现代社会的新闻业扮演了同谋者的角色。李普曼还大致复述了一些潜在的原因，譬如有些人对“所谓的自由媒体”进行“金钱控制”的腐败行为，自私地追逐蝇头小利，以及他们大事化小的倾向。然后他提出了自己另类的解释。他相信，教化的作用是凌驾于真实之上的[对纽约的阿道夫·奥克斯（Adolf Ochs）和伦敦的北岩勋爵（Lord Northcliffe）这一类的报人而言，这是一种含蓄的批评]。他以一贯酣畅淋漓的风格补充道：“目前，关于美国报业的理论是，无论何时，只要有人认为维系人类文明需要牺牲像真相这样抽象的事物，以及像公正这样高尚的存在，那它们就必须被牺牲掉。”（1920:8）

随之而来的是，记者们由衷地相信，他们从事的工作应该像“传教者、复兴者、预言家和煽动者”那样。在那样做的时候，他们关于“什么是爱国主义的理念”事实上只是缓解了“其读者的好奇心”。对李普曼而言，其言外之意让人不寒而栗：

> 正如无序最有害的形式是由位居高位的人煽动的暴民，最不道德的行为是政府的伤风败俗，虚伪最具毁灭性的形式则是那些以报道新闻为业的人去进行诡辩和宣传。新闻专栏就是常见的载体。当那些控制新闻专栏的人妄称自己有权利凭自己的良心决定应该出于什么目的报道什么内容的时候，民主制度便已行不通了。舆论已被封锁。(1920：10-11)

若报纸已无法传播真实信息，只能把版面提供给那些像表达个人观点的奇思异想一样的东西，则政府施政的基础就会慢慢被削弱。李普曼写道："如果无法提供确切而值得相信的新闻，那么，那些对民主制度进行尖锐批
43 判的评论家们所断言的一切就都是真的。无能和盲目，腐败和不忠，恐慌和灭顶之灾，这些都必须为人所知，哪怕他们获取事实的方式得不到任何保障。没有一个人能够在无价值的读物或电视节目上操控任何事情。一个民族也不能。"(1920：11)李普曼警告道，如果和政府站在一起的新闻媒体为了达成自己自私自利的目标，忙于"生产同意的态度"，那么民选政府就会前景堪忧。日常新闻报道必须摆脱"未经训练且心怀偏见的报道者"，以独立和完整为新的标准重新进行调整，这也标志着对"报道事实"进行新的承诺。行文至此，《自由与新闻》一书已接近尾声，它的最后一句话简明扼要地强调了李普曼主张的改良主义的基础。他写道："当我们学会谦卑时，当我们学会寻求真相、揭露真相和发布真相时，当我们在不确定

性的迷雾中仍然更在意真相而非思想论争的特权时，我们才会进步。”(1920：104)[5]

在一个如此复杂的现代社会里，公民难以获得其理解的权力。由此，当记者出于维护公民利益的目的，试图向他们阐释某个事件的意义时，也会同样感到纠结。李普曼的下一本著作《公众舆论》就进一步详细阐释了这种困境，勇敢地挑战了民主的基本观念。他写道，代议制政府是可以被批判的，因为它明显依赖着一种无法奏效的幻想，即所谓的“我们每个人都必须获知关于所有公共事务的充分的意见”(1922：19)。这是一个无法满足的需求，理应被抛弃，因为在实践层面这根本站不住脚。这样的教条预设了关于理想化的共同体的概念，而这与现代社会的日常生活毫无相似之处。此外，在任何情况下，如果我们期望报纸能够成功完成其使命，为全能的公民提供充足的信息，从而维持这一幻想，这也是没有道理的。李普曼提出，报纸也许是“与不可见的环境保持联系的主要方式”，但它无力承担假想的责任，即为公民提供足够的“关于外部世界的真实图景”。由此，在与舆论相关的机构中，报纸是“有缺陷的”(1922:19)。

李普曼一直致力于扭转某些关于真理和民主的“古 44
老信仰”，他主张，舆论必须为了报纸组织起来，而非报纸组织了舆论。他说：“我们期待报纸为我们提供真相，然而真相可能无利可图……这项工作被认为是至关重要的，它困难重重，常常充满危险，直到最近，我们才愿意为之付费，但也只愿意花费铸币厂生产的最小面值的硬币。”(1922:203)报纸为完成其使命而背负的重担因此与实现其承诺形成了尖锐的矛盾，或者更确切地说，是缺乏承诺。作为回应，反复无常的公民消费者向它展示了这一点。实际上，李普曼发现："有些人说得恰如其分，他们说，我们每天都不得不重新选举报纸编辑。"(1922：203)作为"消费的公众"的组成部分，读者的注意力变成了一种商品，报纸将其卖给广告商的交易保证了其存续。这一观点被认为是消费的公众的代表性观点，令人难以忽视。李普曼明确指出："对广告投放者而言，如果一家报纸试图激怒其花高价想要通过广告触及的目标群体，那这家报纸就不是一个好的媒体……又由于从未有人说过广告是慈善事业，所以，广告投放者购买的出版物上的栏位，一定是最有可能被其未来客户看到的栏位。"(1922：205)与此同时，购买力最强的那些读者，有可能让自己的观点和意见更引人注目。

显而易见的是，李普曼选择了搁置关于阶级政治的问题，这一问题塑造了"消费的公众"这一观念，他甚至不讨论关于读者的相互竞争的概念之间渐渐浮现的张力——他们究竟是公民还是消费者——在这条批判路线上，这个问题的出现是顺理成章的。他转而强调，通常报纸会尽力将"在报摊上抓到啥看啥的乌合之众"转化为最为难得的群体，即所谓的"长期订阅的忠实读者群"。考虑到没有哪家报纸能够完全依赖读者坚定不移的支持，报社必须进行各种努力，日复一日地维持读者的忠诚度。李普曼注意到，"报纸可以藐视广告商，可以攻击手握权势的银行金融业，但如果它疏远了消费的公众，它就失去
45 了生存必需的资产"(1922：205)。所以，如果要理解为何

对于报纸而言读者居于首要位置，我们就必须重新思考新闻的先天属性。

背离常态

李普曼指出，新闻并非社会现实的镜子，也不是简单地收集显而易见的事实，任其自然形成可知的形式。与某些方法论相反的是，只有在特殊情况下，新闻报道中才会出现记者收集的一手“原材料”；更确切地说，记者更有可能遇到的材料都是已经被其他人（特别是“公众人物”）预先“艺术加工”过的。李普曼指出：“就算世界上所有的记者每时每刻都在工作，也无法见证世界上发生的每件事情……记者不是占卜师，他们无法盯着一个水晶球就随心所欲地看到整个世界，他们也无法借助心灵感应来传递思想。”（1922：214）通过一些日常的工作程序，记者能够监看一小部分地方，比如市政厅、警察局总部、法医办公室，在某些情况下还可以监看白宫。在这些地方发生的事情可能会有报道价值，亦可为人所知。其中，特别有价值的是那些明显背离常态的状况，那些特殊的、从正常状态中“凸显自身”的事情。这些事情为记者提供了一个楔子，通向接下来发生的故事。换言之，那些能被“修补、物化、测量和命名”的非同寻常的突发事件，会更容易被认为具有新闻价值。“事件的走向必须指向某种可定义的形态，”李普曼写道，“而除非到了某些既成事实出现的阶段，否则新闻不会脱离可能出现的真相组成的汪洋大海。”（1922：215）

在《自由与新闻》一书中，李普曼对这种关系的阐述相对来说还不够准确，但在此基础上他进一步指出，向前推进的更现实的方式是更深入地认识记者在工作中受到
46 的种种束缚。他相信，“记者让人们清楚，作为其意见基础的真相具有不确定的特性，这既是可能的，也是必要的”。然而，不仅如此，报纸还可以用特定的方式引导“批判和煽动”，从而刺激社会学家和政府官员去建立“更透明的组织机构”，阐明可用的社会事实。在推进这场关于“扩展可供报道的真相”的战争时，报纸有助于确保这些组织机构（它们与报纸本身相对立）会给予公民们充分的信息，这是他们在民主社会所要求的。李普曼写道，报纸“在承担全部人民主权的重担时，在自发提供民主人士所期望的天然存在的真相时，显得分外脆弱。在我们期待它提供真相的本体时，我们进行判断的标准被误导了”（1922:228）。他指出，我们需要重新思考整个关于舆论的民主理论，因为它未能帮助我们理解新闻受限的本质、社会无可限量的复杂性，以及普通市民的相对能力（包括假设存在的“对无趣真相的好奇心”）。

在此基础上，李普曼宣布，他与为报纸预设的常规角色决裂，他不认为报纸是直接民主的重要组成部分。对于那些组织机构来说，正确地承担责任，在为大众决策时对公共生活进行充分的了解，这并不是切实可行的可选项。报纸可能会被比作探照灯，它“无休止地移动，把一段又一段的经历从黑暗中带到人们的视野里”，但对于个体而言，“不可能仅通过这种灯光，就完成世界上的所有工作。他们不能依靠经历、冲突和突发事件来管理社会。

(在某种程度上,他们要求)他们自己的稳定光线”(1922: 229)。李普曼关于改变的建议直截了当。通过说明问题的症结在比报纸更深的层次,他指出了大量导致问题出现的因素,而这些因素都能追溯到一个常见来源:“自治的人民想要超越自己的日常经验和偏见,发明、创造和组织一种关于知识的机制,但失败了。”(1922: 229-230)在此我们会发现补救的办法,即:通过运作一套“情报系统”来提供一种必要的分析方法,确保决策过程中的协作顺利进行(同时,这样做也能对难以控制的报纸进行检查)。在政府(以及报纸)拥有“关于世界的可靠图景”并据此展 47
开行动以前,在“阻止民主制度更明显的失败,对抗强烈的偏见、冷漠、比起沉闷而重要的事情更喜欢稀奇古怪的琐事的偏好,以及对小杂耍和三腿小牛的渴求”方面,很难取得任何进展(1922: 230)。

然而李普曼并未详述该如何操作这一“情报系统”,他相信,只要完全抛弃“全能公民”的理论,真正的进步就会成为现实。他指出,公民们并不需要专家将关于所有社会问题的意见都展现在他们面前,因为这是难以背负的重担。日复一日,负责任的管理者会以更强的能力来为人民服务,有效使用情报系统协助政府和行政管理部门(在政治和工业方面)的工作。“只有坚持任何问题都必须通过一套程序才能来到公民的面前,”李普曼写道,“现代国家中忙碌的公民们才有可能用一种清晰明了的方式来处理它们。”(1922: 252)

追逐幽灵

《公众舆论》一石激起千层浪。翻阅一下这本书出版时的大量书评就会发现，李普曼倡导的基于公共生活中的社会科学对“情报系统”的角色进行提升这一观点，很快吸引了特别的关注。[6]其中特别值得关注的是约翰·杜威（1922）在《新共和》（*New Republic*）上发表书评提出的观点。作为当时最杰出的哲学家之一，杜威在与年轻记者的作品打交道的过程中获取了来之不易的关于开明政治的经验。在接下来的几年里，他反对李普曼的立场逐渐成形，而他对《公众舆论》的评论则可被视为迈出了重要的一步。

杜威的评论始于对文本中欢愉情绪的陶醉。他发现李普曼愿意去挑战那些简单地将舆论的力量视为理所当
48 然的分析人士，对李普曼指出其最基本的假设中存在问题的方式大为赞赏。李普曼的这种意愿启发了杜威。他指出，在这方面特别富含深意的是民主理论要求的关于“全能个体”的信条，以及随之出现的理想化的舆论的概念。这一概念作为一种政治本能，自然而然就出现了。对于这一“关于知识的问题”作用于新闻业的方式，杜威大致同意李普曼的看法，且转向寻求可能的解决方案。就是在这里，两位学者开始分道扬镳。

确切地说，杜威提出异议的是，李普曼并不情愿预设报纸有能力扮演启发和引导舆论的角色，他也不能同意李普曼关于专家智囊团的建议。用杜威的话来说：

> 看起来，李普曼先生理所当然地放弃了报纸的案例——他太过简单地假设，报纸是一成不变的。确实，新闻必须处理的是事件，而非各种情形和力量。确实，后者**就其本身而言**，实在太遥远太抽象，很难吸引注意力。而对它们的记录，也太沉闷太冰冷，难以触及大众读者。但我们仍有可能对潜在的状况进行持续的研究和记录，据此处理新闻事件。把社会科学、触及真相的渠道和文学呈现的艺术相结合，并不是一个容易达成的目标。但对我来说，这是面对为社会生活提供智慧指引这一难题时，唯一真实的解决方案。(Dewey，1922：288；加粗部分来自原文)

杜威坚持认为，一篇合格的、对日常事件的新闻报道在一定程度上可以是“感性”的，只要它能揭示塑造事件本身的那些潜在的力量，否则，这些事件看起来是“偶然而支离破碎的”。至关重要的是，新闻报道通过在事实间建立联系，创造出“关于当下情势的图景，以便人们能够据此明确地展开行动”。他坚信，新闻业能够实现转型，从而提供关于新闻的客观报道，就能像李普曼设想的那种专家组织一样获得信任，只要这些组织与普通人日常关注的事物紧密联系在一起。他明确表示：“对我来说，舆论的启迪作用，仍位列政府官员和领导者的教化之前。”所以，民主要求对每一位公民(并不仅仅是获得李普 49

曼认可的拥有特权的精英)进行“深入彻底的教育”。

与李普曼的怀疑主义相提并论的是,杜威对民主理论的热情在感性层面几乎可以说是浪漫的。1925 年,随着李普曼《幽灵公众》(*The Phantom Public*)的出版,这一对比变得更加鲜明。这本书的第一章题为《不再抱有幻想的人》(“The Disenchanted Man”),从这一章的第一段开始,李普曼对“直接民主”显而易见的缺陷评价不高:

> 如今,普通公民常常会觉得自己像一个坐在后排的、没有听觉的观众,应该对远方的神秘事物保持专注,但却难以保持清醒。这位公民知道,他会以某种方式受到正在发生的事情的影响。规章制度时时提醒他,税收每年提醒他,战争偶尔提醒他,他正在被周围情势的洪流所冲刷。(Lippmann,1925: 3-4)

李普曼指出,令人痛苦的是,报纸明显无法通过报道社会环境来帮助公民完全了解社会环境。这个“不再抱有幻想的人”已经痛苦地意识到,他们的“统治权只是一种假象”——也就是说,他们知道,虽然他们在理论上掌权,却不能将治理国家付诸实践。李普曼认为,这完全可以理解,因为他们在公共事务中扮演的角色对他们而言无关紧要,他们的地位只在民主的修辞里受人景仰。能被接受的全能公民的理念,既让人熟悉又遥不可及。换言之,在他看来,相信存在一种有能力主导事件进程的公众,是一种被严重误导的想法,因为这种公众只是一种抽象的存在——“幽灵而已”——却被错误地称颂。

李普曼声名斐然，所以《幽灵公众》一书在报纸上引起了巨大反响。然而，这一次，又是杜威的书评(1925)发现了一种极具洞见的批判路径。与那些急于摒弃李普曼的批评的人相反，他在这些批评中看到了“对精简且温和的民主理论的信仰的坚持”，通过提炼李普曼对公众及其 50
力量的观点，这一点将会有所改善。他同意李普曼的诉求，认为报纸在“伦理层面应有改进”，从而更好地服务公众，相应地，还有李普曼设想的科学组织，用以引导关于公众的宣传报道。在杜威看来，这是一个技术的问题(“发现、记录和阐释”与公众相关的局内人的管理方式)，也是一个美学的问题(保证此类调查的结果足够有趣也足够有分量)。“我并不认为绝大多数人买糖是因为相信它有营养价值，他们买糖是因为习惯，或是想要取悦自己的味觉，”他写道，“所以，在他们与公众建立的联系中观察他们的个人行为，以公众利益为基础对其进行处理的同时，要考虑购买的事实，为特殊的公众准备多样化内容，为广泛的公众准备一般的内容。”(1925：54)

“公众”对“民众”

正如上述最后一点所示，杜威关于“公众(the public)”的概念让他与李普曼复数的“民众(publics)”概念产生了分歧，尽管如此，他还是发现这一点很有启发。他准备对其含义进行条理清晰的分析判断(在一定程度上这意味着“辩论”，虽然在一定程度上是单方面的)，两年后，他发表了《公众及其问题》(*The Public and Its Problems*)。这本书的核心，是杜威要努力搭建另一条轨线，整理足够的证据，来直面李普曼的悲观主义，支持保卫民主的理念。从对后者的批评中可以获益良多；不过，杜威看上去基本同意李普曼对现代环境做出的判断，而他自己的分析却得出了截然不同的结论。[7]

杜威表示："现如今，关于民主的乐观主义备受质疑。"他以此为起点，开始讨论他所谓的公众"黯然失色"。虽然《公众及其问题》一书中有很大一部分内容在讲更为
51 抽象的哲学问题，但无疑，在杜威的思想中，政治民主当前的形势"需要大量反面的批评"。他指出，对于"公众"将去往何方这一问题，批评家们越描越黑。公众"似已失落"，事实上，公众仅作为一种语言形象存在，只有在官员们谋求其行为的正当性时会被提及。"如果公众尚存，"他写道，"可以肯定的是，公众本身所在何处充满了不确定性，正如自休谟以来的哲学家们也无法确定自我的构成及其所在一样。"(1927：117)当选举数据表明，践行其"庄严权利"的选民数量正在稳定下降(他表示："现在，实际存在且有资格投票的选民，其比率大概只占一半")时，关于在实践层面民主机构是否还能维系下去的难题就出现了。民主的社会理念将会是"贫乏而空洞的"，除非它能"具体呈现人与人之间的关系"，这是它的意义所在。这些关系围绕着国家存在，但同时也延伸到家庭、学校、工业界以及类似的领域——事实上即"人类关系的所有模式"，也就是日常生活中的各种共同体。事实上，他补充道，民主本质上即"关于共同体生活本身的理念"(1927：148)。

这一对民主的重新评价使我们得以从不同的角度看待新闻业。新闻媒体将充当一个充满分歧的政治系统——由于其中存在各种利益冲突，对其合法性的争议越来越大——及其多疑的公民之间的中间人。刊发社会问题需要的不过是一种形式不同的新闻业，这样的新闻业有能力保证，它将有助于塑造有社会危机感且能够获得充足信息的公众。到此，杜威停了下来，开始说明他对新闻的定义。他写道：

> “新闻”表示的是一些刚刚发生的事情，而所谓“新”正是因为它有别于旧的和常规的。但其意义取决于它和它引入的内容之间的关系，以及它与它的社会后果之间的关系。如果未将“新”置于与“旧”的关系中，置于与那些已发生的事物，以及被纳入事件发展进程的事物的关系中，那它的含义是无法确定的。如果没有协调性和联系性，事件便不是事件，只是突发，只是侵扰；事件本身暗示着在事件之外，存在着一个持续发展的过程。因此，就算我们低估了个人利益在进行压制、保守秘密和造成误读时的 52
> 影响，那么多作为新闻而不断流逝的事物所具备的平凡琐碎和“感性”的特质在此都会得到一个解释。(Dewey，1927：179-180)

因此，新闻的优先排序以事件为中心，长久以来出于自身原因(以便提供读者们要求的“让人震惊的元素”)对

“新”的执迷，共同将“灾难事件”——比如犯罪、事故、个人冲突等——从其与现实世界的联系中孤立出来。杜威指出，这意味着，考量新闻在多大程度上呈现了非常规的事件和“共同体的裂痕”时，常规的事件能够获得比平时更多的关注。在新闻工作中，必须进行更细致入微的分析，同时，必须呈现更让人信服的事实。

在全面考虑新闻报道引发的社会后果时，杜威再次肯定了李普曼，后者支持社会科学对公共生活做出贡献。为了遵循更科学的原则来复兴报纸，通过社会科学在更高层次上更清晰地表述其优先排序的规则，报纸需要在日常报道中注入一套新的道德价值观念。所以，准确地说，需要重新考量的问题是一个新闻事件是由什么构成的。在一次有待商榷的转向中，杜威预言“如果允许新闻报道者自由发挥其真正的兴趣所在，那新闻的收集和报道工作将会变得非常不同”(1927：182)。虽然他没有详细阐明这一点，但很明显，杜威察觉到报纸具有推动社会变革的能力，而这是李普曼坚决拒绝接受的。新闻记者和社会学家一样需要承担责任，为每日刊登的议题提供充足的信息，同时还要解读其意义，从而让公众成员能够做出合理的判断。在试图解决这个问题时(他发现，本质上这是“智慧的难题”，而非公共政策的问题)，对杜威而言，看似显而易见的是，民主制度需要变得更加民主，也就是说，更牢固地扎根于共同体的日常互动中。在一定程度上，记者为公共部门做出了贡献，特别有利于民众参
53 与艰深混乱的决策过程，读报的公民能够识别甚至是挑战服务于特权利益的权威。

杜威的观点是，大社会能够转化为大社区。这一观点的关键在于，他相信，只要获得机会，普通人的理性思考能让民主的理念复苏。“除非秘密、成见、偏好、不实报道、宣传策略以及彻头彻尾的无知能被仔细调查和公开报道取代，”杜威解释道，“否则我们没有办法说明，大众可能拥有的聪明才智是不是足以对社会政策做出恰当的判断。”(1927：209)这一对公民“具体知识”的诉求有效强化了他反对李普曼精英主义的立场。“一群专家，”杜威表示，“会无可避免地背离公众利益，然后变成一个拥有私人利益和私人知识的群体，但从社会事务的角度看，这根本不算知识。”(1927：207)虽然他承认，李普曼对某些案例的批判是正确的，在这些案例中，少数服从多数的原则引发了愚蠢的状况，但重要的是，要认识到从最开始正是这一原则确立了多数人的存在，这一点至关重要。必须不惜一切代价地保证这一过程的存续，即少数派相互竞争，最后有一个观点变成了大多数。“在一个专家掌控的政府中，如果大众没有机会告知专家自己的诉求，那这个政府只可能是一个代表少数人利益的寡头统治集团，”杜威坚持这样认为(1927：208)。

当然，自不待言的是，并不是说专家或是“从事管理工作的专业人士”会仅凭个人意志来考量普通公众的需求，而是说，必须要求他们按这种方式行动。虽然承认这种动态关系必然具有冲突的本质，杜威却不愿意正视社会分化对民主的渗透。和李普曼一样，他并未探索女性运动提出的议题(二十世纪二十年代，妇女最终获得了投票权)，也不评论民权运动关注的问题，且一直如此。他并未详细阐述新闻业、艺术和社会科学应如何为公民赋54 权，去“击穿墨守成规的思想那坚硬的外壳”(1927：183)。尽管如此，他还是清楚地表明，他将和“大众”站在一起，不会与“领导和权威”结盟。他指出，后者对这个世界造成的危害比前者大多了。“核心的需求，”他写道，“在于提升辩论、讨论和说服的方法和条件。这就是公众的问题。”(1927：208)然而，如何更好地在策略层面实现这项议程，只能留待他人决定了。

意见分歧

多年来，很多学者都在努力将杜威和李普曼定义为据理力争的对手，进行着一场慷慨激昂甚至是激烈尖刻的辩论。这些成果读起来很有趣，尤其是他们特别强调了那些争议点的合法性，但却有可能夸大了二者关系的本质和紧张程度。除了偶然出现的脚注和引用中会出现一些例外，或可能存在的遮遮掩掩的参考文献，几乎没有具体的例子表明两位学者中的某一位故意构想了对方的立场，希望引发一场正式的辩论。[8]从今天大家更接受的观点看来，很明显他们之间有大量共同点，但其分歧依旧耐人寻味。

在一个“生产出来的同意”被当作代议制民主的时代，比起杜威对参与式传播的真挚信仰，李普曼对新闻业可能的走向进行的种种悲观分析看起来可能冰冷而不近人情，但它同样使得前者认可他所持信念的勇气，并以一种激进的形式提出了另类的批判。将两位学者的研究联系在一起的，是推动社会变革的愿望，是希望讨论需不需要以改革的方式努力为提升现存的民主机制做出贡献。他们都不支持对当时导致了公共生活中特有的不平等性的经济逻辑、政治逻辑和文化逻辑进行结构转型。民主和资本主义各自进行干预的手段实际上已混淆在一起（虽然，平心而论，杜威强调过其中的张力），这使得我们
不可能在现实层面呼唤再造民主的同时，又暗中重申要 55
延续资本主义。

这看起来可能仅仅是对一个抽象理念本身有趣的探索，虽然这个理念只在狭窄的意识形态范围内起作用，却似乎与当今新闻媒体面对的种种变化密切相关。在下面的章节中，上文提及的大量议题会再次出现，呈现出一定的紧迫性。这些议题不仅与新闻收集过程中可用的资源面对持续的经济危机造成的影响有关，同时也涉及因特网和社交媒体推动的数码融合正迫使新闻媒体以各种方式重塑他们与公众之间的关系。李普曼的观点曾经看似盛行，他提出的“未经训练且意外出现的见证人”与精英们蔑称业余人士的犬儒主义不谋而合，现在大家更接受的是杜威关于主动参与的概念。这一概念根植于不同群体间日常互动的社交网络，这与公民主导媒介的精神内核保持一致。正如我们即将看到的，这些语义变化会帮助我们全面思考新闻见证和公民见证二者间曲折复杂的相互关系。

记者们通常会强调，见证对保持其作品的完整真实起着至关重要的作用，尤其是某些时候，亲眼所见、亲耳所闻、亲身感受正在发生的事情变成了艰巨甚至是难以完成的任务。然而，只有少之又少的特殊事件，能够反映他们的个人经历，特别是那些他们痛彻心扉的经历。在这方面，个人博客——对特定的少数人而言，还包括特定时期的评论特稿、回忆录和自传——可能是非常重要的。通过这些方式，相关事件的细节得以被分享，否则，出于安全的考虑，它们将会因为新闻客观性的要求被传统媒体拒之门外。不过，为大多数人所接受的是一种管牢嘴巴的心态，这也正是新闻专业主义所默许的。与此同时，每年，相关机构都会发布报告，统计在全球范围内报道在各种天灾人祸中遇难的记者人数。“我们对今年遇难的 103 名记者表示哀悼，”对于 2011 年的统计结果，艾莉森·伯特利·麦肯齐（Alison Bethel McKenzie）表示，“想要获得一个新闻故事，你需要到那些危险的地方去，无论是战区前线、危楼顶部还是大洋深处，我们向那些每天都为了我们而身处险境的同事们致敬。”（2012）更不用说，为了身临其境付出的代价，以及为追寻有价值的新闻故事而将自己置于险境的代价，在统计结果中并无体现。一次又一次，当我们对相关状况进行仔细推敲时就会发 57 现，将记者的生命置于险境的，正是他们对见证的承诺。

“我只是一介平民，”俄罗斯调查记者安娜·波利特科夫斯卡娅（Anna Politkovskaya，2006）在遇害前不久写下了这样的话，“我新闻工作的主要成果覆盖了第二次车臣战争时期，我还在海外出版了大量关于俄罗斯生活和车臣战争的书籍。”用她的话来说：

> 所以，是何种罪行，让我被贴上了“非我族类”的标签呢？我仅仅是报道了我亲眼所见的一切，仅此而已。我写作，在少数情况下，我发言。我甚至不愿意发表评论，因为评论会让我想起太多在童年和青年时期苏联政权强加给我的观点。在我看来，我们的读者有能力解读他们为自己选择的读物。所以我主要从事新闻报道的写作，诚然，这其中有时也掺杂着我的感想。我不是一个刨根究底的治安官，我只是一个描述者，为那些无法亲眼所见的人描述我们周围的生活——因为电视上播放的一切，无所不在的主流报纸上写的一切，都已被意识形态阉割和浸没。人们对本国其他地方的生活所知甚少，有时甚至对自己所处地区的生活都不甚了解。（Politkovskaya，2006）

58 2006年10月7日，波利特科夫斯卡娅的尸体在她位于莫斯科市中心的公寓楼的电梯里被发现，尸体附近还发现了一把手枪和四发子弹。当天早些时候，她正在准备一篇报道。在她被谋杀后的新闻报道中，她作为“俄罗斯最勇敢的记者”受到广泛的认可。全球范围内均有媒体发布具有政治运动意味的新闻作品，赞颂她的英勇无畏。新闻评论员们推演了几种她遇害时可能发生的情景，其中最广为接受的是，凶手精心策划，就是为了报复她所做的工作，但时至今日这桩罪案仍悬而未决。这并不是他们第一次试图杀害波利特科夫斯卡娅，但她仍坚定不移，不为恐吓所动。她将自己描述为“狂热地投身于报道我们周围的世界这一事业中”，她已坦然承认，生活可能会“很艰难，甚至很屈辱。毕竟，我已经不年轻了，在47岁时还要反复遭到拒绝，平民的身份还被当面说来说去，但这些我都能忍受”。她相信，最要紧的是坚持自己的工作，“去描述我所见的生活，每天在我们的编辑办公室里接待那些来访者，他们的困境无处申诉。所以，能公开他们处境的唯一渠道，只有我们的报纸，《新报》(*Novaya Gazeta*)”。

记者对见证核心价值——“描述我所看到的生活”的信念代表着调查实践的一个指导原则。这一原则在规范表述中被反复提及，包括编辑指南、范文示例、训练手册、教科书等文本(参见 Fowler-Watt，即将出版；Markhourn，2011；Matheson，2003；Wallace，2009)。通常，人们认为，这一原则的意义与更广泛的历史轨迹保持一致，其中，安娜·波利特科夫斯卡娅这样的形象会因其延续了这一职业不屈不挠、坚定不移的传统而获得当之无愧的认可。虽然有些文本会将各种类似成就中英勇无畏的品质加以浪漫的表述，甚至将某些里程碑式的事件表述为某种神话（“水门事件”就是一个例子），但这并未否认对见证的承诺是新闻从业者集体身份认同的一个至关重要的维度。也就是说，这一身份被构建为一个“想象的共同体（imagined community）”（Anderson，1983），在时间、空间和地域中不规则地延续。然而，当新闻业在履行其社会 *59*
责任时，见证的重要性获得认可，事实上，进行见证带来的挑战，使得它无法完全实现其宣称的理念。这是人们怀有最好意愿时面临的状况，更不用说一些临时的妥协使事态复杂化时会发生什么了。我们也许会问，当新闻业无法做出适当回应时，会发生什么？比如，为了获得独家新闻，付出与官方合谋的代价，将相关事件的官方说法作为现实进行报道；从国家利益出发的自我审查感觉像爱国主义；不得不将讲述故事的责任转让给公民见证，由于害怕名誉受损或面临尴尬局面而掩盖这一点，等等。当这些局面出现时，会发生什么？这些考量，以及数不胜数的与之相关的观点，让我们看到，作为信息中介的见证面临着重重困境。

本章将首先通过一个著名的案例，考察极端状况下的新闻见证行为，并由此展开我们的调研。在我看来，威尔弗雷德·伯切特（Wilfred Burchett）1945 年在被原子弹摧毁的广岛废墟上为伦敦《每日快报》（*Daily Express*）撰写的报道给作为一名职业观察者的新闻记者应有的状态做出了示范，特别是因为他出于见证的责任，对官方认可的“辐射病”并不存在的声明的合理性提出质疑。我将会指出，此处尤为重要的是，他的报道在多大程度上见证了“核爆幸存者”(hibakusha，字面意思即“受核爆影响的人”)在破碎的城市中挣扎求生的经历。接下来，本章考察的对象将从职业新闻记者转向公民见证。在此过程中，本章将用一种可能刚开始看上去有违直觉的方式，推翻大部分公民新闻研究的逻辑。此类研究倾向于将公民新闻的出现与互联网参与式文化的兴起混为一谈，就此问题，我们将考察在形式、实践和认识论层面值得关注的两个历史个案，分别是 1963 年亚伯拉罕・泽普鲁德用 8 毫米电影胶卷摄制“家庭录影”时拍下了美国总统约翰・F. 肯尼迪遇刺时的影像，以及乔治・霍利迪(George Holliday)在 1991 年罗德尼・金被洛杉矶警察殴打一事中“用便携摄像机业余拍摄的影像”。我们将对这两个案例进行深入考察。最后，本章的后半部分将考
60 察在“公民新闻”作为一种现象出现之前，互联网上公民主导的报道行为的兴起，并由此讨论这些早期案例如何作用于数码时代关于新闻从业者见证能力的不断变化的观念——由此判断，谁能够声称自己拥有“记者”的头衔。

“原子瘟疫”

1945 年 8 月 7 日，《纽约时报》头条新闻的标题贯穿了整个头版，宣称：

> 第一颗原子弹被投至日本；
> 炸弹威力相当于20,000吨TNT；
> 杜鲁门警告敌人“毁灭之雨”将至。

在几行副标题下面，由西德尼·沙利特（Sidney Shalett，1945）署名，标注华盛顿，8月6日的新闻以这样的导语开头：

> 白宫和战争部今天宣布，一颗原子弹被投至日本。这颗原子弹的威力超过20,000吨TNT炸药，其毁灭性的力量相当于2,000架B-29的载弹量，其爆炸的威力超过了之前世界上最具破坏性的炸弹的2,000倍。
>
> 杜鲁门总统用最为庄重严肃的方式率先向世界宣告了这一消息，清楚地表明本世纪的科学地标之一已被超越，而“原子能的时代”这一推动文明演进或文明毁灭的巨大力量，已触手可及。（Shalett，1945）

这则新闻并未呈现任何关于原子弹影响的细节。在引述战争部（The War Department）匿名信源的说法之前，沙利特就注意到，“在广岛发生的一切尚未可知”。该信源表示，“目前尚不能提供准确的报告”，因为“灰尘和烟雾形成无法穿透的云团”已“覆盖了目标地区”。由于缺少广岛方面的信息，这则新闻转而报道三周前在新墨西哥进行的原子弹的第一次试爆，以便描述“这种可怕的新武器”。

61 在接下来的几天里，广岛迅速从报纸的头版头条消失了。事实上，8 月 9 日《纽约时报》对“原子弹被投放在长崎”的报道也被淹没在苏联对日宣战的报道中，后者获得了范围大得多的报道。报纸对原子弹的关注在慢慢减少，不过从战争部会偶然传出一些细节，通过报纸得以呈现。通常这些内容会集中在曼哈顿计划（The Manhattan Project）的历史、原子弹的设计与生产这一类的事情上，还有深入参与者们的一些传记体的细节。同样常见的还有“宇宙基本力量”可能存在的工业用途，鼓吹由原子能（有些新闻媒体也称之为“宇宙能”）引领的“能源新纪元”。很明显，公众对原子弹爆炸十分赞同，而军方官员急于维持这种情绪。对他们而言，如果不能掌控关于这次爆炸恐怖后果的新闻报道，那么，更合时宜的爱国主义报道有可能被打乱。考虑到西方新闻记者想办法进入被摧毁的城市多半只是时间的问题，他们做出决定，组织一个会小心拍摄的工作组。他们相信，这个工作组会忠实地给他们面对的现实再生产出一个官方定义。

9 月 3 日，这支由四位记者（随行的还有一位官方的监察员）组成的获得授权的代表团从华盛顿出发，飞往广岛。他们分别来自《纽约先驱论坛报》（*The New York Herald Tribune*）、《纽约时报》、美联社（Associated Press）和合众社（United Press International），同行的还有来自美国战略轰炸调查报告组（The US Strategic Bomb Survey）的摄影师们。曼哈顿计划副司令、准将托马斯·法雷尔（Thomas Farrell）以及一组参与该计划的物理学家现场解释核爆技术中的科学原则。五角大楼保证军方的新闻发言人和新闻官全程陪同该代表团的每位成员，由他们来决定记者能看到些什么，并为记者们提供大量精心准备的背景资料。大部分记者缺乏战地记者的工作经验，按理说，确保他们会合作这一任务就会容易得多。记者们被军官们引导着在广岛的废墟上转来转去，就算
这样，他们也几乎没有进行任何努力来抵制由此产生的 62
控制性影响，最重要的原因是，保证由他们来“率先报道”的承诺依然悬而未决。

华盛顿方面关于广岛的“官方口径”囊括了他们认为进行限制性新闻报道的必要性，其中包括原子弹本身的技术成就，尤其是它对城市基础设施的巨大的毁灭性力量。授权记者代表团的每位成员都被带去广岛，目的是“报道美国最新的战争制胜武器极具破坏力”，显然他们已经准备好完成这个任务了。当然，《纽约时报》的 W. H. 劳伦斯（W. H. Lawrence）看起来就是这种情况。他的第一篇报道《广岛之行证明了广岛是世界上受损最为严重的城市》发表在该报 9 月 5 日这一期上。这篇报道生动地描述了这座被“夷为平地、瓦砾满地”的城市遭受的严重创伤。不过，劳伦斯的第二篇报道，也就是标注“1945 年 9 月 12 日，东京”那一篇，更能说明问题。

广岛废墟上没有辐射

军方调查员亦表示未发现地面熔化——

68,000 幢建筑被毁

W.H.劳伦斯(《纽约时报》电讯)

> 在对核爆后的广岛进行调查后,战争部原子弹任务主管法雷尔准将今晚表示,秘密武器爆炸的威力甚至超过了其发明者的预期,但他明确否认爆炸在城市废墟上产生了危险的弥漫不散的辐射物,或是在爆炸时产生了某种毒气……
>
> 他说,在9月9日他们开始调查时,他的科学家团队在爆炸区域未发现任何证据表明有持续的辐射存在,他认为,目前居住在该地区不会面临任何危险……
>
> “在目标地区进行物理摧毁的任务事实上
> 63 是完成了,”他表示,“现场被完全摧毁或部分损毁的建筑物总计68,000幢,约为这座城市中房屋数量的80%到90%。”(Lawrence,1945)

劳伦斯引述了法雷尔的话,在报道中表示辐射仅存在于“某个有限的区域,至于其地理范围,他不便评估”,以及“这仅特指爆炸发生那一刻”。法雷尔坚持认为“没有证据表明核爆区域存在持续的辐射”,以及他关于在该地区居住没有危险的论述,均未受到劳伦斯的质疑。[1]

然而,9月3日,还有一个人到达了广岛,他就是威尔弗莱德·伯切特。他是一名澳大利亚记者,受雇于伦敦的《每日快报》。伯切特将自己描述为“异见人士”,有些蔑视那些“选出来的‘驯良’记者”的所作所为。他想要对核弹爆炸点正下方的中心点进行报道。他非常清楚,这样做就是公开违抗官方的禁令。《每日快报》在两天后刊发了他的新闻报道,占据了整个头版和大半张内页。这篇报道是这样开头的:

> 原子瘟疫
>
> 在广岛,距那颗摧毁城市、震惊世界的原子弹爆炸已经过去三十天了,人们仍在不断死去,神秘而恐怖——那些人并未在灾难中丧生,而是死于某种未知事物,我只能将其描述为原子瘟疫。
>
> 广岛看上去并不像是一个被轰炸过的城市。这里看起来像是有一部怪兽般的蒸汽压路机曾经经过,将城市夷为平地。我尽可能冷静地写下这些事实,希望它们能够警示世界。
>
> 这里是原子弹的第一个试验场。在这里我见到了开战四年来最恐怖、最触目惊心的满目疮痍。与之相比,遭受累累空袭的太平洋岛屿看上去就像伊甸园。实际损毁之严重,远非照片所能呈现。
>
> 当你到达广岛后,你环顾自己周围二十五平方英里,甚至可能是三十平方英里的范围内,都很难找到一幢建筑物。看到这样的人为破坏,你只会觉得内心空空如也。(Burchett, 1945)

64 这家报纸继续描述了城市废墟上种种破坏的痕迹。伯切特转述了他如何在广岛警察局局长的带领下，在日本同盟通讯社当地经理的陪同下，拜访了当地尚能治疗空袭幸存者的那些医院：

> 在这些医院里，我看到了一些人。在原子弹落下时，他们绝对没有受伤，但现在却在一种怪异的后遗症中慢慢死去。
>
> 找不到任何明显的原因，但他们的健康状况开始恶化。他们失去食欲，头发脱落，身体上出现浅蓝色的斑点。然后，从他们的耳朵、鼻子和嘴巴里流出血来。
>
> 医生们告诉我，刚开始他们认为这是全身衰弱的症状。他们给病人注射维生素A。结果十分恐怖。他们的血肉从注射留下的针孔处开始腐烂。这样的病人都死了。
>
> 这只是人类扔下的第一个原子弹的后遗症之一，而我已不想再见到更多这样的例子……
>
> 据统计，死亡人数是53,000。还有30,000人失踪，可以肯定，他们已经遇难。我待在广岛的那一天，有100个人死于原子弹的影响。他们是在爆炸中身受重伤的13,000人中的一部分。他们正在以每天100人的速度死去。他们所有人很可能都无法幸存。还有受轻伤的40,000人。(Burchett,1945)

伯切特（1983）后来在他的著作《广岛阴影》（*Shadows of Hiroshima*）中承认，这些数据是临时的，依据的是那个时候警察提供的信息。后来，死亡人数被修正为超过 130,000 人。“在那个时候，”他指出，“很明显，没有办法估算废墟下还有多少受害者，也无法估计不久后会有多少人因为辐射的影响而死亡。”（1983：121）结果是，他表示，他“报道了自己的所见所闻，而（劳伦斯）则发回了一则预先编好的报道，反映了‘官方口径’”（1983：17）。

越界

授权代表团成员报道中呈现的所谓的真相，向伯切特展示了他自己的报道偏离官方许可的立场有多远。事实上，正如他所写，“我被迫认识到，有官方政策扼制了对核战争留下的恐怖后遗症进行的精确报道”（1983：9）。可以肯定的是，核爆后广岛的真实生活，正如他所见，与其他新闻报纸描述的截然不同。与此同时，官员和作为竞争对手的记者向他宣泄愤怒和不满，他们向他保证，美国空军的包机拒绝将他载回东京。同样，伯切特要求将他那篇报道的一份副本发给他在东京新闻总部的《每日快报》的同事，这个要求也被一个官员拒绝了。此外，他尚不知情的是，如果他对他在广岛的亲身经历进行后续报道的话，他们将采取更多的措施来阻止他。正如伯切特（1983：16）后来说的：“我从未想过，会因为写下我的所 65

作所为而反抗美国的军事和政治体制。”

美国军方对伯切特这个编外人士的处理方式影响深远。伯切特的所作所为，使得《纽约时报》刊发劳伦斯从广岛发回的报道的时间晚了九天。这篇报道是关于“核计划的主管和他们的公关人员如何笨拙地摆弄自己的装备，最终决定进行反击，否认辐射病的存在，否认爆炸和烧伤外的其他死因”(1983：44)。官方对记者的说法进行否认(将其作为“日方宣传”驳回)，进而迅速发表声明，将广岛列为记者禁区。回到东京，伯切特被带到美国陆军医院进行检查，在那里他们发现他的白细胞数量偏低，但医院的专家们错误地认为，这是他为治疗膝盖感染而服用的抗生素导致的。他后来才知道，白细胞数量的减少，是“辐射病的典型症状”(1983：23)。伯切特怀疑，他被迅速带往军方医院的真实原因是为了确保将他与其他记者隔离开，他们可能会报道他根据自己的见证做出的关于“原子瘟疫”的描述。无论如何，当他从医院被释放时，他发现他的相机失窃了，里面有满满一卷胶卷，里面都是他在广岛拍的照片。让事态更为恶化的是，他随后被告知，
66 美国将军麦克阿瑟撤销了他的采访许可登记，并发布了一个命令，将他立即驱逐出日本(伯切特后来设法让他们撤回了这一命令)。

不久之后，所有盟军记者都受到了新的限制，新闻管理条例被修改，对任何涉及核攻击后人类生存状况的议题都要事先进行审查。很明显，这条禁令会让讨论如何治疗出现原子弹相关症状的幸存者的报道变少，阻止了对长崎的核爆幸存者进行新闻报道。《芝加哥每日新闻》

(*Chicago Daily News*)的记者乔治·韦勒(George Weller)从他的军方护卫身边偷偷溜走，加入了一个去日本北部的旅行团。他的目标是搭一班火车去长崎，亲眼看见那里发生的一切[和伯切特一样，他后来也表达了对其他记者——"我这个行业里的顺从者们"——的失望感受，他们只报道官方许可的故事(Weller，2006：5)]。作为这座已成焦土的城市里唯一的西方记者，他写了一系列长篇新闻报道，包括他在医院里对死伤者的观察(用他的话来说，小心翼翼地避免"所有恐怖的视角")。其中一篇写于9月9日凌晨1:00的报道是这样开始的：

> 原子弹带来特殊的"疾病"，无法治愈是因为无法治疗，无法治疗是因为无法诊断，然而，在这里，它仍在夺走人们的生命。每一天，在医院里，没有外伤的男人、女人和孩子正慢慢死去。他们中有些人已经正常生活了三四个星期，以为自己幸免于难了。这里的医生有各种现代药物，但在与笔者——投降后第一个到达长崎的盟军记者观察员——交谈时，他们坦率地承认，这种疾病的治愈方法超越了他们的认知。他们的病人，虽然皮肤还是完整的，就这样在他们眼前逝去。(Weller，2006：43)

他的这篇报道和其他报道按时提交到了麦克阿瑟在东京的新闻中心，接受审查，准备发出，但它们从未见诸报端。很多年后，韦勒指出，官方对批评的限制，由于"阿谀奉承

者，尤其是新闻从业人员放弃了与审查制度的斗争”而愈
67 发严重。这意味着，公众需要从辐射对人类造成的影响中吸取教训，但未能充分理解这件事。“美国最迫切需要的是，”他写道，“被现实狠狠泼上一盆冷水。”(2006：276)

为了将全世界的目光吸引到原子弹幸存者的困境上，伯切特和韦勒用尽全力在关于原子弹如何炸毁两座城市的官方统计数据中，加上一张人类的面孔。[2]然而，在很大程度上，标志着正式限制公众讨论核攻击及其后续影响的各种决定性因素是在1946年成形的。在不同的民意调查中，我们凭印象看到的关于公众认知最显著的特征，是几乎看不到任何有悔意的表达。这些调查结果一次又一次表明，绝大部分美国公民认为原子弹的发明和使用是一项可喜的进步，他们为之欢呼叫好，认为使用原子弹是拯救盟军士兵生命的一种方式(参见Hogan，1996；Lifton and Mitchell，1995)。我们查阅了这段时间的媒体报道，几乎未发现连续发表批评性报道的证据。有些地方会发出不同的声音(甚至以“读者来信”这样局限的方式在报纸上发表)，却常常引发怀有强烈敌意的反应(参见Bird and Lifschultz，1998；Boyer，1985；Hammond，1997；Weart，1988)。军队、政界、经济学界、科学界也包括新闻界的精英们迅速达成了“核问题共识”，对发明并使用核武器的紧迫性和必要性进行挑战相当于是反对他们，就算没被直接说成是不道德的，通常也会被贴上不忠诚、不爱国的标签。到这一年年底，这一精心组织的信条，后来演进为十分成熟的“核威慑”学说，不仅出现在世界范围内各种报纸的头版头条，

更成了意识形态用语。

在下一部分，我们的注意力将从孤独的新闻记者为进行见证做出的重大个人牺牲，转向考察一位热心的“家庭影片制作”爱好者亚伯拉罕·泽普鲁德。他试图在总统访问他的城市时拍摄一段纪念影像，这一行为后来变成了另一种见证秩序的同义词。8 毫米电影胶卷的影像证据加剧了国家权力面对的时至今日仍然存在的深刻危机，对新闻报道的影响一直存在。“它出现在《生活》 68
(*Life*)杂志的页面上，不久后进入公共档案里，然后遍布整个互联网，”最近一位评论家表示，“他预言了这样一个世界，在其中，公民影像在便携摄像机、高速互联网、现金回报、Youtube 点击量的刺激下，将会变成新闻业中越来越核心的组成部分。”(Pasternack，2010)

肯尼迪遇刺案的“家庭录影”

在“公民新闻”一词成为新闻学的专业术语很久以前，泽普鲁德用家庭录影机记录了美国总统约翰·F. 肯尼迪于 1963 年 11 月 22 日在得克萨斯州的达拉斯遇刺的过程。此事已被一些评论员鼓吹为业余新闻报道诞生的标志。《生活》杂志从他拍摄的影像中选择了一些画面发表。对于很多初次见到这些画面的人而言，悲痛且显而易见的是，它们提供了一个异乎寻常的视角，展示了这个国家历史上最悲剧的时刻之一。后来，据泽普鲁德办公室的接待员玛丽莲·西茨曼(Marilyn Sitzman)描述，作为那天给总统车队拍照的“上百人中的一员”，他正好拍到了总统被刺杀的那一刻,很多不同的记者将其描述为一段"撕心裂肺""令人战栗""急促而不连贯""令人无语"以及最重要的——"毁灭性"的影片。几年后,用一位《纽约时报》的作者的话来说,"这次暗杀或许会由于与其呈现方式的密切联系而成为第一起在世界范围内具有重要意义的事件,甚至可以说,如果没有泽普鲁德的影片,人们应该无法想象肯尼迪遇害时的景象"(Woodward, 2003)。

泽普鲁德走出他的办公室,来到埃尔姆大街,想拍摄一段总统拜访这座城市的影像。他是一位女装工厂的合伙人和经理。那天早上,他本来把自己的摄像机留在了家里,在同事的鼓励下,他回去拿上摄像机,想着可能拍下一段他的孙辈们会感兴趣的影片。这部摄像机可能是一部贝尔豪厄尔导演系列的 8 毫米摄像机,配有可伸缩镜头,装有彩色柯达克罗姆Ⅱ型安全胶卷。他穿过车队
69 行进路线上拥挤的人群,决定爬上一个混凝土矮墩,越过迪利广场获得更好的视野。然而,他感到晕眩,需要西茨曼的协助来保持身体稳定。当摩托车引导的车队开过来的时候,他开始拍摄,但拍了一小段就停了,因为他意识到总统的车在后面,还有段距离。又过了一小会儿,他再次开始拍摄。考虑到如果继续拍摄的话他会拍到什么(其他目击者宣称听到的一声枪响,或是几声),这次暂停后来备受争议。最初他并没意识到在他的长焦镜头前发生的事情是多么令人毛骨悚然。这段视频每秒拍摄 18.3 帧彩色影像,时长 26 秒(总计约 486 帧)。第二天,《纽约时报》头版头条的文章标题是"摄像业余爱好者拍下了遇

袭一刻”，这篇文章将泽普鲁德描述为一个“业余的影片拍摄爱好者”(Johnston，1963)。那一天，还有一些别的业余人士拍摄了影片，但没有人拍到那广为人知的惨烈一幕。

新闻媒体也没能成功拍到那一刻。这也是泽普鲁德拍摄的片段在二十世纪六十年代早期的新媒介生态竞争中获得有利地位的主要原因，尤其是考虑到当时电视新闻正在戏剧化地兴起。布拉德利·S. 格林伯格(Bradley S. Greenberg)在研究此枪击案的新闻如何在普通百姓中扩散时表示：“肯尼迪总统遇刺的新闻几乎传达到了每一位成年的美国人，其迅捷程度展现了现代新闻媒介的影响力，给人留下了深刻印象。”(1964：225)对于这种重量级的意外事件，该研究同时关注了所有“传播渠道”(这就包括了媒体传播和人际传播)，几乎一半的受访者声称他们在十五分钟内就听到了关于枪击案的消息(超过 70%在三十分钟内获知)。当问及他们最初是如何获知此事的，大部分人提到了电视和广播或是口耳相传的方式，听其他人转述这一新闻。对于事发时正在工作的人来说，广播尤为重要。格林伯格指出，在很大程度上，这当然取决于事发时人们身处何地，但人际传播相对而言的重要性，比之前研究显示的要关键得多。这提示他，只有那些 70
在物理上与自己的社群完全隔离的人，才有可能在最长可达三小时的时间里，对所发生之事一无所知。这项研究进一步表明，那些获得更多相关信息的个体更倾向于积极地与其他人分享细节。因此，在危机情境中，社交网络之间，以及社交网络内部不平等的信息流变得突出。

这些研究发现表明,个体的位置或社会地位,以及信息传递过程中他的人际联结决定了他们收到信息的相对数量,以及信息传达给他们的速度。

参考如今数码媒介在社会交往过程中扮演的角色广受关注的情况,这一关于新闻扩散的早期研究亦强调要关注个体与不同形式的新闻和信息传递路径建立联系的方式(此处呼应了本书开头部分描述的突袭本·拉登藏身地的突发新闻)。更值得关注的是,过了多长时间,公众成员才得以观看我们讨论的这段影像——十二年后,它才得以第一次在全国性的电视节目中播出。肯尼迪遇害后的当天早晨,《生活》杂志的地区编辑理查德·B. 斯托利(Richard B. Stolley)就代表该杂志获取了这段影片的所有权。"肯尼迪在达拉斯遇刺十七个小时后,我再次看着他死去——在泽普鲁德令人震惊的家庭录影里,"他后来回忆道。他与泽普鲁德会面,希望能为《生活》杂志出版社购买这段影像,他知道他必须迅速同意交易条件,否则影片就会流向他们的竞争对手。"我是第一个看过那段影像的记者,在那天早上结束之前,我就已经说服了泽普鲁德,将影片卖给《生活》,"他补充道,"我们总共花费了 150,000 美元,购买了所有权限。"后来对这段影像的安排似乎取决于一个承诺,确保不会以任何粗陋不雅的方式使用它。显然,这是泽普鲁德严肃的要求。用斯托利的话来说:

> 在我们协商的过程中,泽普鲁德一次又一次地说起,他十分担心,自己那 26 秒的影像可

> 能会被滥用。他告诉我,前一天晚上,他做了一个梦:他梦见自己穿过时代广场,遇到了一个拉 71
> 客的人,大力推荐旅行者们走进一间肮脏的剧院,在大屏幕上观赏总统之死。这个场景是如此生动,它让泽普鲁德感到心痛。在调查暗杀案的沃伦委员会(Warren Commission)面前作证时,他在播放那段影片的时候流下了眼泪。"那东西每晚都会来,"他说的是那个梦,"我醒过来,就看到了这个。"(Stolley,1998)

为了保障自己对这段影片的专属权,特别是随着关于谁是杀害总统的真凶的阴谋论开始甚嚣尘上[官方坚持认为李·哈维·奥斯瓦尔德(Lee Harvey Oswald)是唯一的凶手,这引发了广泛的怀疑论调],《时代周刊》[1]坚持不对公众公开这段影像,而是从影片中选出 30 帧单独的截图,以四页黑白照片的形式发表在 11 月 29 日的期刊上。接着又在那一年 12 月 6 日的"约翰·F. 肯尼迪纪念刊"上发表了彩色的特辑。"我们决定不授权在电视上播放这段影像,部分是由于竞争性的原因,部分是由于那个头部的伤口在视频中比在照片上要可怕得多,"斯托利解释道。然而,1975 年 3 月 6 日,ABC 电视台决定冒着被诉讼的危险,在杰拉尔多·瑞弗拉(Geraldo Rivera)的晚间脱口秀节目《晚安美国》(*Good Night America*)中播放了这段影像的"盗版",由此最终将这段影像完全暴露

① 此处原文为 *Time*,即《时代周刊》,但根据上下文,应为《生活》杂志。疑似原作者笔误。——译者注

在了公众面前。1998 年 7 月,摄像机拍摄的原始版本的数码重制版被制成录像带广为传播(VHS 盒式录像带的售价是19.95美元),使得公众最终能够首次以个人身份接触到关于这一罪案的这种形式的影像证据。

取景器中的真相

多年来,对于记者能在多大程度上有效地报道新闻事件的问题,争议持续存在。新闻媒体在试图报道死亡时刻时经历的种种困境,一直是争议的焦点。芭比·泽利泽(1992)在一份简明扼要的分析报告中表示,那一天
72 的新闻报道“充满问题”,具体来说,“记者并未看到肯尼迪被枪击,他们的报道基于口耳相传的消息和流言,无法获取可识别的、权威的信息源,只能提供有谬误的信息”(1992：38)。她指出,虽然总统车队里有大约五十名记者,但最细致的目击者证词,以及最能揭示真相的照片记录,都是由普通的旁观者(“本地的商贩、家庭主妇和商务人士”)提供的。在她的分析中,这些因素和其他相关因素一起造成了“新闻工作失败的情况”。记者们自己也察觉到了这一点。他们认为,他们作为故事讲述者的文化权威的合法性受到了威胁。因此,危机过后,他们试图就这些行为排练一些修辞策略,以抵消他们充满问题的表现招致的批评。

泽利泽提出,围绕两个关键事件,记者们齐心协力以更宏大的叙事方式讲述这个关于暗杀的故事,实现了这一目标。这两个关键事件是:两天后,李·哈维·奥斯瓦

尔德在正在进行现场直播的电视摄像机前被枪杀，以及
一天后在首都华盛顿举行的肯尼迪的葬礼。对这两个事
件的报道与对暗杀事件的报道形成了鲜明对比，在新闻
业界受到广泛认可，大获成功。奥斯瓦尔德之死发生在
成千上万的电视观众面前，而通过电视网播出的总统葬
礼，则被认为有助于治愈国家的伤痛。“在所有这些情况
下，”她写道，“媒体错过了总统在现实中被击中那一刻，
这一事实已从一个引发对专业主义严肃质疑的小事故，
转化成了更宏大的新闻业界职业尊严的附加产物。”
(1992：39)提喻式的新闻重述通常会模糊对新闻报道做
出的贡献是“职业的”还是“业余的”，通过人格化的方式
完成部分报道，借以强调记者们对个人经验的重新收集
或省略，比如《生活》杂志决定在泽普鲁德的短片截图发
表时的配文中省略掉所有与泽普鲁德相关的内容(Barn-
hurst and Nerone，1999；Zelizer，1992：68)。与常规的致
谢方式相反，文中写的是：“以下部分及接下来的两页将
刊登一系列引人注目的独家照片。这些照片是初次发 73
表，充满悲剧的细节，展示了我们的总统面临的命运。”
(*Life*，1963)事实上，泽利泽认为，努力想要恢复权威地
位的记者们借助了一种有待商榷的策略，就算未能完全
隐藏他们作为二手见证人的地位，也能将其一笔带过。

关于谁该为肯尼迪遇刺一事负责的争议让评论员们不断分化，其中有些人质疑新闻工作是不是能一劳永逸地获取事实真相。沃伦委员会 1964 年发布的报告坚称奥斯瓦尔德是单独行动的。对于那些坚信此事背后隐藏着阴谋的人而言，这几乎无法消除他们的怀疑，在他们眼

中，泽普鲁德拍摄的短片就是关于此事官方版本前后矛盾的证据（参见 Vågnes，2011；Wrone，2003）。自那以后，每一年，在此事的周年纪念活动上，循环播放的新闻和纪录片变成了公共的纪念仪式，在若干年后一并变成了“几乎铺天盖地的遇刺案周年纪念叙事”（Vande Berg，1995）。此事的特色之一，是关于阴谋的讨论持续存在。这一点偶尔变得分外突出，比如奥利弗·斯通（Oliver Stone）1991 年拍摄的电影《刺杀肯尼迪》（*JFK*）就重演了一种另类的解释。据报道，为了获得在自己的电影中使用泽普鲁德拍摄的短片的权利，斯通向他的家人支付了 85,000 美元，再次引发公众对其作为证据的价值的讨论。

1998 年 6 月，售卖泽普鲁德短片专属权一事同样被证明是有新闻价值的。“表面看来，这只是对达拉斯车队的 26 秒的直观记录，”一篇《纽约时报》的社论对他们观察到的协商过程做出了这样的评论，“事实上，它却更加模糊不清。一个观看者学着去看，去辨认手势和动作，一个可怕的瞬间接着另一个。作为这一学习过程的代价，每个人都必须自己去求证。”一次又一次，新闻报道的主题不断重复着这部短片无法估量的历史价值，其标志性的地位使得除了这部短片展示的部分，人们几乎不可能对这次刺杀有任何设想。在艺术评论家理查德·B. 伍德沃德（Richard B. Woodward，2003）看来，泽普鲁德的短片“曲折行进，如此深入文化的内部，以至于它开启的很多路径都已不可见”。然而，他继续表示：“我们能看到的
74 这部短片遗留下的痕迹已经足够多了——从对政府的蔓延的偏执妄想和对新闻媒体的厌恶，到对照片反映的真

实失去信任，以及把生动的暴力行为作为观影体验的一部分加以接受——四十年后，这部短片留下的痕迹依然清晰可辨。”最近，斯托利在一次采访中回忆起他的好运气。他在正确的时间出现在正确的地点，获得了独家版权。“特约通讯员从别的记者那里听到了消息，那个记者是从一个警察那里得到的第四手消息，而我刚好在阿道弗斯酒店，”他表示，“真的是运气……我的意思是，一件幸运的事……以及一点小技巧。”论及这部短片的历史地位，他继续说道：“那个时候，它只是关于一起悲剧性的谋杀的一小段令人震惊的影像，但从那个时候开始，它可能变成了有史以来最著名的家庭录影。”（转引自 Denmon，2011）

衡量泽普鲁德的短片作为公民新闻的案例相对而言的重要性，很大程度上取决于在当时和追溯此事时采用了什么样的定义标准。有些人认为，该短片仅仅代表了“偶然的证据”（Chalfen，2002），本身很有价值，但对其制作者的个人意愿并没有什么可多说的。然而，对其他人而言，泽普鲁德记录这一事件的意愿，显然出自进行个人记录、与家人和朋友进行分享的目的，这就是一种新闻活动，无论有没有偶然性。BBC（英国广播公司）新闻的总监海伦·波登（Helen Boaden，2008）指出，“偶发新闻并不是什么新事物”，所以泽普鲁德“没有意识到他会捕捉到公民新闻中最具标志性的案例”也没什么关系。在其他人看来，就此而言，决定其类别归属的关键在于他拍摄的影像从私人领域向公共空间的转移。他们认为，它的恰当性来自一个新闻媒体赋予它的新闻地位，即通过职业判断认可其固有的新闻价值。

还是其他人，比如丹·吉尔莫（Dan Gillmor，2006）就主张，在论及公民媒介的时候，这样的想法不再具有相关性。“那一天，在迪利广场，”他写道，“有个人偶然拍到了一部短片，记录下了那些恐怖的事件，有些模糊但无论如何仍绝对令人毛骨悚然。在任何我们可以想象的标准看来，泽普鲁德的作品都是一个公民新闻的具体行动。”对
75 吉尔莫而言，在那样的情况下，最要紧的是“影像的完全真实，并通过这样的事实保证了这一点：那个人在恰当的时间刚好在那里，手边正好有用于媒介内容生产的设备”。事实上，在探讨移动通信技术如何提供了见证的机会时，他鼓励我们思考如果在 1963 年就能使用今天的记录设备，可能会发生什么。“在迪利广场可能有成百上千的人会拍到肯尼迪遇刺的高清视频，最有可能使用他们带有摄像头的手机，以及那些被设计为摄像机、几乎没有其他功能的设备，”他想象着，“他们会从各种不同的角度捕捉到那些画面，以及——这是关键所在——所有这些画面都会被上传到数码网络上。”可以想象，公众对影片片段的观看行为，与视频发布到网上的行为，几乎会同时发生，而上文描述的片段过了十二年才在全国电视网上播出。“职业新闻机构也能拍到他们自己的视频，但几乎从一开始，他们就需要和暴风骤雨般涌现的其他材料进行竞争，”吉尔莫补充道。考虑到这些影像惊悚的特质，他进一步假设，对观看者而言，那些互联网媒体很可能成为主要的信息源，而非播放讯息的媒介。

当然，我们只能假设，泽普鲁德愿意付出什么样的努

力来相信他为家庭录影报道做出了贡献，在公民新闻的发展进程中扮演了形塑这一领域的角色。根据当时报道中所描述的，他想因总统之名去做正确的事，包括将影片的第一份拷贝交给联邦调查局（Federal Bureau of Investigation），毫无疑问，他因为意外扮演了目击证人的角色而深受困扰。"他明显爱戴总统，"当时被派往现场的一位记者达尔文·佩恩（Darwin Payne）回忆道。他发现泽普鲁德泪流满面。他们一起站在一间办公室里，看着一位新闻主播播报着总统遭遇枪击，很可能身受重伤。"不，他死了，"泽普鲁德告诉佩恩，"我在我的取景器里看到，他的头像爆竹一样炸裂开了。"（转引自 Hennessy-Fiske，2011）或许，这种经历本身的创伤性，解释了为什么在后来的报道中，直到 1970 年 8 月离开人世，泽普鲁德再也没有拿起过摄像机。

拍摄对罗德尼·金的殴打

时至二十世纪九十年代，拍摄家庭电影的机器已渐 76
渐不再流行，这主要是因为拍摄录影带的摄像机或"便携摄像机"的定价第一次到了中产阶级家庭能够承受的水平。它们"指哪打哪"的能力使得易用性相对提高。它们的便携性极大提升，重量降低，使得短时间内的稳定手持成为可能。大部分爱好者都满足于将拍摄的成果与家人和朋友分享，但对有些人来说，一种新出现的电视节目类型"真人实境秀（reality television）"每周都会提供一些由观众提交的录影片段集锦，内容多为日常家庭生活中一些滑稽的小意外，比如 1990 年 1 月开播的《美国家庭滑稽录像》(*America's Funniest Home Videos*)。电视新闻节目却很少使用“业余影片摄制者”提交的材料，除非录像带上记录的内容有着无法否认的新闻价值，他们才不得不采用。在突发新闻现场的目击者拍下的短片最受重视，但这种“民间新闻”(有些“职业拍摄者”们会用这种提法)中值得一提的案例屈指可数。

这一规则却有一个例外。这个例外引发了异乎寻常的争议，作为公民新闻兴起的重要时刻，至今仍被不断提及。三十一岁的乔治·霍利迪是一位管道供应经理。1991 年 3 月 3 日凌晨，他在他位于洛杉矶的公寓中被吵醒。往外看的时候，他很快意识到，事关洛杉矶警局的某种冲突正在发生。他迅速拿起自己新买的索尼手持摄像机，爬上二楼的阳台。他从这个有利的位置拍下了八分钟长的短片，见证了若干个白人警察勒令一位黑人司机从他自己的车上下来，并对他进行了暴力殴打。这位黑人司机叫罗德尼·金，时年二十五岁(后来发现，金正处于一项抢劫罪的假释期。警方声称驾车与金进行了高速追逐，之后命令他靠边停车)。警方声称金当时拒捕，为了应对这种状况，他们两次发射带电的泰瑟枪击中其背部，进而对他进行反复踢踹殴打。金躺在地上，绝望地哀
77 求:“请停下！请停下！”还有几个警员到达现场后，站在一旁围观同事用警棍殴打金五十余下，导致他面颊和眼窝破裂，脚踝骨折，肾脏损伤，五颗牙齿脱落，身上还有大量淤青和裂伤。霍利迪无法相信他看到的一切。“我在想，这个人做了什么才会被打成这样?”他后来在一次采

访中回忆道："我来自不同的文化（阿根廷），在那里，人们不经过法定程序也会无端消失。警察仅凭猜测就能抓人。我没想到美国也会是这样。"（转引自 Goldstein，2006）

到了早上，霍利迪联系警方，要求他们对发生的一切做出解释。他被生硬地拒绝了。他又打电话给 CNN，很明显没有人要接他的电话，这使得他联系了洛杉矶独立电视台（KTLA-TV）。在他们的口头协议中，电视台答应以 500 美元的价格向他购买这段视频的首播权。这家电视台与 CNN 有共享新闻片段的合作协议，所以后者得以在周二一早就播出了这段视频，这一天晚些时候，三大全国电视网（ABC，CBS 和 NBC）都跟进了这个新闻。对警方暴行的指控，尤其是来自洛杉矶少数族裔社区的指控，很少出现在新闻报道中，这通常是由于偏见和歧视（无论是有心还是无意），但简单地讲也是因为这类事情发生得太频繁了。尽管警察局局长达里尔·盖茨（Daryl Gates）声称殴打一事是"反常行为"，新闻报道也将其描述为"令人震惊"，但还是有不少新闻媒体注意到，民权领袖们指出，警方暴行的形式其实更为宽泛，这不过是最近较有代表性的一件。警方对金进行为期三天的羁押后将其释放。此前不久，已有媒体报道了金自己的说法：

> 真高兴我还没有死。他们没杀了我也真是运气……他们铐住我，绑着我，用某种装备电击我……我吓坏了，我怕死……那些枪就直指着我……我想："他们为什么要像这样作践

> 我？”……他们用电击器打完我后乐坏了……因为他们把它留在我身上很长时间。就好像他们有一个小玩具，想看看要怎么玩。（转引自 AP，1991）

78 在同一篇报道中还提到，有好几个目击者都坚持自己没有看到金有反抗行为，这与洛杉矶警局的说法截然相反。在这种情况下，霍利迪的录影带做出了贡献，因为它反映了在这个城市的某些部分人们已习以为常的生活，虽然从新闻价值的角度看微不足道，暴虐的细节却历历在目，因此这个新闻故事瞬间传遍全国。不久后，就传遍了世界。“这是图像媒介的时代，”NBC 晚间新闻的执行制作人史蒂夫・弗里德曼（Steve Friedman）告诉记者黛博拉・黑斯廷斯（Deborah Hastings，1991a），“如果你要报道火灾，却没有火灾现场的照片，又无人伤亡，那你就别报了。如果你有很棒的熊熊烈焰的照片，就一定要用上。”CNN 的发言人史蒂夫・霍沃思（Steve Haworth）同意这一观点：“就算是口头陈述也无法表现出图片的戏剧感。一个没有图片的故事是不是能够跟进下去，是很难说的。”（参见 Hastings，1991b）

三天后，乔治・霍利迪作为客座嘉宾出现在 CNN 时长半小时的节目《交火》（*Crossfire*）中，就其录影记录接受了节目组细致的问询。主持人迈克・金斯利（Mike Kinsley）在介绍节目时，通过质疑录影带的真实价值特别强调了争议的存在：

> 晚上好。欢迎收看《交火》。您现在看到的不是科威特城，而是洛杉矶。这些拿着棍子的人也不是萨达姆的共和国卫队精英，而是洛杉矶警局的警员。星期天凌晨，当这一幕发生在我们的嘉宾乔治·霍利迪家的窗外时，霍利迪的摄像机刚好就在他手边。受害者罗德尼·金是黑人。经历了一场高速追逐后，警方命他靠边停车。录影带记录了他无助地躺在人行道上，被反复踢踹，被用警棍痛殴四十余次，但录影带是否记录了所有的事情呢？涉事警察声称金有拒捕行为，在被制服前两次试图袭警。目击者（们）则表示，金并未抵抗。有目击者称，警察们事后“全都哈哈大笑，仿佛刚刚开完一个派对”。洛杉矶正处于骚乱之中。警察局局长达里尔·盖茨声称这只是一起孤立的事件。（CNN 文字稿，1991）

当被问及他看到了什么时，霍利迪证实，他并不能确定是什么引发了这一事件。CNN 将他的身份简单地定义为“业余摄影师”，他解释道： 79

> 当时我正在睡觉。我被外面的声音吵醒，当我向窗外看时，我看到嫌疑人正靠在他的车上。就在那时，我决定去拿摄像机，把这一切录下来。去拿摄像机的时候我没看到发生了什么。等我拿着摄像机回去的时候，他们已经在打他了。所以我真的不知道发生了什么。（CNN

文字稿，1991）

在被问及他为什么决定把发生的一切录下来时，他回答道：

> 嗯，我几周前刚买了这台摄像机。当你刚得到一部新的摄像机时你会很有拍摄欲，所以这是我想到的第一件事情。当我刚开始往窗外看时，那里并没有发生什么事情，没有殴打，也没有类似的事。我就是想用我的摄像机拍些片段，到了那个时候——（CNN 文字稿，1991）

不等他说完自己的观点，他就被打断了。接下来，他被问起，殴打事件发生后的那个早上，他给警察局打电话时，警方是怎么回复他的（正如上文提示的，他没有获得回复）。《交火》播出几天后，媒体对霍利迪的兴趣变得越来越浓厚，以至于他觉得自己不得不藏起来，以避开蹲守在他家门外的记者。尽管抱怨自己被媒体包围了，他还是愿意接受进一步的电视采访，包括《杰拉尔多》（*Geraldo*）和《早安美国》（*Good Morning America*）。他还在洛杉矶新闻俱乐部发言。坊间盛传，他正积极考虑好莱坞的邀约，将自己的生活经历拍成一部电影。

在接下来的几个月里，霍利迪试图向新闻媒体索要经济赔偿，因为他们播放了他的录影，但都被强硬地拒绝了。大部分新闻媒体坚持"正当使用"的原则适用于对该录影的播放。"乔治·霍利迪很担心全世界都看到了发生的一切，”那年六月，先驱广播公司（Tribune Broadcasting）的沃伦·切雷吉诺（Warren Cereghino）告诉《华盛顿邮报》（*Washington Post*），“他是个好人，在正确的时间出 80
现在了正确的地点。他拍摄的这卷录影带让整个世界群情激愤，但他自己却基本上被遗忘了。”（转引自 Kurtz, 1991）十名涉案警员中，有四名被控侵犯他人身体的重罪。盖茨局长也因巨大的公众压力而引咎辞职。这确保了新闻报道得以在庭审前的几个星期里一遍又一遍地重播这段录影的片段。其他公民们记录下的警方暴力行为作为案例被提及，进一步推动媒体讨论其普遍程度，常见的标题多为“真实影像记录殴打行为，国家警察被置于聚光灯下”（AP, 25 March 1991）。与此同时，消费型摄像机的价位变得越来越可承受，这本身也变成了一个有新闻价值的主题，引发人们关注监视、隐私，乃至公民以这种方式使用摄像机在不在保护新闻记者的新闻保障法[①]的保护范围内等议题。

打破框架

“这些天事情就是这样发生的，”《旧金山纪事报》（*San Francisco Chronicle*）的西尔维娅·鲁宾（Sylvia Rubin）表示，“在过去的几个月里，新闻报道充斥着那些业余人士拍摄的模糊而颤抖的影像，从温和的海沃德山上的飘雪到骇人的洛杉矶警员对罗德尼·格伦·金的殴打。”她进一步指出，作为一个案例，洛杉矶警局的录影带

① 赋予记者不暴露新闻来源的特权的制定法。——译者注

证明了“电视新闻中采用家庭录影的现象开始出现，这是黄金时段新闻节目的最新趋势”。本地新闻编辑的话也支持了她的观点。“现在，在新闻中播放家庭录影几乎成了标准操作，”KPIX电视台[①]的阿尔·科拉尔（Al Corral）表示，“新闻顾问们喜欢我们采用这种东西，观众们很爱看——这就是下一波浪潮。”鲁宾的深入采访也发现了类似的反应，大部分人声称他们的电视台每个月平均会使用两到三个视频——在屏幕上会打上“家庭录影”的标签。所花费用有所不同，但大部分提供影片的人获得的报酬在100美元左右，与一名特约通讯员用专业设备拍摄一盘录影带的报酬差不多。“我认为采用家庭录影是一件积极的事，但并没有在电视新闻中造成什么显著的差异，”KTVU电视台[②]的新闻总监弗雷德·赞德
81 （Fred Zehnder）曾说过，“对于有争议的议题，我们绝对不会购买或接受家庭录影。”如果职业新闻生产者从某个角度对一个故事进行了出色的报道，人们马上会想起“业余新闻捕手”贡献出视角独特的出色短片的例子。新闻故事的范围似乎被录影带上的影像扩展了。“洛杉矶关于殴打的录影起作用了，因为……你觉得事情已经结束了，他们又开始打他。没完没了，”《生活》杂志的彼特·豪（Peter Howe）补充道，“那样的框架本身起不到任何作用。”

从当时的新闻报道中可以看到对“摄像机繁荣”的深

---

① KPIX-TV是CBS直营分台，授权给旧金山市。——译者注

② KTVU电视台是Fox拥有并经营的电视台，授权给奥克兰市并服务于旧金山湾区。——译者注

入描述，这些内容值得深入阅读，因为他们对“业余短片”或“家庭摄制的录像带”富于洞见，认为二者会引发新闻业的转型。博·艾默生（Bo Emerson，1991）为《亚特兰大宪政报》（*Atlanta Journal and Constitution*）相关报道撰写的头条标题是《影像繁荣催生新一代的公民新闻捕手》。在这里，“无畏的职业新闻生产者”和“携带摄像机的业余人士”被置于针锋相对的位置，后者捕捉到的新闻故事被认为“改变了电视的面孔，也改变了我们看待彼此的方式”。除了“新闻捕手”和“业余摄像师”，用来给相关人士贴标签的其他词汇还包括“爱好者”“家庭摄像师”“电视录像迷”“录影治安队队员”“作为见证人的新闻搜集者”，其中甚至偶然会出现“公民记者”。

四名涉案警员被判无罪后，关于携带摄像机的业余人士是否应该获得与专业人士类似的认可的争论变得愈发激烈。这次庭审被迁至西米谷（Simi Valley），这是一个保守的白人主导的郊区。反复播放的霍利迪的录影带使得涉案警员无法否认他们使用了暴力，他们的代理律师就着力于说服陪审团，录影带并没有讲述完整的故事。他们指出，更大的情境是缺失的，即所谓的金的拒捕行为。此外，他们进一步对录影带进行了逐帧分析，试图说明为什么警察的行动构成了合理自卫。从这一角度看，警察的行为似乎与一种说法相吻合，即：他们是在回应金做出的威胁，而金被描述为掌控了局势的人（也因此是 82
“自找的”，据媒体引述一位陪审员的说法）。陪审团成员并无一位黑人。他们花了七天的时间证明警员们是无辜的，并于 4 月 29 日宣布了这一裁定。围观群众目瞪口呆。“今天，陪审团告诉全世界，我们亲眼所见的一切并不是犯罪，”该市市长汤姆·布拉德利(Tom Bradley，1992)在新闻发布会上如是说。ABC新闻频道的泰德·坎贝尔(Ted Koppel)表示：“有些情况下人们的第一反应是惊掉下巴，这次就是这样。”然后，他提出了那个一直在相关报道中萦绕的问题：“如果陪审团看的殴打录影和我们在电视上看过无数次的那个录影一样，他们怎么可以看着那样的景象，然后投票赞成无罪宣判?”(转引自Jacobs，2000：115)

以录影带为核心证据的公民见证话语才刚刚兴起，却突然瓦解。宣判后的两个小时内，整座城市火光四起，暴乱席卷了贫民区，主要是洛杉矶中南部，那里的种族隔阂根深蒂固。在接下来的几天里，暴乱不断发展，逐渐失控，国民警卫队被调来恢复公共秩序，不久后，美国陆军也出动了。金本人也呼吁停止暴行，他问道：“我们能不能好好相处呢?”在这次被称为“洛杉矶暴乱”的事件过后，慢慢变清楚的是超过50人在暴乱中丧生，数百人受伤，超过1,000幢建筑被毁(据估计，财产损失高达10亿美元)。超过7,000人被捕，警方尽最大努力从新闻记者和城市居民等人手上获得照片和录影带，将其作为数量剧增的起诉的证据。

和泽普鲁德拍摄的肯尼迪遇刺短片类似的是，事件的周年新闻报道也有助于确保霍利迪的录影带继续成为公众记忆的一部分。它也成为新闻史上的里程碑——如果不是转折点的话。在事件发生十周年时，媒体上的评论多集中于这一事件对治安管理的更广泛的影响。“十

年前的那个周六,罗德尼·金被殴打一事变成了长久以来警方野蛮执法的标志,也成了种族矛盾的导火索,"美 83
联社的琳达·多伊奇(Linda Deutsch,2001)的报道写道,"仅仅是提到 1991 年的殴打事件都会让当权者尴尬不安,这会让他们想起那个早晨,整个城市醒来,看到了一段令人齿寒的录影,一个黑人驾驶员被四个白人警察用棍棒反复殴打、踢踹,在地上痛苦地翻滚。"那一年,已有报道特别指出"业余影像"对新闻业的影响,譬如 CNN 的记者安·麦克德莫特(Ann McDermott,2001)以画外音的方式评论了那盘录影带的片段:"世界各地的人们都看到了这些镜头,被摄录下来的罗德尼·金被殴打的画面。突然之间,影像即权力。它能够将一个人变成一个象征警方压迫的符号,也可以诱发一场暴乱。"她继续补充道:"每一天,似乎都有新的暴行被携带摄像机的业余人士拍到。"在该事件发生长达十五年后,霍利迪在接受《洛杉矶时报》(*Los Angeles Times*)的采访时表达出对新闻媒体的疑虑。"我不再看新闻或读报纸,"他对记者说道,可记者却表示,他"可能正是'公民新闻'的先锋,但他感觉自己像是被 CNN 一类的媒体一口吞下又吐了出来,他说,这些媒体既没有认可他的功劳,也未就他做出的历史贡献给予他任何报偿"。霍利迪回忆,有些人会谴责他,因为他是那个"引发暴乱的人",但尽管如此,他还是补充道:"每次有警察认出我的时候,他们都会告诉我,我做了正确的事。"(转引自 Goldstein,2006;参见 Myers,2011a)

在二十周年的时候,艾瑞克·德根斯(Eric Deggans,2011)在一篇给 CNN 的评论中指出:"霍利迪变成了技术革命和社会态度转变的前沿，这使得我们所有人都成了业余记者。”他进一步指出：

> 当然，霍利迪在1991年3月3日拍到警察痛殴金50余下的时候，技术的时代是不同的。
>
> 那时，因特网仅仅是高等院校里的新奇玩意儿，大部分时候提供文本信息传递的服务，既不能传送图标，也不能传送引人注目的图像。
>
> 手机和混凝土砖块一样大，也几乎一样重。视频分享网站、带摄像头的便携式移动电话和数码影像几乎仍是梦想，只能出现在科幻小说中。
>
> 84 然而，不仅如此，任何人都可自行获取新闻的理念尚未成为文化的组成部分。(全国新闻的主播)丹·拉瑟(Dan Rather)和汤姆·布罗考(Tom Brokaw)告诉我们新闻是什么，新闻就是什么。(Deggans,2011)

他指出，这一事件标志着新闻工作正逐渐从一门手艺转型为一种行动，因为“每个有手机、能上网的人都成了一个媒介的出口，新闻事件在他们周围发生时，他们能够像新闻记者那样行动”。在一份相关的补充笔记中，德根斯以表达感谢的方式为此事定论：

> 谢谢你，乔治·霍利迪。不仅因为你拯救

> 了一个不幸的人的生命，不仅因为你把警察在贫困少数族裔社区执法方式的问题放到了众人瞩目的位置，更是因为你让我们第一次窥见了一个世界，在那里，对新闻的激情——尽可能完整地记录有影响力的事件，尽快让别人体验这样的事件——感染了每一个人。（Deggans，2011）

那一年，丹·吉尔莫（2011）的文章也体现出了对周年纪念的深刻洞见。在文中，他赞许了霍利迪践行公民新闻的行为："当人们看到那段影像时，他们意识到了很多事情，不仅是普通市民牵掣掌权者（在这个案例中是警察）的可能性，在一定程度上，更能促使他们在公开场合为自己的错误行为做出解释。"在我看来，他在此补充了一个重要观点："见证已经转化成了一种行动，我们都理解。"

"业余的无冕之王"

对公民新闻的研究经常会引用泽普鲁德关于肯尼迪遇刺的短片和霍利迪拍摄的金被殴打的影像，将其作为正式的、关于形式和实践的先例，却从未暂留片刻，对它们进行深入的探索。在我的早期作品《线上新闻》（*Online News*）一书中，我大致提到了这两个案例，并因此获得鼓励，因为我注意到，在记者们的评论中，总有人一次又一次地提出，业余人士开始越来越多地挑战记者，特别是当他们有机会第一个出现在现场记录突发新闻

85 时。与此同时,我很清楚两个案例都生动地展现了关于普通市民收集的个人影像促使掌权者承担责任的情况——虽然结果是混杂的。“在所有那场悲剧的目击者中,唯一不容置疑的一位就是亚伯拉罕·泽普鲁德,他用8毫米胶片摄像机拍下了影像,”《生活》的一位编辑事发时曾如是说。毫不夸张地说,这种说法后来被证明太乐观了(转引自Woodward,2003)。在很多评论员看来,霍利迪的视频才应获得认可,因为它生动细致地近距离记录了体制化的种族主义是什么样,从而促使洛杉矶警察局局长达里尔·盖茨辞职,警队全面重组。更多前数码时代的案例在学术圈里都获得了类似的正当性。在我看来,这避免了我们习惯性地将公民新闻的兴起和互联网联系在一起。

然而,毫无疑问,这些议题与前所未有的巨大张力缠绕在一起,因为在互联网的语境中,公民新闻已成功动摇了(有些人会说是粉碎了)新闻业作为一种职业的基石。安德鲁·基恩(Andrew Keen,2007)的著作《业余者崇拜》(*The Cult of the Amateur*)体现了对这一问题典型的处理方式。在这本书中,他坚持认为,专家和业余人士之间的区别已模糊到了危险的程度。在关于“Web 2.0革命”如何“将文化变为杂音”的更宏大的讨论过程中,他瞄准了公民新闻记者,认为他们同样应该分担这一批评。他指出,与受过教育且经验丰富的职业新闻工作者处理作品的方式形成鲜明对比的是,“公民记者没有受过正式训练,缺乏专业技能,然而他们还是习以为常地将意见呈现为事实,将流言呈现为报道,将影射呈现为信息”

(2007：47)。不仅如此，他们“陶醉于他们的业余性，在道德层面充满了卫道士的自以为是，”他补充道，“他们炫耀他们在专业训练和正式资质方面的匮乏，认为这能证明他们对真相的渴望、激情和忘我追寻。他们声称与传统新闻相比，他们业余者的地位使他们能够为我们提供更没有偏见、更未经过滤的关于事件本身的图景。”(2007：48)诸如此类，不可具举。然而，虽然诱人的做法是直接摒弃这样脸谱化的表述，不过，在新闻圈子内部，这种类型的夸张说法仍在不断回响。[3] BBC 的安德鲁·马尔 *86* (Andrew Marr)是一位机敏的政治新闻记者[著有《我的交易：英国新闻业简史》(*My Trade: A Short History of British Journalism*)这一颇有见地的作品]，对这一批判思路很有共鸣。“大多数公民新闻让我感到震惊，因为它们跟新闻根本没什么关系，”在一次文学节上，他对他的听众们这样说道，“很多博主看上去就像社会上那些不合时宜、长着粉刺、单身、有点粗鄙、秃头、有酒糟鼻的年轻人那样，坐在妈妈的地下室里夸夸其谈。他们都是非常愤怒的人。”在鞭笞“所谓公民新闻”的“无脑乱喷和夸夸其谈”时，他还是承认，公民新闻“有时非常出色”，然后他迅速修正了自己吝啬的赞誉之词，坚称“它不会取代新闻业”(转引自 *Telegraph*，10 October 2010)。

当然，这样的批判并无破绽，有些比另一些更接近目标。以宽容的眼光看来，它们颇有启发性地强调“公民新闻”这一短语已被延伸到了近乎断裂的地步。中肯地说，在有些人那里，这一短语几乎无所不包。它行使了解释的权力，但贡献甚少。这些人应用这一短语时，放弃了更为细致精准的词汇，而这些词汇足够的分析精度是加入新闻活动的多元生态所必需的。通常被忽视但影响更为广泛的说法是，有些公民通过收集信息、严格调查来进行新闻报道——通常是为了对职业新闻记者的作品进行补充。他们更喜欢使用虚构的修辞手法描述想象出来的形象，决心不惜一切代价，要将他们的职业竞争者取而代之。特别是很多针对新闻博主的谩骂，都围绕着这样的观念：他们是有罪的。因为他们能提供的只有充满偏见的观点，这些观点与他们尖锐偏激的（政治）议题保持一致。他们并没有尽力将自己的理想合法化，也就是说，他们并没有尽力生产原创的、不偏不倚的、能够称得上是“新闻作品”的新闻报道。事实上，相对而言，受到审视的个体很少将自己定义为“公民记者”，但这一点尚无定论。持这一观点的人进行各种复杂的努力，意图将公民记者塑造成“另一种”威胁，这种威胁就算不能决定性地动摇新闻业宣称的职业尊严的根基，也有可能削弱它。

87 在本书探讨的内容中，我们会从不同的角度深入探索这一他者化的政治，以及公民记者所承担的被妖魔化的风险。为了进一步丰富本章的内容，有必要大致强调一下见证话语渗入论争过程的各种方式，然后，“公民新闻”这一术语才能表明其概念诉求。

聚焦某些影响“公民新闻”发展的事件——至少是那些在回顾历史时被认为有重大影响的事件——包括用“第一次互联网战争”（这是新闻记者和评论员们广泛使用的说法）来指称1999年对科索沃局势的报道。需要从新闻学角度特别予以关注的是，对于战区突发新闻，新的报道形式以何种方式为身处远方的公众将可接近性和即时性提高到前所未有的程度。记者们欢迎数码科技的到来，包括互联网、卫星电视天线、笔记本电脑、手机或移动电话、数码录音设备和录像设备，同时也要面对批评家们保守的观点。就算“数码新闻”已经提升了战争报道的水平，他们中的很多人对“数码新闻”带来的好处还是持怀疑态度。今天，当我们回溯这场论争的轨迹时，显而易见的是，认为互联网能够成为包括普通公民在内的目击者们得以使用的另一个平台，这种想法简直是天方夜谭。一次又一次，媒体在新闻报道中承认，在冲突中以第一人称视角捕捉到的内容塑造了公众对现场实际发生的一切的认知（参见 Bell，1997；Matheson and Allan，2009），包括那些“赛博修道士（cyber-monk）”从一座十二世纪修建的修道院中发的目击报道；一位阿尔巴尼亚少年在电子邮件中描述自己的日常生活，并把它发给自己在美国的“网络笔友”（这位笔友与新闻媒体分享了这些邮件）；还有，在一次看起来离得很近的轰炸袭击后，在电子公告牌上发布内容，生动地呈现了北约组织对“附带损害”的定义。这样一来，这种由普通公民利用网络开展的“地下的”“平民化的”“业余的”新闻工作（新闻媒体为它贴上的不同的标签）催生了一种强烈的个人代入感，让“我们”对“他们”来自远方的痛苦感同身受。

2000 年 7 月，法国航空一架从巴黎戴高乐机场飞往纽约的协和式客机在起飞后不久坠毁，机上 109 人丧生，地面还有 4 人罹难。新闻媒体依靠公民见证者们提供的各种对事故的描述，包括他们的所见所闻，以及他们所能 88

贡献的任何影像。“那架协和式客机，世界上最快的载客飞行器，拖着长长的焰尾冲向法国的天空。它已在劫难逃。几秒钟后，它炸成了一个火球。这幅画面注定成为二十一世纪最关键的新闻形象之一，”记者瓦莱丽·达罗奇(Valerie Darroch，2000)彼时曾写道。她描述的画面，也就是她认为有可能会“在集体记忆中蚀刻下难以磨灭的印记”的照片，是由一位业余摄影师拍摄的。来自匈牙利的工科学生安德拉斯·基泽格利(Andras Kisgergely)和他的朋友萨博奇·萨玛西(Szabolcs Szalmasi)当时正在事发现场附近拍摄飞机，这是他们的业余爱好。路透社(Reuters)获得了这张照片的版权，并及时将其传遍世界，于是它得以出现在第二天头版头条的显著位置。一位当时正在等待登机的日本商人，也偶然拍下了一张具有新闻价值的照片。这张照片捕捉到了引擎着火的瞬间。英国的一家图片社，巴斯图片(Buzz Pictures)获得了这张照片的使用权，又将其独家使用权通过议价卖给了伦敦的一家报纸，《每日镜报》(*Daily Mirror*)(Rees，2000)。

“如今，每个人都是一个潜在的摄像师，”乔纳森·达菲(Jonathan Duffy，2000)在为 BBC 新闻网(BBC News Online)进行报道时说道。他对业余人士十分认可，因为他们拍下了不少颇具启发性的坠机场景。他还描述了被认为是“所有证据中最有戏剧性的一幕”。那是一段一位西班牙货车司机的妻子拍下的视频，她并未透露自己的姓名，夫妇二人当时正驶过机场的外围。“在这段长度为 15 秒的模糊不清的视频中，火焰已吞没了客机的尾部，”达菲表示，“它提醒我们，日常科技是如何把令人战栗的现实带到了电视新闻中。”很显然，马德里的一家电视台无线3台①“慷慨地”支付给这对夫妇一大笔钱，转手将视频的全球版权议价售卖给了美联社的电视新闻部，价格高昂。“为协和客机坠毁视频支付的金额，绝不是业余人士拍摄的视频卖出的最高价，”朱利安·李（Julian Lee， 89
2000）在《时代周刊》上评论道，“但它强调了公众成员在新闻收集过程中扮演着越来越重要的角色。”

在对2001年9月11日那次袭击及其后续进行的公民报道中，这一角色体现得尤为突出。距第一架飞机撞上世贸中心还不到十分钟，目击者的描述就开始出现在互联网上，不久后，一系列令人震惊的图片和视频也纷纷出现，记录着危机的进程。“到处都是眼睛，”图像编辑大卫·弗瑞德（David Friend，2007）后来回忆说，“目击者们观察着，拍摄着，他们还没有意识到自己面对的是美国历史上最致命的恐怖袭击……随着时间流逝，人们都来到了大街上，到处是摄像机，曼哈顿看起来还很热闹。”[4]（2007：xiii）这些从“业余新闻工作者”到“个人的新闻工作”，或被称为“DIY报道”，或是“公民生产的报道”，在不同的地点贡献出各种内容。这些地点是如此多样，以至于判定其相对准确的程度即使不是不可能，也会非常困难。“任何人，只要能使用数码摄像机和某个网站，他就会突然变成一个像游击队员一样的新闻记者，发布这些内容，”一位从图形设计师转行的新闻摄影记者在那个时候曾经说过，“当你透过取景器去观看一段经历时，你会

① Antenna 3，西班牙语为Antena 3。——译者注

变得更无畏。”(转引自 Hu,2001)

在这个问题上,对一些重要的不同观点进行比较和对比,会鼓励我们对什么算是“新闻”网站这一问题进行定义的延伸。拿在 scripting.com 工作的员工来说,这家网站的日常工作本来是对网站编程进行技术讨论,但现在迅速转向发布来自目击者的内容和图像。这家网站的一位写手后来评论道:“网络上有太多的人去报道一个故事了。一旦发现新闻网站已被流量淹没,却无法提供太多信息,我们大家就会迅速跟进……我们掌控的新型传播和不断演进的媒介中蕴含着力量。网络远未消亡,一切才刚刚开始。”(转引自 Kahney,2001)分享一些关于悲惨经历的第一人称视角的报道,对有些人来说,可能是一种应对策略,对其他人可能有宣泄情绪的效果。无论如何,这种迅速发展、集体合作的新闻聚合网做出的贡献与
90 主流新闻报道形成了鲜明对比。这些来自目击者的描述、图像和幸存者故事,用《纽约时报》的记者帕梅拉·利卡尔齐·奥康奈尔(Pamela LiCalzi O'Connell,2001)的话来说,是“社会历史最原生态的形式,带着斑斑泪痕”(参见 Allan,2002,2006; Gillmor,2006; Sontag,2003; Sturken,2007; Zelizer,2002a,2005; Zelizer and Allan,2011)。

2003 年 2 月 1 日,“哥伦比亚号”航天飞机在得克萨斯州和路易斯安那州上空解体。在猜测为报道让位以前,有人在即时新闻布告板上表达了对恐怖主义的恐惧。对于“一个在战争边缘摇摆的国家而言”,记者罗斯·戴维森(Ros Davidson,2003)表示:“‘哥伦比亚号’失事的新

闻传遍美国的各大时区,这个巨大的国家睁开双眼,又将面对一个令人难以置信的悲剧。这有点像 2001 年 9 月 11 日的一切再次上演。”电视新闻中断了常规的节目安排,将这些节目推迟到几小时后,以播放那个逐渐成为焦点的故事的组成部分。关于十七年前“挑战者号”航天飞机升空后不久即发生爆炸的类似报道迅速出现,相关视频填充了对此事的滚动报道。

“仅就视觉层面而言,”《丹佛邮报》(*Denver Post*)的乔安妮·奥斯罗(Joanne Ostrow,2003)说,“航天飞机的悲剧是难得一见的新闻故事。”她继续表示:

> 关于“挑战者号”悲剧的电讯语焉不详,所以我们很难理解相关的意象。
>
> 1986 年,“挑战者号”的爆炸被人们近距离观看,翻来覆去地播放,铭刻进记忆。对一代人而言,这已变成了视觉形象的试金石。
>
> “哥伦比亚号”的悲剧却没有立即被摄像机捕捉到。
>
> 业余人士的视频拍到了一些细节,但距离太远,那些影像还被一根电话线的杆子挡住了。从另一个角度拍到的是一颗闪烁着的小星星从天空中落下,奇怪的是,它旁边还有另一个,然后又出现了一簇光线。
>
> 最后,电视上出现的画面是“哥伦比亚号”冒烟的残骸——几块烧焦的金属和撕碎了的隔热材料飘散在风中,散落在棕褐色的土地

> 上——这只能呈现事后的景象。(Ostrow, 2003)

91 缺乏“单独的难以磨灭的影像”,意味着电视新闻节目只能借助电脑模拟的画面来解释当时发生的一切,同时也使用更早期的影像资料(大部分是关于当日牺牲的七位机组成员的资料),再有就是通过采访他们的家庭成员,从人性的角度来报道这场灾难。[5]然而,随着时间流逝,越来越多的公民影像出现了。《波士顿环球报》(*The Boston Globe*)的记者马克·尤尔科维茨(Mark Jurkowitz,2003)表示:“在当下这个相互联结的高科技世界中,大量新闻报道并不是由新闻记者,而是由普通公民完成的:目击者、视频摄像机的拥有者,以及执法部门的官员。”(他引用了 CBS 的采访,描述了一位视频拍摄的“爱好者”拍下了航天飞机解体的过程,将其描述为“一个难以置信的火球”。)事实上,从公众成员(尤其是业余天文学者和航天爱好者)那里征集到的影像可能会成为美国国家航空航天局寻找灾难原因、定位残骸所在的重要证据。“没有任何航天事故和这次一样,被那么多人目击……可以肯定的是,跨越六个州的成千上万的人看到了这一幕,其中有不少都举着各种型号的摄像机,”科技编辑克雷格·科沃尔特(Craig Covault)当时评论道(转引自 Bostwick,2003)。

这些与公民见证相关的案例在公民新闻的历史上产生了不同程度的影响,尽管在 2004 年 12 月的印度洋大海啸之前,公民新闻的相关术语(上文已有提及)并未在职业术语表中获得一席之地。彼时正变得显而易见的是,在“网络社会”（Castells，2000），能被称为新闻工作的内容处在一种流动的状态。在主流媒体，由于媒介融合的竞争性和必要性，我们熟悉的报道原则被重塑再造；而在边缘，据学术博主杰伊·罗森（Jay Rosen，2006）进行过适当转换的措辞，“曾被人们称作受众的那些人”正推动着媒介走向多元。

最近，关于什么才算是“公民新闻”的讨论仍持续充满争议，有时甚至火药味十足，其原因是，个人和组织出于不同的视角、利益和动机，都在推进他们偏好的定义。虽然共识的达成指日可待，但格外值得留意的是，从最早的时候，也就是人们还能一眼认出“新闻”的时候开始，“业余人士”相对于“专业人士”的地位引发的审慎讨论就一直清晰可见。事实上，新闻从业者这个概念也预示着，不是新闻记者的人会参与到相关的新闻活动中，虽然形式会有所不同，程度也受语义变化的影响。

为实现我们的研究目标，此处重要的是澄清公民新闻的竞争性概念围绕危机报道不断演进的现象是不是经常发生。在讨论公民新闻如何在新闻专业术语中获取一席之地时，评论员们会指向一种逐渐呈现且十分重要的陈述方式。2004 年 12 月印度洋大海啸之后，这种陈述方式即刻开始巩固。这是一个决定性的时刻，正如我们在第一章注意到的，公民新闻已变成媒介景观中突出的特征。包罗万象的第一人称陈述的内容，如摄像机录下的视频、移动电话或手机拍下的数码快照，其中很多是通过博客和个人网页发布到网上的，这些由在现场的普通公民（在很多案例中，他们都是度假者）生产的内容，由于为主流新闻媒体报道做出了独特的贡献而广受赞誉。一个又一个头版头条的新闻标题宣告了公民新闻就算称不上 93
是彻底的革命，也已成为互联网技术引领下又一个让人震惊的剧变。大家都已承认，新闻媒体处在一个尴尬的位置，它们依赖业余人士提供的资料来讲述现场发生的故事。“在报道一个重要的国际故事时，电视新闻工作者在拥有摄像机的业余人士面前一败涂地，这是前所未有的，”一家英国报纸表示，“制作人和职业新闻摄像师常常发现，他们不会被送往灾难现场拍摄关于灾后状况的视频，相反，他们会被送去机场，在那里，度假者们正带着灾难发生时拍摄的视频踏上归途。”[1]（*The Independent*，2005；参见 Allan，2006；Beckett，2008；Riegert et al.，2010）

相对于职业新闻报道无法避免的自上而下、由外向内的视角，普通个体自下而上、由内向外贡献的内容具有重要意义。越来越多的人认为，它标志着贯穿整个 2005 年的更广义的“公民新闻运动”（Schechter，2005）。尤其是那年夏天，两起危机事件的发生，表面看来强调了其必要性，同时也使得将其视为一阵“风潮”或是“噱头”的言论被除了那些最尖锐的批评者外的大多数人完全摒弃（Allan，2006）。7 月 7 日，在伦敦发生的炸弹袭击摧毁了三辆地铁和一辆公交车，造成 56 人死亡，超过 700 人受伤。爆炸发生后的情景被市民们利用数码技术详细记录了下来。移动电话上的摄像头捕捉到了上班通勤的人被困在地下的场景，还有很多爆炸后的影像。如果用一种恰当的方式来描述的话，这些影像有着怪异的甚至引发幽闭恐惧症的特质。摄像机拍下的视频片段被认为更有说服力，因为它们晦暗、模糊、颤抖，更重要的是，它们从某个角度，对一个正在真切发生的事件进行了记录(参见Reading，2009；Sambrook，2009)。

同样，在接下来的一个月里，对“卡特里娜”飓风引发的灾害的公民报道也成了一种强化职业新闻报道的重要
94 方式。“我认为，政府无力提供信息、人们无法相互交流时，新闻网站能够填补这种空缺，在此类故事中，‘卡特里娜’是最引人注目的一个，”CNN.com 的制片总监曼纽尔·佩雷斯(Manuel Perez)说道，“我们拿到的很多最具冲击力的信息，都来自公民新闻。”(转引自 Online News Association，28 October 2005) NowPublic.com 的创始人迈克尔·迪佩特(Michael Tippett)也同意这一观点。在强调新闻业被民主化的显著程度时，他指出，将新闻记者视为没有人情味的、超然事外的观察者的观念正在被摒弃。“这是真正的现实新闻，”迪佩特坚持道，“人们上传视频，发布博客，讲述的是‘让我告诉你我丈夫的事，他刚刚离世了’。拥有情绪深度和一手经验是非常有力量的，比主流媒体例行公事、冷淡疏远的报道方式要有力得多。”(转引自 Lasica，2005；参见 Robinson，2009；Vis，2009)

在此后数年里，在评估职业新闻工作和业余的公民主导的另类报道之间持续变化的关系时，各种危机事件

都倍受重视。[2]有些人欢迎公民新闻的到来，对其带来的重构长久以来新闻报道原则的机会表示欢迎，他们认为，范式的转变似乎已经开始。传统新闻报道常常使用“他说，她说”这样公式化的、看似客观的措辞，过于依赖官方信源，使用枯燥、疏离和说教的报道方式，看起来越来越不合时宜。通常，这样的报道平淡无奇，一心只关注精英阶层的神秘世界，其公正性和平衡性的理念看起来十分做作，甚至惹人厌烦。与之形成鲜明对比的是，公民新闻鼓励一种民主化的语言。来自人民，也为了人民的新闻业宣扬着其另类的形式、价值观和报道优先级。它是原生态的、即时的、独立的，带着理所当然的主观色彩。将各种基于网络的创新项目物尽其用——在多元的、不断进化的虚拟社区之中，以及这些社区之间，利用集体智慧、众包项目、维基协作等类似产物——去连接、交互和分享那些能够提供新鲜观点的、一手的、未经授权的新闻活动形式。然而，对批评者而言，公民新闻带来的风险还 95
是超过了任何可能在短期内吸引眼球的优势，因为如果新闻媒体急于接纳那些他们不能始终独立验证或证实其准确性的报道形式，他们就会面临严重的失信风险。公民新闻可能是廉价的、受欢迎的，因此，对于资金困难的新闻编辑部而言，它的吸引力并非不值一提，但是，在一个真相很重要的世界里，对媒介的尊重来源于其伦理规范的存在，而受众的信任是至高无上的。在这样的世界里，公民新闻会引发持续的激烈争论，争议在于，我们能在多大程度上调和公民新闻带来的优势及其同样存在的风险。

为与本书的讨论模式保持一致,本章将进一步延伸我们对见证行为的阐释。在与公民新闻相关的很多评论中,对这一概念的使用都有些想当然。很多我们熟悉的见证的概念,最初以不同的形式出现在宗教、法律和文献的语境中。这些概念很容易获得一种抽象的,甚至是虚无缥缈的特性,却很少直面坚硬乏味的现实体验。接下来,我们的关注点将转向考察在相对安全的西方家庭看来,电视新闻如何报道发生在远方的暴行,如何声称自己实现了某种形式的见证。在这样的见证中,记者通过努力呈现陌生人的痛苦,来让我们"认为这是真实存在的"。这一过程困难重重,当作为见证人的新闻记者转化为"作为拯救者的报道者"时尤其如此。在下文中,节目主持人琼恩·斯诺(Jon Snow)会使用这种说法。由于公民见证的概念能够重新书写新闻报道必须遵守的准则,所以颠覆了这些逻辑。为了阐释这些面临危机的议题,我们接下来将会考察对 2008 年 11 月孟买恐袭的新闻报道。公民们对社交网络(尤其是 Twitter)的使用,展示了其传播信息的潜力。彼时他们使用社交网络的方式让很多新闻记者感到震惊——正如我们将会看到的,这在今天相关议题的辩论中仍在持续产生共鸣。

见证的特征

在对见证行为的讨论中,我们常常会忽视的是其历史的特殊性。如果不考虑这一点,这个概念看起来就会像一个不受时间影响的、非物质的哲学理念。安德里

亚·弗里希(Andrea Frisch,2004)提出,在最具影响力的 96
分析路径中,有一些“是基于对目击证人的概念化抽象,将其视为准笛卡尔式的第一人称。这种抽象方式直接忽视了社会关系网络,可是,见证行为和证词都历史性地牵涉其中”(2004：14)。她致力于追溯被她概括为现代目击证人的形象是如何逐渐出现的。她摒弃了关于普遍原则的语言表达,从而强调了特定历史条件下各种因素是如何相互交织的。

在这一问题上,最重要的是需要区分这些因素如何聚合在一起,导致了前现代的见证行为的概念被缓慢地、非系统性地取代。换言之,见证概念的提出,以及当下人们倾向于理解这一概念的方式,并未发生在一个单一的、革命性的关键时刻;相反,弗里希认为,其出现经历了一个不稳定的过程,在文化限制的压力下,要寻找更多有效的方式来建立和维系证言的可信度。从这一角度看来,目击证人提供的内容,不会再被视为“独立于任何特定的社会语境、因提供认知层面的真相而享有特权的信息源”(2004：13)。于是,由于加入了持续变动的语境,文学、法律、宗教和技术造成的影响以何种方式微妙地塑造了不断变化的关于见证的修辞,也将逐渐显现。

为了进一步说明现代目击证人独有的特征,弗里希进而检视了第一手的关于旅行的描述,从马可·波罗和约翰·曼德维尔(John Mandeville)的作品切入,也包括拉伯雷的讽刺小说。此处我们可以看到,在更早的时期,中世纪欧洲民间法中,弗里希称为“道德的”见证行为的特征已有所展现,其中,对证词的评判围绕着封建的行为规范和法理学的价值观进行。简单地说,对前现代目击证人证词真实性的判断取决于证人在一个道德共同体中的地位,共同体的成员见证了证人的道德操守,对他是否称得上可信之人做出判断,这一切比确认证词具体内容
97 的准确性要重要得多。在十四到十五世纪之间,认知层面的见证行为慢慢在法庭上获得了一席之地。在对比道德层面的见证行为和认知层面的见证行为的过程中,弗里希发现了一个转变。这部分可归因于司法程序书写带来的问题。“当一位事实上并不在场的见证人对一位匿名的旁听者说话时,前现代见证的道德模式在有效性方面到达了极限,而将见证人视为第二人的模式也从根本上转变了,”她写道,“见证行为指的不再是‘置身此处’在熟人中进行道德见证,与之相关的概念也变为‘置身别处’,去获得对某种陌生事物和新奇事物的认知体验。”(2004：17)她提出,正是这种口头交换的状态和被书写的交流状态之间的张力,最终导致了在见证的历史上,第一人称单数愈来愈受到推崇。

为阐述其主要观点,弗里希详细检视十六世纪法国见证者们撰写的关于新大陆的游记,乍看与我们此处的目标似乎相去甚远,但我希望,这样的讨论能证明,对早期各种写作类型中见证的不同概念进行类比和对比的工作是值得的,其研究发现可能与当下的主要议题密切相关。我认为,探索与这些写作类型之间可能存在的联系,会使新闻学中见证的历史获益良多,尤其是,这些不同的写作类型都投入各种资源,追求通过第一手经验彰显的真实性,宣称其表述的就是事实。关于长久以来,松散的

惯例习俗是如何巩固加强的这一问题，这条研究路径提供了一些新的思路，除此以外，它也鼓励我们讨论目前关于见证行为的规约，如何在与各种因素的相互作用中持续演进。

需要澄清的是，新闻学的预设是个体（看到或通过其他方式）获得关于某个事件的相关知识的那一刻，这个个体就变成了一个见证者。见证者通过一手经验提供了准客观的信息——这就是弗里希多次提到的现代见证，或认知层面的见证。我们经常提到这个概念，但却未足够重视在不同的报道语境中其语义也在发生变化。特别是考虑到，新传播技术使更传统的关于证词的认知性定义变得可疑，从而为重新想象见证的必要性创造了空间的时候，我们可能会问，在何种程度上，我们能够重新思考关于见证的约定俗成的概念？我们不需要通过认同一个 98
深陷后现代相对主义泥潭的证词的概念（这一概念事实上规避了与人类社会的物质性建立有意义的联系）才能领会到，数码媒介及将其运用于社交网络后衍生的各种能力，正在迅速而尖锐地重塑见证的特征。

“眼见为实”

以媒介为中心的路径就新闻业中的见证模式及其持续性提出了更深入的问题，特别是针对声称追求公平的话语体系。在《观看事物：不确定性时代中的电视》（*Seeing Things：Television in the Age of Uncertainty*）一书中，约翰·埃利斯（2000）将见证的概念置于持续而深思熟虑的审视中。这种方式与我们此处的研究目标不谋而合。他指出："二十世纪是一个见证的世纪。"这一论断来源于一个他认为十分深刻的转变：我们感知那个存在于我们直接经验之外的世界的方式变了(2000：9)。他是这么解释的：

> 在这个世纪，工业社会已开始了这样的进程：将我们视为其公民，为我们提供越来越多的关于某些事件的信息，这些事件并不会直接作用于我们自己的生活，却会在情绪层面影响我们，仅仅是因为它们呈现在我们面前，我们便顺理成章地见证了一切。新闻对相关事件的呈现，是从生动的事件中抓取一部分出来，难以避免数量较少且报道不充分的问题，使得我们扮演见证者的角色变得愈发困难。这些事件难以打动人心，因为它们根本就是不完整的——在我们看到它们时，它们几乎与我们同时存在。这些事件需要解释。它们会引发好奇，会令人生厌，会激起行动的愿望，虽然这些愿望常常遭到挫败或一闪而逝。换言之，我们需要修通它们。(2000：80)

对埃利斯来说，此处对弗洛伊德"修通(working through)"概念的挪用十分重要，因为这有助于强调，在试图解释这个可见证的世界方方面面的复杂性时，媒体如何处理视觉证据的形式——因其感到持续焦虑，直到

筋疲力尽。尤其是电视，“处于见证的位置，必然的结果 99
是，要为观众加工新的素材”，他写道。电视“在努力对事物进行定义和解释，在讲述故事，在讨论说服别人。它会试图边缘化某些对象，控制和利用各种猜测，避免显得不合时宜，以及在极偶尔的情况下，制造深恶痛绝的情绪”(2000：79)。于是，对埃利斯而言，关键的是继而出现的“见证的感觉”。然而，这一中介过程有很大一部分尚待探索，部分体现在“眼见为实”这个让人耳熟能详的词语，常常被用于描述观念变化的动态特征。

由此，媒介想象把我们推到了见证的位置。在这一位置，摄像机前可见的一切变得无法否认。“我们生活在一个信息的时代，”埃利斯坚持认为，“照片、电影和电视为我们带来了影像的证据。它们在特定时间和特定地点进行准身体(quasi-physical)的记录，让我们与那些我们这个时代中伟大的事件、平凡的事物、恐怖的经历，还有不时发生的暴行面对面。”这使得我们无法以无知为自己辩解(2000：9-10)。按这样的逻辑，在那些有待讨论的事件中，我们无法避免牵涉其中，成为“同谋”，就因为在事情发生的时候，我们在媒体报道中看到了发生的一切(或者，更确切地说，是一切令人心痛的后果)。埃利斯辩称，我们的“合谋”，是由我们与所见之物的关系引起的，因为关于一个事件的知识，意味着在一定程度上对这一事件的认同。就算我们的见证行为可能发生在另一个时间或是空间，那个被描述的事件还是默默触动了我们的良知：“你不能说你不知道。”然而，他告诫道，这并不是说，“在视觉和听觉层面全方位地”见证一个事件，能够等同于出现在事发现场。“丢失的信息太多太多了，包括那些可感知的证据（不是气味，不是触感），还包括那些更重要的社会参与层面的证据。”埃利斯认为，面临风险的是，这些视听材料作为一种见证形式，以何种方式提供了他所说的“一种明晰的、新颖的经验模式”。这种见证给人以孤立的、无力的感觉（无论如何，事件都在发生发展），也有可能恰恰相反，“这种见证让观看者得以概览各种事件，与那些可能亲临现场的人相比，他们能以更多的视角进行
100 观察：从更多的角度进行观看，能离得更近或拉得更远、用慢镜头或是快动作，不断重播和改良”（2000：11）。电视新闻，在一定程度上为观看者提供了这样一种感觉：他们与电视新闻试图记录的事件同在。这就将见证行为变成了在私人住宅中一种日常的、亲密的行动。

《观看事物》一书出版后，大量理论家试图更深入地对类似的研究方式进行详细阐述。约翰·杜翰姆·彼得斯（John Durham Peters，2001）在埃利斯的提示下，提出见证行为“是一种错综复杂、纠结混乱的实践”，这种实践“提出关于真相和体验、在场和缺席、死亡和痛苦、所见和所言以及认知可信度的问题——简而言之，关于传播的基本问题”（2001：707）。虽然彼得斯同意埃利斯的主要观点，但彼得斯更强调“见证”这一“常见但极少被审视的概念”的积极面，大致强调了三个不同的领域——法律（“法庭上的程序”）、神学（“殉道者的苦痛”）和暴行（“幸存者的哭喊”）——如何赋予这一概念“超乎寻常的道德和文化的力量”。在试图澄清这一问题的过程中，他指出，在新闻工作中，“一个见证者是一个观察者，或是一个

拥有特权的信息源，能够接近（原始的、真实的）事实”。这是新闻与法律、文学和历史共享的一种职责。“一个见证者，”他写道，“可以是一个行动者（那个进行见证的人），是一种行动（做出特殊类型的陈述），是那个行动的符号残余（作为文本的陈述），或者是使陈述变得权威的内在体验（对某事件的见证行为）。”（2001：709）他补充道，作为一个动词，“见证”具有双重特质：它可以是一种感官体验，在见证某个事件的过程中，见证者的眼睛和耳朵都参与其中；也可以是一种表述行为，通过陈述自己的经历，维护未能在场的受众的利益。在后者的情况中，“‘见证’成为缺席者感官的替代品”（2001：709）。然而，他也乐于承认，这种所谓的“远程在场”困难重重，其需要获得的关注比通常能够获得的关注要强烈得多。“在媒介事件中，”他写道，“虽然是不确定的或是危险的，媒体借来的眼睛和耳朵变成了观众自己的感官。无论是好是坏，死亡、距离和怀疑都被延迟了。”（2001：717）

因此，在埃利斯和彼得斯之间明显存在着这样的连 101
续体：在其一端，埃利斯强调了见证行为普通甚至是单调的日常性，这是通过电视实现的；而在另一端，彼得斯则强调了它的异乎寻常，包括“终将消逝的肉身”很有可能面临“危机和风险”。塔玛尔·亚苏历和阿米特·平切夫斯基（Tamar Ashuri and Amit Pinchevski，2009）虽然选择了和彼得斯大致相同的立场，但关注的重点有所差异。他们认为，不同事件“引出了不同的见证模式”，因为“关于见证行为的本体论取决于其情境”（2009：133）。于是，作为见证者，“面对的是持续的挣扎，而非特权；需要去达成，而非简单地接受”(2009：136)。在将见证行为作为一种“与冲突和权力纠缠不休”的实践进行理论化的过程中，他们成功强调了加入“体验试炼场”的重要性。他们这种方式使得理性主义者和基于理性思考的模型变得复杂，具有优越性。凯莉·伦齐勒(Carrie Rentschler，2004，2009)也同样强调了仔细考察体验的相关问题的必要性。她坚持认为，见证的“意涵，比单纯的‘看着’或‘看到’要丰富得多；它也是亲身进行政治参与的一种形式，在其中，人们观察和记录的内容常常被他们感知到的与相关事件的距离所遮蔽”(2004：298)。然后，通过指出将见证行为视为参与的一种形式必然牵涉到他者承受的痛苦折磨，她从中介的概念中提炼出与上文埃利斯(2000)强调的复杂性相关的某些张力。她主张，“见证行为需要加入旨在根除暴行的、更宏大的政治动员和伦理动员的行动中”，这就要求“不同种类的媒介记录。这些媒介记录能够教会人们，如何作为一个负责任的公民去行动，如何通过见证的行为保证社会的公平正义”(2004：302；参见 Ellis，2012)。

关于苦难的景观

几乎没有人会怀疑，在这一问题上，媒介的全球化扮演着至关重要的角色，尽管随之产生的公共领域，正如约翰·基恩(John Keane，2003)在《全球公民社会?》(*Global Civil Society?*)一书中所言：“仍受议题驱动，与探索行
102 动者的意图和事件发生的结构性原因相比，在效果呈现

的方面更为有效。”(2003：169；参见 Papacharissi，2010)他预见了伦齐勒上文中关于公民教育的观点，认为伦理责任与世界性的情感作用融合在一起，使得“本地人”和“外国人”之间的界限变得模糊，在这种情况下，全球受众在“弹性公民权”方面常常会学到一些东西(2003：170)。用他的话来说：

> 通过见证其他人可怕的遭遇，隔着遥远的距离，成千上万的人有时震惊烦恼，有时甚至做好准备去与他人交谈，去贡献时间或金钱，或去支持那些基本原则，即人道主义干预的权利——正如当代法国法律所规定的，援助危难中的人的义务——应该也能够超越那种老旧的鳄鱼的眼泪式的权利。(2003：171)

在学术圈中会反复出现一个与“相距甚远的苦难”相关的主题，那就是，当论及对见证行为的新闻报道如何在那些相距甚远的观看者中激发(也可能是抑制，或是劝诫)悲苦共情时，需要考虑额外的复杂性。这种共情，即汉娜·阿伦特(Hannah Arendt，1990)所说的“怜悯的政治学”，或是卡洛琳·基奇(Carolyn Kitch，2009)提出的新闻“充斥着眼泪和创伤”。

“不幸者的景观被传递给见证者，相应地，见证者采取的行动也必须传递给不幸者，”吕克·博尔坦斯基(Luc Boltanski，1999)表示，“但能够传递表征的设备和那些能够传递行动的设备是不一样的。”(1999：17)涉及能够产生影响的变化时，舆论就会面临威胁，于是，新闻媒体扮演的角色便显露出来。他们在信息中介链中的位置，为观众提供了“负责任的提案(proposal of commitment)”供其斟酌(出于很多原因，这对观众来说很重要，尤其是在观众无法充分把握，更不用说仔细探究那些展现不幸者遭遇之人意图的情况下)。“当观众看到成群的孩子流着泪被持械的士兵驱赶时，他们会愤愤不平；当看到一名
103 护士努力向饥饿的人伸出双手时，他们会深深感动；当看到因自己的罪名而感到自豪的反叛者被处决时，他们亦会去感受那绝望的黑色美感。他们能接受给他们的提案，”他写道，“他们也能拒绝或退回这项提案。”(1999：149)于是，建立信任的条件变得至关重要，这使得中介这一抽象的概念具化为高度情绪化的表达(参见 Couldry，2012；Tester，2001)。

“信任，”正如罗杰·西尔弗斯通(Roger Silverstone，2006)提醒我们的，“是一种很棘手的东西；它总是有条件的，需要坚持不懈的努力和实现目标的证据。”(2006：124)在一定程度上，世界已经发生了“图像化的转向”(Mitchell，2011)，电视新闻提升了见证人范式的地位，将其视为值得信任的影像证据的仲裁人，通过这种方式不断将即时性塑造为最重要的新闻价值(参见 Huxford，2004；Pantti and Bakker，2009)。艾瑞克·陶伯特(Eric Taubert，2012)指出：

> 现代受众已走得太远——他们现在已无法回头。他们想要看到的，不只是同时出现的喋

> 喋不休的发言人和烟尘中模糊的影像。他们想要看到火焰。他们想要看到烈火。他们想要了解，那些见证了新闻事件进程的人所经历的一切。他们想要看到，在那些得以亲眼见证的人眼中，突发新闻看起来是什么样的。他们想要通过像素点，感受同样的生活。他们期待的，是360度无死角地呈现一个故事。（Taubert，2012）

而且，“我们”似乎现在就想要这样。“现场录像就是见证的一种类型，出类拔萃的那种，”莉莉·舒利亚拉基（Lilie Chouliaraki）指出。她认为，在新闻现场，一部几乎同时出现的摄像机帮助新闻直播宣告了其真实性，宣称他们“带回家的”是事件本身，及其所有原始的不确定性。然而，这一“机械见证者”需要与语言叙述相结合，才能控制事件的原始特质，驯化其“他者的属性”。这才能在对正在发生的事件进行解释的同时，避免观看者遭受见证行为带来的创伤（2006：159）。通过实现“在认知层面的易懂性”和“在情感层面的可控性”，现场录像将悲惨的场景转化成了电视上的景观。此处，舒利亚拉基指出，这种见证行为遵循经济规律——在一定程度上，它操控了品 104
位、颜面和呈现方式的边界，它使用的方式使得影像具有“真实证言的力量”。对于被报道事件的“真相”，它几乎没有留下任何可供质疑的空间。并不具有明显政治意味的见证行为，她写道：“借由对痛苦经历的美化或升华，生产出怜悯的种种形式，并由此有策略地加入想象某种共同体的政治方案中。”(2010a: 522)这种共同体的诞生,有可能让观看者产生一种团结一致的感觉。但这样做也有隐患,那就是,作为回应,呈现痛苦经历的方式将会远离直接行动,或干脆与行动毫无关联。

舒利亚拉基强调了见证行为是一种秩序经济。这种观点将特权赋予某些观看悲惨遭遇的方式,认为它们是真实的(在有些情况下,也有可能不真实)。这些模式进一步强化了新闻报道中二元对立的张力,也就是说,新闻报道既要求记录(目击行为),又要求以具有创造性的方式对现实进行评价(进行见证)(2010a: 528,529)。她从BBC新闻学院[①]引用了如下表述:“好的现场新闻是对相关事件进行见证,见证有些人想要隐瞒和忽视的事件,或那些由于距离太远,大多数人无法看到也无法关注的事件。”这简明扼要地阐释了,在事件报道和激发观看者的关注能力之间存在着虚拟联系(转引自Chouliaraki, 2010b: 305)。然而,从新闻媒体的视角看来,直到现在,这一观点的意义才逐渐变得清晰。她指出,BBC以自己“世界主义者的视角”,收编了公民新闻,并由此鼓励更多协作式的新闻理念,使其逐渐对“普通人”的声音张开双臂(参见Silverstone,2006)。她坚持认为,新闻工作层面的见证,其性质已变为一种结果,用“普通人”的这种措辞,代表的“正是与职业见证行为的垄断决裂,力图通过‘街头个体’的价值增值(valorisation),使其成为讲述关于苦难的故事的最恰当的声音”(2010b: 308)。这种价值

① The BBC College of Journalism,BBC的博客。——译者注

增值不仅扩大了叙事元素的范围，使其更具包容性（这种策略通常被认为是很重要的），同时也提出了一种另类的关于真实性的认识论。尤其需要注意的是，它起作用的方式，是将“电视新闻中的关于事实的经验主义，与情绪 105
的经验主义并置，使其具有相对性”（2010b：308）。她指出，职业新闻生产者和普通公民之间关于事实的观念曾有着等级分明的界限，但这界限已日益模糊，所以即时的经验重新定义了新闻，并以这种方式赋予其一种新的教化的力量（参见 Bell，1997；Mirzoeff，2005）。

悲观主义者倾向于支持对新闻业的批判，认为它潜在地塑造了世界各地身处远方的人们相互团结的观点，更不用说，它还有助于划定在全球范围内进行对话和辩论的公共领域的范围。与此截然相反的是，这种对此更为乐观的评价已看到，企业化媒体霸权的表面已出现裂痕。然而，正如舒利亚拉基所警示的，在探究见证行为本身如何进化这一方面，我们还有很多工作要做。

日益模糊的区隔

对于自己在职业领域遭遇的挑战，英国第四频道新闻部（Channel 4 News）的琼恩·斯诺做出的应对是强调颠覆职业标签的价值。他观察到，在绝望的困境中，此处指的是在对美国“卡特里娜”飓风进行灾后报道时，作为见证者的新闻记者，能够转化为“作为拯救者的报道者”。他写道：

> 在这一联邦制失败导致的混乱中，有一次，我们在淹水的39号街上遇到了一个非裔美国人。他涉着齐胸的水过来，苦苦哀求我们，救救他的祖父和他自己的孩子。那个老人已经84岁了。他大小便失禁，待在楼下浸水的起居室里一张污秽不堪的床上。我们把他举起来，用床单包着他，把他抬到船上。水一直在滴。他意识尚清醒但几乎说不出话来。我猜他可能要死了。在他的大肚子上有凝固的血迹。孩子们都很小。我把他们一个个抱上船的时候，他们都吓坏了。报道者即拯救者。当然，这肯定违反了规则。但这是洪水，关系到人命。与这一切密切相关的，是灾难的根源，是税制的失败、布什的失败、美国的失败。(Snow，2005)

违反规则，斯诺的这一概括恰如其分，指的是违反了不言自明的公正性原则。这一原则要求作为故事讲述者
106 的记者自己不能变成故事本身。在这个特殊案例中，更能说明问题的是，记者在艰难求生的人们面临的困境和布什政府显而易见的失败之间建立的相关性。布什政府从未能给出一个恰当的回应。公正报道通常局限于与事件相关的“谁”“何事”“何处”“何时”和“如何”。若意图回答“为什么”，则易陷入争议，因为这样做就越过了客观事实和主观解读之间的界限。

在2010年1月海地大地震的灾后报道中，有些新闻媒体获得了一些赞誉，也受到了另一些人的质疑，因为他

们的记者决定越过边界，不再局限于担任冷静公正的见证者，而是成为充满激情的参与者。“在如此巨大的灾难面前，电视新闻记者能够号召大家为灾区筹款，”亚历山德拉·斯坦利（Alessandra Stanley，2010）在《纽约时报》上指出。新闻媒体在报道中加入相关内容，实时播报在何处以何种方式可以为筹集救灾物资捐款。这使得他们得以提醒“观众还有受灾群众，新闻记者成为救援任务的顶梁柱，他们在现场做的工作远比收集信息要多”。特别是CNN，发现自己获得了密切的关注，因为它模糊了各种立场的界限，而非保持平衡。数日来，这一电视网的首席医务通讯员桑吉·古普塔（Sanjay Gupta）出现在屏幕上，照顾受灾者，将他们视为自己的病人，甚至在拍摄用灯的照射下进行外科手术。（虽然新闻头条集中报道的是“古普塔效应”，但ABC、CBS和NBC也调遣了拥有医生资质的记者。他们在镜头前用夹板固定断肢、辅助进行截肢术、为产妇接生等。）循着抢劫商店的枪声，CNN通讯员安德森·库珀（Anderson Cooper）发现了一个小男孩。他被一块飞进人群的混凝土砸伤了。库珀迅速把小男孩抱在怀里，沿着街道跑到安全的地方。“我能感受到他温热的血流到我的手臂上。我扶他起来，但他明显已无法行走。他擦了擦自己沾满鲜血的脸，我试着安抚他，”库珀（2010）事后在自己的博客上写道，“他不知道自己在哪儿，显然，他也没法行走。所以我又把他抱了起来，交给临时路障后的某个人。”

我们应该因为记者展现出超越新闻使命的悲悯之心 107
而称颂这种行为，还是应该批判他们那些沾沾自喜、过于情绪化，因而具有操控性的新闻报道（这正好适合擅长视觉吸引的电视节目），这个问题使评论家们分化了（有些评论员相信，反复播放此类片段的行为是一种见利忘义的手段，意图提升新闻机构报道的声誉和提高收视率）。争论的焦点在于，作为见证者的新闻记者，身处如此悲剧的情境中，其恰当的身份是什么。我们很难去批评这样的记者，他“置于首位的，是做一个合宜的、关心他人的、富有同情心的人，而非实现某种高不可攀的‘客观’新闻报道的目标”，CNN 前雇员杰米·麦金泰尔（Jamie McIntyre，2010）评论道：“海地的故事不停地拨动着人们的心弦。我不在那里，但我能想象任何真正的人在对所有悲惨遭遇进行见证时感受到的那些情绪。”（参见 Balaji，2011）

西蒙·柯特尔（Simon Cottle，2013）最近的一项研究从职业新闻工作者的角度考察了这个备受争议的问题，他研究了西方新闻工作者在对灾难进行见证时会采纳的实践行为。这一研究很有价值。通过观察若干个采访，他注意到，使用此类报道方式的记者经常会承认，在决定新闻报道中哪些内容相对更为重要、哪些不必报道时，他们不可避免地要进行某些考量。他指出，新闻媒体的报道是制度化的，看上去自然而然的“死亡微积分（calculus of death）”，是以族群为中心的政治化的报道（由地缘政治利益、文化景观、相互竞争的各种压力、技术资源和叙事形式等类似因素所塑造）在例行公事的过程中，对新闻价值和观众偏好做出实用主义的判断。“‘死亡微积分’是新闻记者实际工作中的一种内部操作。它导致一种尤为目光短浅、不辨是非的——如果不是道德败坏的——对灾难、死亡和垂死状态的‘见证’，”他写道。这种“见证行为不足以在道德层面‘进行见证’”，但也许“仍有助于强化世界主义的图景和对他人的责任感”（2013；参见 Hanusch，2010；Richards，2010）。

库珀声称，在此我们看到的是一种正在起作用的不同的职业倾向，即使有时会和作为制度下权宜之计的“死 108
亡微积分”形成张力，它仍呈现了记者的个人职责。有些记者努力工作以确保受众的关注度，确保受众会认真对待向他们展示的一切。对这些记者来说，见证的经验本体论（保证成为灾难中的“眼睛和耳朵”）变得模糊，为见证的认识论所取代（对新闻故事进行积极讲述），从而引发一种与遭遇灾难性事件的人们同呼吸、共命运的感觉。库珀将这种见证行为的汇聚描述为在新闻业中正在出现的“强制关怀（injunction to care）”，与冷静公平、超然事外的报道规则相反，它认可新闻报道与道义责任间的紧密联系。他写道，这样的情绪与“世界主义的图景”更为契合，“通过在新闻工作中认可见证行为主要是眼见为实和‘在场’的本体论，带着仁慈的信念，全身心投入灾难发生的地区，在专业层面使其成为新的规范”。相应地，它们在认识论层面成为规范，“通过精心打磨的叙事，意图将远方他者的困境‘带到我们身边’、变得人性化、‘充满感情’——他们仍是陌生人，但他们和我们不一样，需要我们的关心和关注”（2013：13）。这一规范被用于协调“死亡微积分”和关怀强制令之间相互竞争的紧张局面，因此，更适合记者的角色是推进各种建立连接的新形式。

这一建立连接的问题必然强调普通个体做出的贡献。公民们十分意外地发现，自己常常会有干预某事的冲动，并不由自主地将其表达出来。通过这种述行（performative）的感觉，我们不难在公民见证中发现这种强制关怀被精心呈现了出来。身处令人难以忍受的甚至是危险的环境中，富有使命感的人们试图展现和分享他们的所见所闻。人们为何愿意身处险境，愿意承受生理伤害（无法帮助那些身处令人绝望的困境中的同类而感到深深的挫败，比生理伤害带给人更深的情感伤害），其原因几乎从未被提及。若想为此找一个单一的、理性的解释，就会忽略其内在层层叠加的主观性。任何被要求对自己的行为做出解释的人，都有可能将其归之于一些后知后
109 觉的好处。然而，这些因素混在一起，可能算不上正式的公民新闻，却有可能成为个人践行公民权利的典范。

本章的下一部分，我们将转而对一个危机报道的案例进行更深入细致的考察，审视在此被我描述为公民见证的行为，发现其更多的外部特征。在 2008 年出现了大量公民新闻的新尝试。在不同程度上，这些尝试被解读为作为一种运动的公民新闻不断发展壮大的标志。整个主流新闻界都能感受到其存在。那一年五月，YouTube 的公民新闻频道上线，加入 CNN 的《i 报道》（*i-Report*），*BBC* 的《你的新闻》（*Your News*），雅虎和路透社冒险联合上线的《新闻你见证》（*You Witness News*）和 *MSNBC*（微软全国广播公司）的《新闻线》（*Newsvine*）等节目的行列中，标志着更深层次的融合，在某些人看来，更恰当的表述是进一步模糊了“职业”和“业余”的界限。有趣的

是,Twitter 本就有成为实时新闻工具的潜质,此时也越来越受到记者和编辑的认可。危机事件发生时,Twitter 被证明是突发新闻报道中不可或缺的信息源,比如 5 月在缅甸和中国发生的自然灾害(Black,2008; Nip,2009),以及 7 月发生在南加州的一场地震(Guynn,2008)。但 11 月发生在印度孟买的暴力围攻事件却将这个网站以及微博客在公民见证方面的潜力带到了新闻媒体关注的前沿。

Twitter 上的恐袭报道

2008 年 11 月 26 日夜间,一次恐怖袭击开始在孟买上演。袭击者身份明确,是来自巴基斯坦激进组织的 10 名成员。很多人将这次恐袭称为"印度 9・11"。若干个不同的地点被选为攻击的目标,包括这座城市主要的火车站贾特拉帕蒂・希瓦吉站(Chhatrapati Shivaji Terminus, CST),往来于此的通勤者遭到无差别的枪击;纳瑞曼旅馆(The Nariman House)与犹太教的哈巴德(Chabad Lubavitch)运动相关,恐怖分子在这里羁押了 13 名人质(其中 5 名遇害);在奥贝罗伊酒店(The Triden-Oberoi Hotel),有 30 人遇害;在泰姬玛哈宫殿酒店(The Taj 110
Mahal Palace Hotel),绝大多数伤亡是恐袭者顺着楼层进行杀戮时发生的。在这场长达 60 小时、让全球新闻观众为之战栗的恐怖袭击中,至少 172 人遇害,超过 300 人受伤。

在这次危机事件中,印度本地的新闻媒体使用的新闻报道模式非常耸人听闻，评论家们将其称为24小时新闻频道的“电视恐怖行动”。这种新闻模式广受批评的原因，是他们报道的“独家新闻”常常被证明是十分不准确的流言(Pepper，2008；Sonwalkar，2009；Thussu，2009)。然而，在更为积极的层面吸引了更多注意力的，是普通市民在收集信息方面扮演的令人惊叹的角色。Twitter通常会筛选推送一些微博客来获取更多点赞。市民们将这项服务用作实时公民新闻的重要信源(参见Bahador and Tng，2010；Matheson and Allan，2010)。“在这一暴力行为最为白热化的时候，”一篇《纽约时报》的报道指出，“每秒钟都有超过一条含有‘孟买’二字的讯息被发布到Twitter上。短短两年时间，一个短信息服务就从一个异类进化成了成熟的新闻平台。”(Stelter and Cohen，2008)这篇报道还补充道，Twitter可作为一个最新的案例，呈现技术如何“将人们转化为潜在的记者”(参见Bahador and Tng，2010；Ibrahim，2010；Mortensen，2012；Reading，2009；Tait，2011)。

维努库马尔·兰加纳坦(Vinukumar Ranganathan)住在孟买的克拉巴区(Colaba district)。据他后来解释，当他听到自己家门外的爆炸声时，他的第一个想法是去拿自己的数码相机。“晚上10:45左右，当我听到两声巨大的余音不绝的(爆炸声)时，我拿起自己的相机包冲了出去，”他告诉Wired.com，“我跑出去的时候，我的姐妹告诉我，有报道说CST(火车站)着火了——但我怀疑是(个)炸弹，因为响动实在太大了。最后发现他们用的是手榴弹。”(转引自Stirland，2008)兰加纳坦是一位27岁的业务拓展经理。他很快确定,“恐怖分子在一幢楼的阳台上往相邻的加油站扔手榴弹,他们还扣押了几个家庭作为人质……情况还是没有控制住。在最近一小时里我已听到 5 声枪响(据恐袭发生已经 12 个小时了)”,他补充道。他把 112 张照片上传到了照片分享网站 Flickr 111
上,其中几张记录了恐袭发生一个半小时后造成的破坏——用一家澳大利亚新闻网站(Moses,2008)的话来说,它们是“令人毛骨悚然的幻灯片”。伦敦的《每日电讯报》(*Daily Telegraph*)对他表示肯定,认为这些作品“可能是对孟买恐袭最精彩也最悲惨的第一手描述”,在一篇报道中称赞他的“这组照片展示了面目全非的汽车,血迹斑斑的路面,还有四散奔逃的人群”(Beaumont,2008)。安迪·希思(Andy Heath,2008)在网站 Demotix: News by You 上发表文章,指出兰加纳坦那些“渲染气氛、动人心弦的影像是如何在职业摄影师到场之前得以呈现,并随着危机事件的发展获得数千次观看的”。在接下来的三天里,他继续在街道上游走,拍摄和发布了更多影像。“这些照片模糊而生涩,但放在一起,却提供了关于这一周发生的混乱和屠杀的震撼人心的画面,”美联社的萨姆·多尔尼克(Sam Dolnick,2008)评论道。论及他投身其中的动机时,兰加纳坦在一次采访中解释道:“我就是觉得,很多和我交流的人同时也是我的朋友,所以,这与人和人之间的联系有关。”(转引自 Dolnick,2008)

阿伦·尚巴格(Arun Shanbhag)是一位身在孟买的游客。他家住在波士顿,在哈佛医学院教书。当他从附近区域的一个有利位置看到泰姬玛哈宫殿酒店燃起火焰，看到救护车驶离纳瑞曼旅馆时，他也有类似的感受，觉得自己应该做点什么。为了传达自己的所见所闻，他在 Twitter 上描述了“哒哒哒”的枪声，在他的个人博客和 Flickr 上都上传了照片。他为一张夜色中燃烧的泰姬玛哈宫殿酒店的照片配了如下文字：

> 泰姬玛哈[1]的圆顶几乎全都烧光了！只有中间那根柱子还在。圆顶底部还在燃烧！电视台的摄像机设在了泰姬玛哈的斜对面，那里看不到圆顶的情况。电视报道上只能看到圆顶燃烧的火光！现在电视上在说，泰姬玛哈内部传来枪声，恐怖分子尚未完全被控制。(Shanbhag，2008)

112 下一张照片是一张对火焰的特写，配的文字是：

> 我的天啊！泰姬玛哈的一个圆顶正在燃烧，烧得像个大火球！我能看到瓦片下的构件(框架)在熊熊燃烧。我的天啊！不！这不是真的！
>
> 手持拍摄，把手肘撑在窗台上！很抱歉拍得太糊了。10:45pm。(Shanbhag，2008)

很明显，在那个时候，尚巴格还意识不到所谓的“公民新闻”。他后来告诉《纽约时报》，这个术语恰如其分地形容了他扮演的报道者的角色。“我感到自己有责任和

---

① 指泰姬玛哈宫殿酒店，下同。——译者注

外部世界分享我看到的一切,”他这样解释道(转引自Stelter and Cohen,2008)。除了《纽约时报》,还有别的新闻媒体亦承认这种新闻资料的价值,它来自刚好身处现场的个体。比如,法新社(Agence France-Presse,2008)称其为“一个抓人的、充满感情的目击者视角,见证了泰姬玛哈宫殿酒店附近发生的事”,而加拿大的CTV(加拿大电视台)新闻在一篇新闻报道中对参与其中的“公民新闻记者的小型军队”是这样评价的:“尚巴格那样的人进行的一手报道为全球观众提供了一个独特的本土视角——这是传统新闻报道所无法企及的。”(Stuffco,2008)

印度和世界范围内主要的新闻媒体都在努力应对Twitter上大量传播的“原始数据”,近乎绝望地试图在种种猜测中分离出事实,用于现场报道。在巨大的压力下,他们迅速变成了资讯的管理者。更多关于tweets(发布的内容限制在140字以内)的例子如下所示:

> 孟买的恐怖分子正要求酒店前台提供美国公民的房号并将他们押到同一层楼,扣为人质。(@dupree_)

> 有个恐怖分子从纳瑞曼旅馆楼上跳到了查巴德楼——警察的突击队已赶到现场。(匿名,#mumbai频道)

> 特别反恐小组Rangers进入纳瑞曼旅馆,至少包括80名突击队员。(scorpfromhell)

113 医院更新。枪击还在继续。隔壁的地铁电影院也是。(mumbaiattack)

JJ 医院需要血浆。(aeropolowoman)

(恐袭)备受关注。CNN 正在填时间;#mumbai频道上全是目击者们发的短消息。(yelvington)

至少 80 人死亡,250 人受伤。美国人和英国人是袭击目标。(ArtVega)

这些内容都带有井号标签#mumbai,这使得它们很容易被其他用户搜索到。萨阿德·汗(Saad Khan,2008)在 Green & White Blog 中描述了一种"tweets 狂热",在各种话题中,"每分每秒都有关于爆炸或小范围交火的地点、安全部队的位置、记者的位置、滞留通勤者可用的安全行程"等信息在不断被分享。虽然承认细节并不充分,但无疑,使用者们都敏锐地察觉到,新闻正在一个不断变化且高度互动的环境中被"实时"播报。

"见证者正在接管新闻"

与稳定的信息流相悖的一个事实是,在这些信息后面,几乎没有哪个人真正见证了现场正在发生的一切。

有些博主因为那些不准确的、捕风捉影的或仅仅是“过时的”内容被“转推”（转发）引发的“连锁反应”感到愤怒。他们因此质疑，Twitter 是否能被用作新闻信源。比如，在此事件最初的几个小时里，Tom 在 TomsTechBlog.com 上创作并发布了如下内容：

> 事实就是新闻。其他的都不相关。事实上，这种情况下 Twitter 聚合的噪音简直可以说是残酷和危险的。
>
> 让我举个例子吧，这个例子充分说明了我的观点。
>
> 如果你翻阅 Twitter，你会看到人们正在报道孟买的万豪酒店（The Marriot Hotel）发生了一起袭击事件。问题是，万豪并未发生袭击事 114
> 件。隔壁的华美达酒店（The Ramada Hotel）是被几个持枪人士袭击了，但万豪这边什么事也没发生。
>
> 现在想象一下，如果你的家人或朋友目前刚好就在万豪酒店，你怕是会被这个彻底错误的信息吓疯了。
>
> 很抱歉，但这真的让我很生气。你在这里遇到的人根本不在乎他们拿到的新闻是否正确。通过利用 Twitter“参与到故事中”，他们把最悲惨的绝境转化为娱乐。他们扔出一篇篇小 tweets，根本不在乎那些被他们吓得半死的人。然后他们开始吹嘘 Twitter 多么伟大，能够在新

> 闻报道方面击败主流媒体。(TomsTechBlog.com,26 November 2008)

Made by Many 的博主蒂姆·马本(Tim Malbon)描述了自己立场的转变。他原本对 Twitter 上的报道持积极态度,但不久后就开始警觉:

> 我对 Twitter 上 # mumbai 和其他地方(比如 Twitter Grid)提供的实时信息叹为观止。在别的地方又看了看,我最初的反应是,那些老派的新闻社,比如路透社、CNN 和 BBC 并没有提供充分的报道,与 Twitter 上不断发布的海量信息形成鲜明对比。但长夜漫漫,我对此的感受开始改变。我开始看到 Twitter 丑恶的(一)面。它远称不上是众包式生产的新式新闻。它事实上就是支离破碎、流言四起的乌合之众在一个疯狂的回音壁前发 tweets,转发,再转发。在我通过 Twitter 关注此事的那段时间里,大家对伤亡人数进行了相去甚远的推测——最高可达 1,000 人。(Made by Many,27 November 2008)

在早期报道出现后的几个小时里,Twitter 上主要的信息要么是转发主流新闻媒体报道中的二手观察信息,要么是更正之前的内容,要么是提供链接,用于查看视角较新的线上资源。后者相关的例子包括通往谷歌地图的链接,上面记录了袭击发生的地点。类似网站还包括维基百科和 Mahalo，上面在持续更新已知的细节信息。大量视频被上传到 YouTube 上，Flickr 上也展示了用户们拍摄的照片（其中 Vinu 上传的影像尤为触目惊心）。和无数其他网站一样，Metblogs Mumbai，GroundReport，Global Voices，NowPublic，Poynter.org 和 iReport.com 115
等网站也都在忙着整合各种公民新闻报道。与此同时，主流新闻媒体迅速转向收集更深层次的信息。有几家新闻媒体不仅将 tweets 作为信息源，还试图采访了部分用户，获取一些独家见解。路透社摘取一些博客内容来充实其报道，比如一篇来自迪娜·梅塔（Dina Mehta）的博客（“我在孟买，也是几乎整晚都在发 tweets。烦躁，愤怒，空寂”）（转引自 Lee，2008）。《纽约时报》在其博客 The Lede 上邀请在孟买的读者通过电子邮件发照片给他们，或是在其网页的“评论区”添加对事件的文字描述。

BBC 新闻在线的情况又有所不同。这家网站请公司的通讯员从通讯社、印度媒体报道、博文、电子邮件和 Twitter 资讯中获取信息及细节，用于补充其运营的内容，如 BBC 新闻互动的编辑史蒂夫·赫尔曼（Steve Herrmann，2008）所解释的：“小心翼翼地追溯这些信息的来源。”用他的话来说：

> 就我们监测的 Twitter 资讯而言，绝大部分讯息并不会在我们已知事实的基础上增加太多细节，不过除此以外，它们确实带来了很强的现场感，有助于体会那些通过某种方式与故事建立联系的人的所见所想。“那些好奇的旁观者

> 打乱了 NSG① 的行动。他们的愚蠢让人震惊,”有人写道。“我们的士兵都挺勇敢的,但我觉得我们可以做得更好,”还有人如是说。在 Twitter 上,在博客上,有各种看法、反应和评论。照片分享网站 Flickr 上有位博主的照片流被大量引用,我们也用了。所有这些都有助于描述一种模糊不清的状况,将其呈现为一种快速演进的图景。(Herrmann,2008)

然而,抛开这些优势,赫尔曼和其他人都清楚,如果无法独立验证材料的真实性,使用这些材料就会面临风险。Twitter 上反复流传着一个错误报道的例子。这则报道声称,社交媒体上正在发生的一切让印度政府忧心忡忡。据这则报道,印度的政府官员担心现场目击者分享的信息对恐袭者亦有帮助,所以力劝 Twitter 用户停止其所作所为,并希望限制该国对 Twitter 的访问权限。
116 BBC 在其孟买恐袭实时报道的页面上报道了此事:“1108 名印度政府官员要求 Twitter 立即停止对孟买相关信息的更新。‘所有实时更新——请不要再把 # mumbai 警方和军方的行动信息发布到 Twitter 上了’,有篇 tweet 这样写道。”有些评论员批评了 BBC,因为它报道的这一说法后来被证明是不真实的。尘埃落定后,赫尔曼在回应相关质疑时,对发布这一讯息的决定做出了如下解释:

---

① 印度的特种部队。——译者注

> 我们应该在发布这则消息前对其进行查证吗？我们有没有试图让它变得更清楚（然而我们没有做到）？如果我们想要将其放到我们的新闻故事中（我们并没有）或是将其作为无援引的内容发表的话，我们当然应该这样做。在某种意义上，确凿的事实是，这则在网上传来传去的报道只是那天所有故事中的一个小细节。但是，如果我们无法找到任何证据，我们是否还应该试着验证信息，然后进行后续报道？我认为在这个案例中，我们应该这样做，我们也获得了教训。事实上，我们还在学习如何在各种内容飞速呈现的情况下处理和发布此类信息。（Herrmann，2008）

虽然能意识到种种约束，但赫尔曼还是认为，BBC 未遵循常规要求，在事实完全得以验证之前，就尽可能快地发布了自己获得的信息，这是说得过去的。通过这个案例，用户们会更深入地认识到，一个重要的故事是如何整合起来的，在这一过程中要求他们承担一些责任，在处理信息时需要对信息的质量和可靠程度进行评估。

在评估已发生的一切对在线新闻业的影响时，尽管对其传播的大量信息的质量和可靠程度心存疑虑，评论员们仍承认，就算不是主要的拐点，某种转变的时刻已经出现。“事后看来，孟买事件有可能会成为危机报道范式改变的第一个案例，”《信息周刊》（*Information Week*）的亚历山大·沃尔夫（Alexander Wolfe，2008）认为，“也就是说，从今以后，记者不再是第一个为我们带来信息的人。更准确地说,他们会变成信息通道,处理身在现场的职业新闻生产者和业余新闻生产者带来的影像流和照片流。”杰夫·贾维斯(Jeff Jarvis,2008)在评价对危机事件
117 的新闻报道时对这一观点表示同意。他指出:“见证者正在接管新闻。”他们通过 Twitter、博客、Flickr、维基百科及类似渠道,还有 GroundReport、Global Voices 和 NowPublic 等公民赋权网站发布的报道被证明是至关重要的。人们“迫切需要分享他们所知之事”,这迫使他们去参与、去从事“新闻从业者的工作——报道、收集、组织、求证——现在任何人都能从事这类工作了”。

一次又一次,Twitter 由于以新闻报道的措辞捕捉到了悲剧的原始状态而备受赞誉。《每日电讯报》的克劳丁·博蒙特(Claudine Beaumont)指出:“前一晚,社交网络成熟了。”(*Daily Telegraph*,27 November 2008)CNN 的斯蒂芬妮·巴斯里(Stephanie Busari,2008)也同意这一观点:“这一天,社交媒体看上去已经成熟了。这标志着社交媒体已成为一种需要我们面对的收集新闻的力量。”这并不是否认,作为值得信任的新闻信息源,它具有局限性,而更像是承认,社交网络具有进行一手危机新闻报道的潜力,因此可被视为数码战争报道的一个重要维度(参见 Matheson and Allan,2009)。“这是属于 Twitter 的时刻,” Forbes.com 的布莱恩·考尔菲尔德和纳兹宁·卡马利(Brian Caulfield and Naazneen Karmali,2008)写道,其服务已从专用于“在一个由朋友和熟人构成的紧密社交网中传播短小的个人化的近况,转化为一种渠道,为世界范围内的人们提供关于恐袭的个人化的

实时描述”。他们指出，将这种资源物尽其用的挑战很难应对，尤其是因为它模糊了职业新闻工作者和业余人士之间的界限。“换句话说，我们现在都是记者了，”他们补充道，“只能希望我们最后不会成为战地记者，就像那些这周在孟买的人一样。”

讲述的冲动

在试图将我称之为“公民见证”的这一概念更为细化的过程中，我发现有必要终止在概念层面研究我们熟悉的、与职业新闻生产者和业余人士之间的争端相关的种种二元对立（binarisms）。在我看来，一种独具优势的做法是强调辨识新闻工作者见证和公民见证之间微妙的动态关系，相当重要的原因是这种做法鼓励我们参与讨论 *118*
那些可能被争议掩盖的议题。人们一直在争论，谁有权声称自己拥有见证的特权，即“新闻工作”的权威。特别是孟买恐袭期间引发的关于见证的讨论让人们看到，虽然程度不同，但公民个体已准备好在新闻报道层面定义他们做出的贡献。同样值得注意的是，他们进行见证、在现场记录和评价“在那里”的意义，这样的愿望有多强烈，说明了他们在多大程度上能致力于与远方的他者分享自己第一手的经验。

在一定程度上，见证行为是一种自觉的选择。最为确定的是，决定进行见证（或不进行见证）是一种自我投射的使命——它可能会与社会责任产生高度共鸣，虽然可能达不到更为正式的民权意识或是公共服务意识。重要的是，在讨论这种行为的性质时，不能对其中意向性相关的问题夸大其词，因为有些自称公民记者的人是怀着特定的目标，或是针对特殊的对象刻意进行新闻生产的，与他们截然不同的是，公民见证人是暂时把握住了易变的主体位置，从而应对面临紧急状态的外部环境。这就好像他们身处一个讲述的过程中，通过讲述分享自己看到、听到和感受到的一切（正是在这里，人们开始通过观察获得信息，形成证言），即：对于极端重要又刻不容缓的见证行为而言，述行性（performativity）是其应有之义。在这个问题上，真相本身和对真相的表述之间的差别至关重要，因为见证的目标是真相本身，却又围绕着对真相的表述盘桓不去。证词并非真相的保证，而更倾向于个体对所感知到的事实进行认证；换言之，实话实说并不意味着把握了真相。作为见证者的公民会抓住机会确认自己对真相的表述，不过，无论是对他们自己，还是对其他人，这样做的原因在当时的情境中可能并不分明。他们可能基于诚实或是诚意的要求进行自我批判，与新闻工作中关于准确性、可信度或可验证性的标准形成鲜明对比；不过，我们不能简单地从他们的动机出发，去解读他们讲述的冲动，或这种行为在论述层面的后果。

在面对危机报道的情境时，主流新闻媒体倾向于灵活使用某些他们更为偏好的、程序化的策略和措施来处理对真相的表述，以必要的方式将其寓于中介化的论述
119 政治中。本章试图确认公民见证以多种多样的方式重构了这种信息权力关系的几何结构，即：通过不断进化的个人能力，重新占有亚苏历和平切夫斯基（2009）这一论述

域(discursive terrain)。标准的职业规范塑造了对内容进行取舍的默认要求,但随着移动数据技术支配了社交网络的力量,以公民为中心的视角正对此进行重塑,职业化的关于见证行为重要性的决策——出于对公正性的要求,通过特定程序赋能且受到各种限制——被证明是有待商榷的。然而,见证行为一直面临难以应对的挑战,尤其是因为被认为"可供见证的"那些事件总会被证明是不受规则限制、充满破坏性的,且其复杂多变令人沮丧。"见证行为提供的是碎片化的、局部的、具体情境中的细节,"彼得斯(2009)指出,"并非有开头、中间和结尾的故事(这正是积极见证的领域,更多是为表达而非观察)。"(2009:45)然而,自相矛盾的是,正是故事性的召唤——新闻故事性——确保了新闻记者是不可或缺的,只有他们能讲述那些可能造成巨大创伤的事件发生时转瞬即逝的现实。于是,在线新闻带来的挑战其实为公民新闻创造了空间,使他们能够培育出更多人类建立联系的连接点。这样做确认了追求真相、有责任感、积极参与的原则,有助于反击"我们"和"他们"的二元对立大行其道的各种社会排斥行为,否则,在对他人的悲惨遭遇进行报道时,这些行为会渗入报道的方方面面。

穆罕默德·布瓦吉吉(Mohamed Bouazizi)生活在突尼斯一个叫作西迪布济德(Sidi Bouzid)的边远小镇上。他26岁,是一个水果商贩。2010年12月17日,一位女警官严厉地斥责了他,没收了他那辆没有执照的木推车和上面所有的东西。他挨了打,后来这被描述为"响遍全球的一耳光"。失去了谋生工具,被公开羞辱,加之向当地市政官员持续投诉此事却屡受阻挠,布瓦吉吉在身上泼满汽油自焚,以自杀的方式进行抗议。后来,这进一步激起了一场锋芒初现的大规模抗议活动。长久以来,贫困、不公、腐败导致的对立情绪已聚合成在街头公开表达的抗议和分歧,但没有人能预见,统治了这个国家二十三年的扎因·阿比丁·本·阿里(Zine al-Abidine Ben Ali)的独裁政权会在一夕之间倒塌和崩溃。关于布瓦吉吉自我牺牲的新闻传遍了整个地区,主要是因为普通民众(其中有很多学生)把后续发生骚乱的视频和相关动态发布到了Facebook上。一位半岛电视台的记者在Facebook上注意到了这一切。他警觉地意识到此事尚有更多可能性,便迅速将其作为一则关于社会动乱迅速激化的新闻进行报道（Fahim,2011）。受突尼斯叛乱的影响，在之后的数日和数周内，剧变开始进一步席卷埃及和也门，然后是巴林、利比亚和叙利亚。“来自西迪布济德的照片像野火一样传遍了整个互联网，”“利比亚青年运动（Libyan Youth Movement）”的奥马尔·阿马尔（Omar Amar）后来回忆道，“每个人都能看到发生的一切，然后，他们就通过社交媒体组织起来，进行抗议。每个人都能获得信息——它 *121*
们就直接出现在了你的主页上。”[1]

几乎不会有人怀疑，处于最近被描述为“阿拉伯之春”的核心的那些事件，其意义取决于其结果，而对其结果我们至今也只能停留在预测的层面。追溯新闻报道中对所发生的一切的描述，吸引我们注意的是青年人使用社交媒体（如 Facebook、Flickr、Twitter、YouTube 等）的程度被证明是有自身的新闻价值的主题。在一篇题为《一条突尼斯-埃及间的连线，动摇了阿拉伯世界的历史》的新闻报道中，《纽约时报》的戴维·D. 柯克帕特里克和戴维·E. 桑格（David D. Kirkpatrick and David E. Sanger,2011）强调了这一观点：

> 解放广场的抗议者们与亲政府武装当面对峙时，他们从突尼斯的抗议者身上吸取了教训：“给埃及年轻人的建议：在围巾下面放些醋或洋葱，能防催泪弹。”
>
> 引人注目的长达两年的大联合催生了阿拉伯世界中一支新的力量。Facebook 上的信息交

> 换只是其中一部分。这一泛阿拉伯青年运动致力于在一个没有民主的地区宣扬民主。年轻的埃及和突尼斯活动家们进行头脑风暴，讨论如何利用技术来逃避监视、抚平痛苦。他们还交流，在面对橡胶子弹和搭建路障时，有哪些实用的操作技巧。(Kirkpatrick and Sanger，2011)

这篇文章进一步解释道，最近几年，年轻的抗议者们已经“脱离了更为年长的、站在阿拉伯政治对立面上的那些老兵们”。他们得以发起一场埃及青年运动，意图挑战政治腐败和权力滥用的现状。他们使用 Facebook 群组作为联系方式。通过这种非正式的线上网络，他们成功运用各种策略，对抵抗运动进行整合。[2] 在这个时间点上，我们无法判断他们是否获得了相对的成功，不过某些谨慎的乐观情绪是情有可原的，因为最近在公共参与、公共审议和公民行动的共同作用下，虚拟公民领域已生机勃勃，与此同时出现的，还有为普通民众赋权的潜在可能。他们有可能重新行动起来，去推动民主变革，追求人权。

122 在试图明确席卷中东地区的动乱有何特质时，重要的是，不要忽视这些不同形式的公民抗争已酝酿数年之久。在传媒界，关于数字技术那些大胆的、有时甚至是得意扬扬的说法在激烈讨论中占据了显著位置。赛博狂热者们(cyber-enthusiasts)将其鼓吹为自由的工具，认为其足以引领近乎即时的革命性变化。与之相反的观点对此不屑一顾，坚持认为在炒作中人们忽略了传统的政治动员和政治抗议。在这两个极端之间,更为中肯的评价必然承认,在这些表面上自然爆发的抗议活动之下,有着结构性的必然因素。在此,我认为重要的是,我们需要越过那些贸然提出的断言,去深入探讨那些活生生的、复杂的、常常是自相矛盾的力量。这些力量塑造了人们对公民文化的集体再想象。年轻人的身份认同政治正是这样。由数字技术推进的社交网络有助于创造各种条件,让年轻人学着成为有意愿且有能力参与周围生活的公民。

本章将详细阐释公民见证,重点关注年轻人对新兴的各种形式的数字民权进行的积极斡旋运用,特别是其中对抗议和分歧的表达。我将以曼纽尔·卡斯特(2007,2011)的"网络社会"中的"大众的自我传播"为概念层面的出发点,展示年轻人(其中许多人在学生政治之外,对公民议题几乎没有经验)正积极地将社交媒体重塑为资源,用于完善互动的、通过同伴维系的个人参与公共生活的各种形式。一次又一次,多样化的公民见证策略在另类新闻生产的对话政治中赋予无声者以发声权。

网络社会中的传播

Web 2.0 的概念已变成了一个流行词汇。这个词汇的各种语义变化尤为典型,凸显了互联网以流动的方式 123
演进。在此过程中,互联网推进了具有互动性、分享性和合作性的参与式文化,与各种虚拟社区的目标和利益保持一致。对曼纽尔·卡斯特而言,"大众的自我传播"的兴起对现实的传播结构产生了深远的影响。“互联网、移动通信、数字媒体和各种社交软件工具的扩散，”他写道，“推动了互动式传播的横向网络的发展。这样的网络能够在特定的时间将本土和全球联系在一起。”(2007：246)那种我们熟悉的与大众传媒相关的自上而下的单向信息传播动态正变得多元，虽不均衡但却显著。他指出，普通公民正在挪用新技术手段（如数字 wifi 和 wmax）和技术形式（短信、电子邮件、网络电视、视频流、博客、视频博客、播客、维基百科等）来建立他们自己的网络化社区，而他们这样做，严重地挑战了贯穿整个“网络社会”的制度化的权力关系（Castells，2000，2009；参见 Allan，2007；Allan and Matheson，2004）。[3]

卡斯特使用“大众的自我传播”一词来强调这些横向网络与大众传播媒介迅速融合的种种方式。用他的话来说：

> 这是大众传播，因为通过 P2P 网络和互联网，这种传播方式有可能触及全球范围内的受众。它的形式多样，因为基于通常是免费下载的开源资料，内容的数字化和先进的社交软件使得几乎任何形式的任何内容都可以被重构，并通过无线网络越来越广泛地传播。**这种大众的自我传播自行生成传播内容；自行决定传播的方向；在多人对多人的传播场景中，自行选择受众。**事实上，我们正置身于一个新的传播领域，归根结底是在使用一种新的媒介。这种媒

> 介的主心骨是计算机网络，使用数字语言。用它发送信息的人遍布全球，并在全球范围内互动。(Castells，2007：248；加粗部分来自原文)

虽然有人可能会质疑“大众”在此语境中的使用——我们会想起雷蒙德·威廉斯(Raymond Williams，1963：289)说过：“事实上，没有大众；有的只是将人们视为大众 124
的各种方式”——卡斯特颇有启发地阐释了其中的反抗精神，有助于塑造这一传播领域的轮廓。同样，虽然他强调从技术层面推动媒介融合是大势所趋，但他也谨慎地承认，特定的媒介无法以线性零和(linear zero-sum)的方式决定信息内容，更不用说其传播的效果了。毋宁说，他提醒人们注意，传播在一个多样化的、竞争激烈的社会领域中流动，“每分每秒都在建构和重构公众脑海中全球的和本土的意义生产”。因此，“以传播为基础的、新兴的公共空间，其形式并不由任何历史命运或是技术层面的必要性预先决定，”他指出，“人类最古老的斗争即解放思想的斗争，而这就是这一斗争新阶段的结果。”(2007：259)

卡斯特的路径被证明是一种颇有启发性的新方法，有助于考察我们身边的权力几何关系。“网络社会”一词可被视为一种分析性的简略表达，用于描述全球性的力量，这种力量将集体行动和组织从一个国家的语境转化到另一个国家的语境。它被视为信息时代的社会结构，围绕着生产与消费、权力和经验之间的关系组织起来。其主要逻辑虽不断被各种冲突挑战，却塑造了在绝大多数社会中无处不在的文化生活基础设施——尽管结果无法预测。从这个角度来看,我们熟悉的“信息社会”的概念可以被毫无顾虑地抛弃了。在这个位置上,卡斯特试图详细阐述一种关于信息技术驱动网络的扎根理论。他相信,网络社会与众不同的特点在于其生产模式(商品和服务是在特定的社会关系中创造的)和发展模式之间有着辩证的互动关系(特别是技术创新)。从其运作方式来看,这种互动关系既非线性的,也非机械的。关键是,它也不包含在民族国家的权力范围内。毋宁说,网络社会象征着一种新的权力体系,曾经拥有主权的民族国家至高无上的合法性受到了考验,考验它的因素在很大程度上并不在它的掌控之中。

125 在记录网络社会的轮廓时,这一路径强调了在互联网时代,信息成为“有特权的政治武器”的种种方式。在与数字鸿沟相关的不均衡的机构中,人的价值被商业价值所取代,这一点尤为明显。正如卡斯特指出的,与“互联网脱节,或仅是表面上有连接,就等同于在一个全球网络系统中被边缘化”(2001：269)。准确地说,在不同的社会语境中,差异化访问权限的动态变化是如何发生的,在很大程度上与是否掌握适应变化速度及其不确定性的能力有关。他表示:“有无互联网之间的区别通过复杂的互动,为现存的不平等和社会排斥的来源增加了根本性的分歧,这似乎扩大了信息时代的愿景和世界各地很多人面对的灰暗现实之间的鸿沟。”(2001：247)以上种种及相关议题凸显了卡斯特的概念建构在学术领域保持醒目的若干原因,但也涉及现实世界如何进行干预,从而影响社会变迁的战略思考。

从下一部分开始，我们将转而考察这些议题如何与年轻人的行动产生共鸣。他们正努力保护自己的“媒体制作(media-making)”的形式。更具体地说，我们会考察DIY创作和评论的数码工具如何为他们所用，以呈现那些可见的社会不公。我们将说明，伴随公民见证的规约有着无从回避的政治性，当证词的实体性让论述权力的等级关系变得充满疑问时，这一点尤为明显。然而，在这种情况下，塑造政治性的更有可能是关于危机中的共同经历的集体意识，而非更偏向党派或是活动家意义上的政治，虽然后者在某些情境中更为关键。本章将对这一问题进行讨论。公民见证人与某个群体或是某次运动保持一致，为其发声，确认争议空间中的集体在场。他们可能会制定策略，不断调整他们可见度的状况，以期获得更好的效果。在危机事件中，见证人对自身定位的转变，哪怕只有短短一瞬，也会要求他们做出相应的决策，延伸其 *126*
作为行动者的责任，带着更清晰的自我认知，扮演起新闻工作者的角色。在这样做的过程中，所谓见证人的身份将被重新塑造；也就是说，我们几乎可以肯定地假设，它将被某种利益相关的观点引导，在其视野中进行选择。这与那些没有利益关系的旁观者被突然卷入热点时刻做出的貌似“中立”的观察截然相反。这些微妙的分级很重要，尤其是对记者而言。他们需要飞速游走于各种相互竞争的证词(目击者陈述、视觉图像、tweets等)之间，处理方式必须与他们在解读层面的权威保持一致。

制造意义

虽然年轻人在媒体制作方面的兴趣很难说是一个新趋势，但它常常被纳入相关的学术讨论中，作为“媒介素养”的一个议题，由此，对主流媒体的形式和实践进行批判的说明成为一个自有其价值的终点。在这方面，有趣的发现是，上文强调的交互式网络技术在多大程度上重塑了早期对“旧媒体”素养理念的思考。

道格拉斯·凯尔纳（Douglas Kellner，2002）十多年前便认为，我们需要发展“多重素养”，在政治、经济和文化方面培养更知情、更具参与性和更积极的公民，以便能更好地应对全球化的要求。在这一概念中，素养“指的是有能力有效利用社会建构的、各种形式的传播和表征”（2002：92）。更确切地说，媒介素养“帮助人们明智地使用媒体，区分和评价媒介内容，批判性地剖析媒体的各种形式，考察媒介效果和媒介使用行为”（2002：93）。凯尔纳坚持认为，在新的多媒体环境中，特别是考虑到一些技术的发展有助于培养有意愿在社会生活中扮演积极角色的“好公民”时，这类素养的重要性前所未有。他指出，传
127 播技术能将“观众变成文化僵尸”，同样的技术也可能同时被用于促进民主辩论和民主参与。跟现在一样，问题在于如何在前者的地盘上实现后者，即：如何认真对待年轻人乐在其中的大众文化文本，认识和尊重他们的想法、价值观和能力，同时又不会将“可能是肤浅的、错误的、不知情的和充斥各种有问题的偏见的”观点“浪漫化”

(2002:94)。凯尔纳建议，有一个前进的方向是让新计算机技术适用于教育，从而推动新素养的发展。

在意图拓展我们熟悉的素养的概念时，凯尔纳注意到了他所谓的“计算机素养”出现的新形式。他认为，在此重要的是，需要推动这个概念超越其常规的含义，即使用计算机程序和硬件的技术能力。于是，就会有一个更广泛的定义，涉及信息素养和多媒体素养。也就是说，凯尔纳拓展的计算机素养的概念，应包括学习如何使用计算机、通过搜索引擎定位信息、操作电子邮件和列表服务器以及搭建网站。他写道，计算机素养和信息素养包括“学习在哪里找到信息，如何获取它，以及如何对它进行组织、解释和评估”(2002：95)。与此同时，他们还需要“学习如何阅读超文本，游走于不断变化的赛博文化领域，参与到数字化、交互式的多媒体文化中。这种文化已涉及工作、教育、政治、文化和日常生活的方方面面”(2002：95；参见 Allan，2002；Hassan，1999；Lievrouw and Livingstone，2002；Sefton-Green，1998；Warnick，2002)。所以，此处显然会受质疑的是，要传授的不仅仅是知识和技能的技术形式。通过延伸素养的概念，纳入适用于更大的“计算机文化”的阅读、写作、研究和传播能力的新策略，凯尔纳正帮助我们认识参与一系列不同但相互关联的信息处理形式所必需的概念空间。这些信息处理形式有潜在的可能，为媒介实践另类形式的出现创造机会。

通过阅读这一研究和其他相关研究，加之有事后反思的优势，人们认识到，在很大程度上，早期关于“计算机 128

素养”的话语为今天某些媒介素养的构想提供了信息，即：那些将“新闻素养”“信息素养”“视觉素养”和“数字素养”的相关方面交织在一起的努力，为概念的演进做出了贡献。专注于此的学术研究，以及与素养概念相关的研究比比皆是，在此不必学舌。事实上，为达到我们的研究目的，我们更需要充分注意到，研究人员和实践者越来越清醒地意识到，为什么“素养”的概念必须也必然延伸，覆盖制作、分享和合作的各种创新形式，且其使用的方式对社群的集体优先权无论在现实中还是虚拟中均保持警惕。“如果人们具备足够好的数码素养或是媒介素养，他们便能识别人际的、公司的或是政治的议程，”瑞妮·霍布斯（Renee Hobbs，2010）表示，“并得以赋权，能够代表我们社群中缺失的声音和遗漏的观点发表意见。”此外，她还补充道，通过“识别和努力解决问题，人们利用他们有力的声音和依法享有的权利来改进他们周围的世界”（2010：17）。作为一种宽泛的断言，这种说法可能会遭到批判，因为它听起来有点理想主义，不过至少在我读来，霍布斯颇有启发性地强调了认识这种能力如何及为何变得与社会相关，并由此以规范术语将其政治化的重要性（参见 Mihailidis，2012）。

我会认为，在讨论年轻人协调数字技术的负担和局限的技能时，有可能被忽略的是公民政治在多大程度上为他们的参与式文化提供了信息。我很乐意承认，这样的观点给一个常见的说法出了难题。人们会认为，年轻人对积极参与其社群生活的前景无动于衷，甚至愤世嫉俗。然而，看起来消极的拒不参与，在政治层面最为确凿

(因为很少被承认,事实上就更是如此了)。在党派相关的话语中,对“政治”的定义是狭隘的,它被安全地囊括在政党和投票的领域——当年轻人每天都在协调社会等级、社会分裂和社会排斥时,他们更有可能认为,这才是与他们的生活相关的政治。于是,在此基础上,关于那些他们明显不满的笼统的说法会受到挑战,然而这也说明, 129
他们对数字媒介(尤其是社交网络相关技术)的使用会经常被挑出来,哪怕不进行道德谴责,也要用来引起关注。

比如,艾米·米歇尔(Amy Mitchell,2010)的研究指出:“社交媒体工具和移动数据连接让公民与新闻建立起更深入、更直接的关系。”这表明,“新闻食草者(news grazer)”可能乏善可陈,但并不是“漫无目的的流浪者”。她认为,移动装置不仅带来新的信息源,在其出现后,新闻报道面对的状况也出现了戏剧性的转变。尤其是年轻人,他们会倾向于搜索、过滤、回应和分享他们认为有趣的新闻。他们常常依靠社交网络,将其作为自己的某种“个人编辑”,帮助他们“确定自己的头版新闻”(2010: 27;参见 Pew,2011)。伊藤瑞子(Mizuko Ito,2010)在描述不同年龄的人如何看待社交媒体方面显而易见的“代际差距”时指出,关于“参与公共生活意味着什么”这一问题的分歧常常引起争议。她写道,无论是教师试图在教室里管理发短信的行为,父母试图限制屏幕使用时间,还是记者绘制的关于这一代网络儿童无法保持专注的作品,“关于青少年使用社交媒体的问题,成年人似乎想保持他们负面的看法”(2010:18)。她补充道,考虑到年轻人一有可能就故意避开“机构守门人”,素养变成了社会参与的

"副产品"。拉里·罗森(Larry Rosen,2010)重申了这一观点,认为"随着技术变革步伐的加快,所谓的迷你代(mini-generations)是由他们独特的媒介使用方式、多任务处理的水平和首选的传播方法来界定的"(2010:25)。于是,确定"迷你代独特的数码使用习惯",需要意识到他们在"价值观及社会行动性和政治行动性水平"上的差异。当然,确切地说,在这些迷你代中,什么算是政治行动性会有很大差异,但有些研究人员已尽量强调了社交网络重构我们熟悉的关于公民参与的假设的方式。

130 这些新兴的建立连接的方式有其政治内涵。它们自身吸引了媒体的注意力。其中第一个案例发生在2008年12月的希腊。事实上,《卫报》的保罗·梅森(Paul Mason,2012)在他的著作《星星之火,何以燎原:新全球革命》(*Why It's Kicking Off Everywhere: The New Global Revolutions*)中坚持认为,雅典的这次暴乱是"新动乱最清晰的先驱性事件"。这样的骚乱创造了一种"社会爆炸"的模板,即:"对经济危机产生一种不受控制的、随机挑起的反应,其中学生和未受教育的城市青年聚集在一起,制造混乱。"(2012: 32; 参见 Cottle and Lester, 2011)在下一部分,我们将注意力转向考察抗议者们是如何在社交媒体上呼吁,以塑造他们异见的表达和协作。此外,我们还将说明,对于街头暴力的实时报道而言,他们在公民见证方面做出的贡献同样重要,尤其是改写了主流机构报道的优先项。

抗议的政治

“反叛精神深植于希腊人的精神世界。目前正包围警察局并试图推翻政府的学生和学童们正在经历一场仪式，” BBC 的马尔科姆·布拉班特(Malcolm Brabant)如是报道。在转向描述“当下的暴力浪潮”冲击社会稳定性的极限前，他补充道：“他们可能是‘iPod 一代’，但他们也是延续几个世纪的传统的继承者。”布拉班特和现场的其他记者一样，正努力解读那些无法简单解释的事件。大多数新闻报道一致认为，引发学生抗议的导火索，是 2008 年 12 月 6 日晚，在雅典市中心，一名警察在没有明显理由的情况下枪杀了一位名叫亚历山德罗斯·格里格罗普洛斯(Alexandros Grigoropoulos)的 15 岁学生。这一事件在希腊媒体上得到了广泛的报道，并受到了“近乎普遍的谴责”(Gemenis，2008)。这些报道背景介绍(即展示一些细节，如果希望远方的受众能够理解随之而来的危机 131
的性质及其更深远的意义，这些细节是必不可少的)的水准有所不同。布拉班特提到“希腊精神”，将其视为反叛的倾向，这是解释事件中各方力量的一种方法；另一种方法是，在历史的框架中认识事件，认为之前的警察暴行暗示了近几十年来更宏大的模式。然而，还有一种策略围绕着聚合起来的抗议者们的洞见展开。这些洞见是抗议者们通过社交网络自发形成的。

此后不久，雅典 Mega 电视台的评论员帕夫洛斯·齐马斯(Pavlos Tsimas，2008)在全球媒体发展论坛(Global

Forum for Media Development)发表的演讲中描述了事态的不断发展带给他的感觉：

> 星期六晚上九点，一个男孩被枪杀。无缘无故。冷血。
>
> 八十分钟后(原文如此)，我通过电子邮件得知此事。我打开电视，上面什么也没有，只有广告和精彩的节目。我转向互联网，在那里，一些博客在大面积地报道此事。我一直在接收各种信息。午夜钟声敲响。人们来到街上，对这起谋杀表示抗议。没有人知道受害者的姓名。
>
> 就连广播电台都是很晚才得到这条新闻的。
>
> 成千上万的人在街上抗议杀害这位不知名的男孩的行为。传统媒体仍未报道这一事件。电视台来得有点晚。第二天，报纸上没有关于这一事件的只言片语，只有一些体育报纸除外。为了报道一场足球比赛，他们印制时间较晚，得以报道了这个故事。
>
> 希腊陷入了他们短期记忆中最严重的危机——人们看到附近的街区有大火在熊熊燃烧，玻璃窗被砸碎。大多数广播电台和电视台选择打开自己的频道，不间断地播出热线互动节目，让听众得以自我表达。报纸则试图搞清自己还能做什么。(Tsimas，2008)

互联网和社交网站，后者包括 Facebook、MySpace 和

Twitter,在实时动员抗议者们团结起来方面扮演了至关重要的角色。博主们描述已发生的一切,将它发布出来,一起发布的还有 YouTube 视频的链接,其内容似乎与警方的说法相反。这些博主引领了方向。通过手机和笔记本电脑上传到 Flickr 上的照片记录了充满暴力的动乱。 *132*
Twitter 通过#griots 等标签传递着关于街道上正在发生的事情的报道,以及那些帮助抗议者协调其行动的信息,即关于在哪里见面、去做什么以及如何尽量保护自己的详细信息。“希腊的若干个网站为抗议者提供了冲突现场的实时信息、示威游行的走向,以及防暴警察在城市周围是如何部署的,”保罗·海温(Paul Haven,2008)在给美联社的报道中说道,“抗议者们通过网站和手机短信来安排游行,并将其广而告之。”在此,迅速变得明显的情况是,不仅枪击案需要与希腊公共生活中旷日持久的民众骚乱建立联系,抗议者本身也并未形成一个单一的、团结一致的群体。主要的参与者是学生,大部分来自中学,他们(总体而言是和平地)参与游行和集会。人数第二多的部分是由“无政府主义者”(或“库库洛福罗伊”,即“戴着头巾的人”)组成的,他们试图抓住时机以任何可能的方式表达自己的不同意见,包括焚烧汽车和砸碎商店的橱窗。并不意外的是,后者的行动在新闻报道中占据了显著位置。一位“来自塞萨洛尼基(Thessaloniki)的和平抗议者”亚力克西斯·S.(Alexis S.,2008)表示:“毫无疑问的是,自周六晚上以来,希腊的主要城市发生了无数事件,可新闻报道只关注其中最耸人听闻、最可怕、最集中和最具戏剧性的案例。”

对于那些想要超越对“iPod 一代”或“€700 一代”(有些人用这个短语来描述他们希望在大学毕业后获得的不算多的月薪,如果他们能获得就业机会的话)的笼统认知的记者来说,与年轻人建立联系、更好地理解他们的感受及其原因就很重要了。安德鲁·兰姆(Andrew Lam,2008)注意到,传统媒体“正努力追赶一个全是 Twitter 使用者和博客使用者的世界”,这一挑战变得更加严峻,因为需要在非常大的时间压力下“将新闻去伪存真”。在这方面,社交网站被证明是特别宝贵的资源。从 IndyMedia 的电子公告牌开始,它迅速拓展了建立连接的各种另类形式。在提供现场报道、个人描述、照片和视频(大部分
133 不是希腊语的,就是英文的)之外,他们为记者们提供了一种不同层次的连接关系。《经济学人》(*The Economist*)将这一层次视为“网络化抗议的新时代”的象征:

> 在少年遇害后不久,视频分享网站 YouTube 上就出现了一段悼念他的视频——那是一段展示照片的视频,配上了流行摇滚乐队的音乐。超过 16 万人观看了这段视频。Facebook 上一个类似的悼念小组吸引了超过 13 万名成员,产生了数千条信息。这个小组还提供了超过 1,900 个相关项的链接,点击便可看到抗议活动的照片、漫画和传单。
>
> 第二人生(Second Life)是一个很受欢迎的虚拟环境。一段记忆被创建其上。通过它,用户们得以窥见这场骚乱的真实场景。很多其他

> 在线技术在雅典逐渐成熟，如详细呈现警察部署和示威路线的地图。成千上万的照片和视频冲击了非希腊语的博客和论坛，在许多欧洲城市引发了小规模的抗议，包括伊斯坦布尔（和）马德里。约有32人在哥本哈根被捕。（*The Economist*，18 December 2008）

对叶甫根尼·莫洛佐夫（Evgeny Morozov，2008）而言，希腊网络化的抗议活动让人们得以“窥见网络化的跨国公共领域看上去可能会是什么样的”，因而标志着一种新的全球现象正在出现。他很乐意承认，过去互联网有助于提升抗议活动的效果，不过他也相信，在这个案例中发生的一切“可能是第一次，一个最多只具有本土重要性的议题，引发了整个大陆团结一致的抗议行动。其中一些是希腊侨民领导的，但还有很多是由愤愤不平的年轻人领导的，这些年轻人对这场运动的诱因心怀同情”。

他们的行动受到当局的广泛谴责，不过，他们的介入获得了成功，其精神呈现在“停止旁观，到街上来”这样的横幅中，以至于当时的保守党总理科斯塔斯·卡拉曼利斯（Costas Karamanlis）在一次对议会同僚发表的演讲中承认：“长期悬而未决的问题，比如精英治理的缺位、日常生活中的腐败和社会不公让年轻人失望了。”（转引自BBC News Online，17 December 2008）几乎没有人能预料到，学生们的愤怒蔓延得如此之广，强度如此之大。也没有人预料到，他们对数码传播新形式的运用如此行云流水。记者和其他人一样惊讶。路透社（2008）在标题中 *134*

强调了一个观点:“在互联网尚不发达的希腊,抗议者统治了网络。”更切中要害的是,这场危机证明了每位公民都可以成为一线记者,这一前景质疑了主流媒体的生存能力,尤其是他们设置新闻议程的能力(参见 Matheson and Allan,2010)。玛丽亚·科米诺斯和瓦西利斯·瓦姆瓦卡斯(Maria Komninos and Vassilis Vamvakas,2011)认为,从根深蒂固的博客和论坛到“激进化”的 Facebook 页面,新媒体“引导着信息的流动”,在更大的“阐释之争”中使得主流媒体,特别是商业电视,“其大部分内容只能降格到跟踪和报道通过互联网产生的信息”(2011:160)。

“Twitter 革命”

在接下来的几个月里,年轻人以组织活动和新闻生产为目的使用社交媒体的其他案例出现了,有时被称为“Facebook 抗议”或是“Twitter 革命”,周期性地吸引了主流媒体的关注。例如,2009 年 4 月,在摩尔多瓦,年轻的抗议者们走上街头,谴责他们认为在选举中出现的舞弊行为。“我们决定在同一天用 Twitter 的社交网站和短信组织一次快闪活动,”组织者之一解释道,“我们预计最多会有几百个朋友、朋友的朋友,还有同事会过来。我们到广场的时候,已有 20,000 人在等候。真是难以置信。”(转引自 Stack,2009)随后发生了暴力冲突,Twitter 上传播着相关照片和视频剪辑,上面有与警察的对抗,也有议会大楼受损的窗户和家具。此后不久,时任总统弗拉基米尔·沃罗宁(Vladimir Voronin)让步,同意重新计票。

同一个月，在伦敦举行的G20峰会上，社交网络战略同样不可或缺。据估计，约有35,000人参与和平示威，其中有少量抗议者，有些与无政府组织相关，意图与警察 135
进行暴力对抗。市民拍摄了静态和动态的影像，其中很多是用手机拍摄的。这些图像记录了几起冲突中令人震惊的细节。其中一起尤为特别，引发了重大争议——一名警察将路人伊恩·汤姆林森(Ian Tomlinson)撞倒在地。汤姆林森是位卖报人，他被警棍击中后倒地身亡(参见Greer and McLaughlin，2010，2011)。一开始伦敦警察厅否认有警员涉入此事，这与六天后《卫报》公布的证据截然相反。证据是一段记录了此次袭击的视频，由一位拜访该市的美国游客交给《卫报》。对记者尼克·戈英(Nik Gowing，2009)来说，“碰巧用电子设备进行见证”的公民旁观者就是一个生动的例子，说明了非专业“信息工作者”如何“推动民主化和问责制的浪潮”，重新定义权力的性质。“他们创造了新的无所不在的透明度，”他表示，“让光透进那些人们公认的黑暗之地。”

同年六月，在伊朗颇有争议的总统选举之后发生了大型的公众示威活动，为了记录正在发生的事情(西方记者被禁止报道抗议活动)，许多年轻的伊朗人扮演了类似于公民记者的角色。记者保罗·梅森(2012)认为：“呈现得淋漓尽致的，是社交媒体在展现未经中介的现实方面的力量。”公民影像通过Twitter、Facebook和短信不断传播，“呈现了社会应对动乱的细枝末节”，对于主流媒体而言，这是无价之宝。他说：“抗议的时刻充斥着这种游击式的新闻收集、媒体夸大其词然后重新抗议的循环。”

(2012：35)在这些影像中,几乎处于标志性地位的是一些手机拍摄的可怕视频——年仅27岁的奈达·阿加-索乌坦在大街上失血过多而死(据报道,一名"巴斯基民兵"开枪击中了她的前胸)。这段由旁观者拍摄并于2009年6月20日上传到YouTube的"业余视频"由世界新闻媒体
136 转播,使奈达成为反对者的象征,激发了伊朗侨民的支持,同时也引起了国际关注(参见Anderson,2012；Ghanavizi, 2011；Hänska-Ahy and Shapour, 2012；Mortensen,2011；另见Khiabany and Sreberny,2009)。"奈达·阿加-索乌坦被杀害了。鲜血流过她的面颊。在德黑兰长达十天的反对现有政权的动乱中,这可怕的一幕也许已经成了决定性的镜头,"《卫报》的罗伯特·泰特和马修·韦弗(Robert Tait and Matthew Weaver,2009)当时表示。"和最近几天从德黑兰发出的大部分视频一样,这一视频的真实性及其发生的具体情境无法被证实,"他们补充道,"但阿加-索乌坦在伊朗内外活跃的网络社群上迅速受到关注。"事实上"她变成了反抗事业的一个烈士神话,号召着一场需要英雄的抗议运动"。《纽约时报》的罗杰·科恩(2009b)看得更为深刻:"奈达·阿加-索乌坦的眼神渐渐空洞,生命缓缓流逝,脸上布满血痕——如果无法消除奈达效应的影响,(艾哈迈迪-内贾德政权)将永远无法再论及正义。"

137 我们在上文中讨论的案例强调了一个观点:虽然有时有违直觉,但网络技术的先进性为政治行动创造了更好的机会。"由于国家权力和资本权力的基础都在切断人民、工人、公民的联系,使他们的共同利益变得更加模

糊，使他们斗争时联合起来的可能性变得更小，”卡斯特(2009)评论道，“任何有助于社会联系的事物都会有助于社会变革。”然而，这些例子也表明，只要这些“自我界定的反抗社群”与暴力对抗有所关联，几乎可以肯定的是，制度化的国家权力及其强大的武装力量就会被激活。

伦敦在燃烧

一次又一次，为达到叙事的目的，新闻媒体危机报道的框架会将特权赋予某个决定性的事件。用于识别这一事件的特征，是意料之外的火花突然点燃了郁结的愤怒、委屈、怀疑或怨恨，使其变为公开的反抗。2011年夏天发生的“伦敦骚乱”就是这样。8月4日傍晚，在伦敦北部的托特纳姆(Tottenham)，警方逼停了马克·杜根(Mark Duggan)乘坐的小型出租车。杜根29岁，是一名黑人男性。按警方的说法，他们怀疑他涉嫌参与推进“处于行动阶段的犯罪行为”，意图逮捕他。在接下来的争执中，有两发子弹被射出，其中一发在杜根的胸部造成了致命伤，而另一发则穿透了一名警察携带的警用无线电。此事最初见诸报端，以《每日电讯报》这样的报道较为典型，其标题是“枪击事件中有人丧生，此事涉及警方”，开头是：

> 昨晚，一名警察携带的警用无线电救了他 138
> 的命。持枪人士马克·杜根向他开火，子弹击中了他的无线电。

> 持枪警察立即开枪还击。警方的监控对象,即 29 岁的马克·杜根,被击毙在伦敦北部的街头。(*Telegraph*,4 August 2011)

在该报道中,支持杜根首先开火这一说法的证据援引自英国投诉警察独立监察委员会(Independent Police Complaints Commission,简称 IPCC)的一位新闻发言人。该委员会被要求对此事进行调查。不久后,《卫报》便通过调查发现,弹道检测表明,两枪都是警方开的。这促使 IPCC 因为不慎误导记者而进行道歉。

事发时,在托特纳姆,很多当地居民认为这是警察在涉及少数族裔群体时过度使用武力的又一个悲惨事例。两天后,杜根的几个亲戚和其他居民一起在托特纳姆警察局进行和平抗议,要求伸张正义。此后不久,聚集的人群超过了 300 人,活动的基调也开始改变。骑警试图驱散人群,却遭到攻击。人们向骑警投掷石块、瓶子和烟花等物品(一些目击者认为是附近住宅区的年轻人干的)。局面变得紧张,两辆警车被点燃,由此引发了一系列的冲突,抗议几乎升级为真正的暴乱。一些媒体报道声称,社交网站使问题变得更为严重。"Twitter 上的麻烦制造者们"散布着煽动性的言论和图片,肯定会引发对暴力的"狂热"[对于后者的情况,《每日邮报》(*Daily Mail*)报道说:"一小时内,一张该地区一辆警车着火的照片在社交网站上被转发了 100 多次。"(参见 Gallagher and Farrell, 2011)]。其他报道很快为这场骚乱贴上了所谓"鹦鹉学舌"的标签。这场"鹦鹉学舌的骚乱"蔓延到了伦敦的更多地区，不久之后，蔓延到了英格兰的其他城镇，包括伯明翰、布里斯托尔、曼彻斯特和利物浦。在接下来的四天里，成千上万的人，主要是年轻人，被卷入到混乱和公众失序的场景中，所过之处，他们肆无忌惮地抢劫、纵火，造 139
成了巨大的破坏。在接下来的新闻报道中，军事术语常常出现，某些城镇“被包围”，其中有些街区被描述为“战区”，因为抗议者“控制了街道”。有些记者自己也使用这种语言，详细描述“来自前线”的暴力冲突，以及不时威胁他们人身安全的种种危险。努力维系的电视直播常被打断，BBC、ITN（独立电视新闻）、Sky News（天空新闻）和CNN等电视网的卫星直播车中的工作人员不得不撤离。据一名记者说：“在佩卡姆（Peckham），CNN的记者丹·里弗斯（Dan Rivers）戴着头盔，套头衫下好像穿着防弹衣，他的摄像师被夹在骚乱者和一条警戒线之间。当酒瓶和其他东西如雨点般落下时，他们急急忙忙撤退了。”（Halliday，2011b）摄影记者同样关心自己的安全。有些抗议者警惕自己在公开发表（或是受警方保护）的照片中被认出身份，在这些人眼中，摄影记者的数码单反相机太过显眼。记者协会（Press Association）的刘易斯·怀尔德（Lewis Whyld）害怕被单独挑出来，只能沮丧地看着另一个摄影师被一个愤怒的团体盯上。他后来回忆道：“我把包放在地上，把相机拿出来。就在我这样做的时候，另一名摄影师被一群人抓住了，有十来个人吧，他们立即打碎了他的相机，把他打倒在地。我迅速离开，躲进人群，将他们留在身后。对离开那位摄影师，我感到非常内疚，但我知道，如果我想争取机会保住我的相机，不被殴打，我就不得不马上离开。”(转引自 Hope,2012)他把专业设备安全地存放在自己的车里,用黑莓手机记录了身边的劫掠杀戮,这也使得他可以不借助笔记本电脑,直接将照片发回新闻编辑部。其中有些照片将适时出现在世界各地的报纸上。

考虑到自己需要融入人群,摄影记者们意识到,选择使用手机会有很大帮助,但他们仍心存疑虑。每个拍照
140 的人,似乎都会遇上某些焦虑的人,急于搞清他们是不是联邦调查局派来的。在布里克斯顿(Brixton),摄影记者菲尔·卡勒(Fil Kaler)离开警戒线保护的区域,混入了一家电子产品商店门外的人群。“我一进去就觉得拍照是不安全的,”他表示,“我把相机放到一边,用手机拍了几张照,发了几条 tweets。然后,不知从哪儿来的一记老拳打在了我的脸上,我的眼镜被打掉了,相机也被偷了。”(转引自 L. O'Carroll,2011)《纽约时报》驻伦敦记者拉维·索马伊亚(Ravi Somaiya)在一次采访中曾说:“暴徒不喜欢被拍,原因显而易见,所以在试图拍摄时,我不得不谨小慎微。”在他看来,这种场景对大众传媒来说太过危险,无法随事件发展进行报道,这主要是由于没有足够多的警察在场。“对我来说,发 tweets 和小心翼翼地用手机拍照已经很困难了,”他补充道,在很多层面,“这就是一个为 Twitter 而生的故事。”(转引自 Kemp and Turner,2011)

显然,《卫报》的保罗·刘易斯(Paul Lewis,2011)对此表示赞同。他解释说,社交网络让他更方便地记录“一个国家与自己交战的感觉”。“第一个用于沟通我们所见

所闻的渠道是 Twitter，”他写道，“通过它，我们得以从现场发回实时报道，但更重要的是，使用 Twitter，其他用户也能提供即时的反馈，指明冲突发生的地点。”保罗·刘易斯和他负责摄像的同事穆斯塔法·哈利利（Mustafa Khalili）在五天的旅程中，报道了不同城市和乡镇发生的骚乱和失序。他在 Twitter 上的订阅者越来越多，他们为他指明方向：“之前报道骚乱时，记者们靠追救护车找到前线，而现在，我们只需追踪社交媒体上的人告诉我们的内容就可以了。”这种与公民的合作关系有助于完善报道，但有时也确实令人担忧，尤其是因为不断转发的 tweets 导致原有的描述已脱离语境，带来持续的风险。刘易斯明确意识到了这个问题。有一次，他有一篇关于“小冲突”的报道，很快变得像病毒一样，被人用于“声称种族冲突即将发生，煽动恐慌情绪”。他认为，这是“一个明示，显示了社交媒体的力量。街头一片混乱，互联网上 *141*
也是，它既是可靠消息的最快来源，也是一种未经验证、传播恐慌的手段”[4]。一些新闻报道用近乎道德恐慌的话语，表达了对所谓“Twitter 暴徒”和“Facebook 恶棍”的恐惧。这些报道亦提出，要加强视频监控，作为对日益失控的社交网络的必要回应。

从流言中分离事实

除转发网络报道外，在街头进行见证的居民们还拍摄了静态照片和视频片段，它们对新闻机构具有重要价值。IJNet.com 的林赛·卡尔特（Lindsay Kalter，2011）

指出，一系列记录着暴行的“令人难忘的影像”在过去24小时里席卷互联网，诸如Flickr、Blottr、Instagram、Citizenside和The-Latest等类似的网站都特别提供了“突发事件中扣人心弦的影像”。其中只有相对较少的一部分影像是参与者自己拍摄的，包括那种有犯罪嫌疑的人站在被洗劫的商店门口手持“战利品”的快照（Holehouse and Millward，2011）。新闻编辑扮演的角色类似于策展人。受影响的社区的社区成员们做出各种各样不同的贡献，其中很多人显然打算尽自己的力量扩大主流报道的范围。而新闻编辑们迅速行动，赋予其新的使命。对照片的说明通常都很谨慎，比如《每日邮报》的说明是“从这张Twitter上的照片上看，（巴克莱银行）似乎被抢劫”，然而同一篇新闻报道说的却是“年轻人袭击了麦当劳，开始自己在里面炸薯条、做汉堡”，其信息源是一条未经证实的tweet（Gallagher and Farrell，2011）。YouTube上目击者们上传的视频很有价值，因为它们提供了原始的、常常是尖锐的证词，然而，经过更仔细的审查，就会发现其中一些是严重失实的。

现场直播式博客同样提供了丰富的有前瞻性的内容。它们由普通公民匆匆写就，有助于补充那些由努力
142 监视事态发展的新闻网站（BBC，*the Guardian*，Sky News等）提供的信息。其中一项成功的创新是新闻专业的学生加兹·科菲尔德（Gaz Corfield）和他的临时特别撰稿小组开设的超本地网站“西伦敦人（the West Londoner）”。这个网站在24小时内的浏览量超过了100万。在描述他们遭遇的挑战时，科菲尔德说：

那些在现场的我们的工作人员多是我们能联系上的、愿意为我们工作的朋友和志愿者。我们绝大部分工作是组织和整理 Twitter(以及 TwitPic、yfrog 和 Facebook)上的消息，不过在事发地有我们的工作人员会有帮助。我们的一位撰稿人，莎拉·亨利(Sarah Henry)周二的时候在哈克尼(Hackney)，正好遇上了那里的暴力冲突，还好毫发无损地脱身了。她告诉我，她旁边的 BBC 记者被一个瓶子击中了。

在他看来，他们的报道在网上脱颖而出，是因为他们的报道基于事实，他们的上传争分夺秒。

速度、准确性、对从事发地传回的信息进行整合，仔细分辨流言和事实。所以我们有足够的信心揭穿虚假的流言，迅速获得读者的信任。我们不忌讳对我们的报道进行分类——如果我们只有关于某件事的粗略信息，我们会告诉读者"这份报道还未经证实"，然后我们尽快工作，要么证实它，要么否认它。

我们也有意识地不为我们的报道对象贴上标签，尽管我们的信息源也涉及义务警员、少数族裔群体和政治团体。考虑到事态已变得严峻，我认为，发布我们无法直接验证的敏感信息是不负责任的，所以我们仅止步于报道人群的

> 动向。我认为,我们的读者很欣赏这一点。我们的报道看上去是纯粹的事实,不掺杂任何猜测,所以比其他信源更有价值。我拒绝报道关于预设目标的流言,我想这让很多人觉得安心。(Corfield,转引自 McAthy,2011)

显然,与在网上广泛传播的各种形式的"二手信息"、
143 近乎即时的"扶手椅上的"分析相比,流动的、能迅速处理信息的现场报道与我们熟悉的公正报道架构相结合,获得的评价更高。人们常常认为,变化无常、未经验证的断言可信度更高,仅仅是因为它们被重复的次数更多(也因此有可能变成自我实现的预言)。当公民见证者们一丝不苟地从当地居民的个人知识和经验中获取信息、质疑这种断言时,它们就烟消云散了。

"民主工具"

随着暴力活动渐渐停止,媒体评论开始反复强调对公民动乱背后原因的不同看法。一位博客作者雷尼·艾度-劳奇(Reni Eddo-Lodge,2011)表示:"电视上还在播放着烧毁的建筑物和汽车的画面,与此同时,托特纳姆的新公民记者们已去往传统媒体无法到达的角落,捕捉到了破坏的全貌。"不过,作为一个在那里成长的写作者,她也表达了她的悲伤,因为需要一场骚乱才能凸显出那些让这一伦敦最贫穷的区域日益凋零的复杂问题。

公共秩序的重建往往被局限在社会控制的尺度上。

时任首相大卫·卡梅伦宣布了“反击”策略，允许警方采用更严厉的工作方式。这一点在新闻报道中广受赞誉，因为它终于平息了这场“在一代人中爆发的最大的城市暴乱”。最后，5 人死于暴乱，至少 16 人受伤。超过 3,000 人被捕，其中约三分之一被正式起诉，大多数罪行涉及盗窃或造成车辆、房屋和商店的财产损失（据英国保险协会估计，保险公司将为此花费超过 2 亿欧元）。然而，人们需要一段时间才会发现，那些公开指责街头帮派引发暴乱的耸人听闻的新闻标题并不准确。有太多新闻媒体选择将这些事件视为无政府状态的证据，或者用卡梅伦的话来说，这是完全由“纯粹而简单的犯罪”驱动的“无脑的自私自利”导致的大肆破坏。据尼娜·鲍尔（Nina Power，2011）那个时候表示：“燃烧的建筑物、着火的汽车、被洗劫一空的商店，关于这些景象的照片为躁动不安的媒体提供了大量报道素材。这些媒体急切地寻找新的 144 故事和新的群体，作为他们妖魔化的对象。但是，如果我们忽略了这些事件发生的历史和语境，我们就没有办法理解这些事件。”

渐渐地，信息量更大的报道开始出现，随之而来的还有对渗透在年轻人生活方方面面的潜在的结构性区隔和等级制度的深度考察，并对其进行一些哪怕是有限的处理。对这些报道的批评呈现出尖锐的两极分化，这通常与人们对暴乱的不同观点保持一致，一些人认为暴乱应受到严厉谴责，另一些人则认为，考虑到更广泛的社会因素，暴乱是可以理解的，甚至是合理的。然而，几乎不会有人质疑，官方关于“财政紧缩措施”“预算效率”“紧缩开支”的必要性的说法，不会太顾及那些生活在市中心街头上的贫困人群。他们面临着严酷的现实：经济困难、失业、几乎没机会改善生活。他们中的很多人受到诋毁，被认为是时任司法部部长的肯·克拉克(Ken Clarke，2011)所描述的“野蛮的下层阶级”的一员。对他们来说，暴乱是根深蒂固的民众异见的尖锐的政治表达。新闻媒体对其困境的漠不关心使问题更加复杂。

贫穷，以及与之相关的各种形式的结构性不平等很少被认为具有新闻价值，值得持续关注。在骚乱期间，以及骚乱的直接后果呈现之时，大多数新闻媒体显然仍不愿将关于社会排斥的政治作为严肃新闻加以深入挖掘和报道。然而，即便如此，“道德败坏”“社会解体”以及类似的话语仍是新闻评论的特色，有时甚至延伸到掌握权力的群体。他们不时发现自己受到公开指责，因为他们以各种方式维护阶层特权，不利于更广泛的民主社会的利益。《每日电讯报》首席政治评论员彼得·奥博恩(Peter Oborne，2011)指出：“我们在电视屏幕上看到，贪婪和有罪不罚的文化延伸到了公司的董事会和内阁，也包括警方和大部分媒体。在道德层面需要重塑的不仅是颓丧的年轻人，更是英国本身。”

145 然而，主要的新闻媒体并未深入探讨这些问题，而是更倾向于关注其他议题。完全可以预见的是，社交网络的网站(特别是 Twitter 和 Facebook)，以及移动手机制造商将会面临尖锐的批评，因为它们“策划犯罪”“扩散传染”，导致了破坏场景的出现。“如果得知这些恐怖行为是如何通过社交媒体组织起来的，每个看到这些行为的

人都会深感震惊，”首相卡梅伦说道，“所以当人们将社交媒体用于暴力时，我们就需要阻止他们。”（转引自Pfanner，2011）黑莓公司承诺与警方合作，因为有证据表明，它的加密信使服务被那些参与组织协调集会、鼓励恶意破坏和抢劫的群体广泛使用。有些评论员大声疾呼，要求对数字媒体进行严格审查以遏制未来的骚乱，而另一些评论员则认为，这些设备非常受欢迎，证明了年轻人的“疏离”，这源于他们“在道德层面脱离”了更广泛的社会规范、价值观和信仰。

一些更具思想深度的评论强调了在社交媒体使用行为方面显而易见的双重标准——对那些组织起来要推翻阿拉伯腐朽政权的群体而言，它们被比作“民主的工具”；而另一方面，英国公民使用了类似的策略，表达的却是他们对英国社会特有的不平等的痛苦沮丧。与此同时，随着争论的白热化，社交媒体不得不提供服务，帮助动员公众，回应骚乱。事实证明，Twitter 使用的 # riotcleanup 和 # riotwombles 的标签，以及 Facebook 的“后骚乱清理”页面有助于召集志愿者，开始缓慢重建被毁坏的社区。

占领纽约

随着全球经济危机的加剧，掌握特权的精英和绝大部分公民之间越来越大的收入差距饱受公众批判，且愈演愈烈，同时，对很多社会上最弱势的公民而言，国家经 146
济紧缩的种种措施也使得他们的处境愈发艰难。社会对立本身的问题极少成为媒体关注的议题,在很大程度上一直被熟视无睹。

在伦敦骚乱后的一个月,大西洋另一边正酝酿着一次抗议行动。通过引入非同寻常的策略和手段,这次行动开始获得新闻媒体的报道。2011 年 9 月 17 日,在纽约华尔街金融区的祖科蒂公园(Zuccotti Park),由加拿大激进组织"广告克星"发起的干预行动"占领华尔街"开始了。他们的口号"我们是 99%"成为运动的象征。据估计,大约有 1,000 人聚集起来,逐渐合并成一个组织松散的示威游行。他们想在不久后被重命名为"自由广场"的公园里搭帐篷,被纽约警察局极力阻止。刚开始,新闻媒体报道这次抗议的速度很慢(示威本来就是这座城市日常生活的特色之一)。到第一周结束时,他们开始密切监视事态的发展。[5]第八天,当抗议者们上街游行时,他们迅速加大了报道力度。

纽约警察局介入并逮捕了 80 余人,大部分是因为堵塞交通,对扰乱治安的指控较少。一些参与者喊着"摄像机、摄像机",而另一些人则在齐唱"整个世界都在看!整个世界都在看!"这场运动的高潮转化成了公开表达异见的媒介景观。很多示威者都很懂影像表达。他们携带着相机和手机,在某些情况下甚至携带音频设备、笔记本电脑和网络摄像头,以便上传和转播现场视频。他们自己意识得到,他们的"草根媒体"要适用于视觉政治的表达,与将他们的事业合法化的目标保持一致。他们关注这个问题的重要性。他们本以为对警察的行动进行见证是他们的民主权利,但他们很快发现,这一点受到了挑战。那一天有若干起突发事件，其中，一位高级警官冲一群已是“瓮中之鳖”（被包围和拘捕）的年轻女性游行者使用胡椒喷雾，这一事件尤其引发争议。公民拍摄的视频片段记录了这次无缘无故的攻击。四位女性中的两位因此痛苦哀鸣。用《纽约时报》克莱德·哈伯曼（Clyde Haberman， 147
2011）的话来说，“这是新兴的反华尔街运动掌握的一段关键视频”，这名警官“目光短浅”，变成了“改变游戏的人”。

在事件刚结束的时候，警方可能忽视了有媒体认证的记者和公民新闻报道者之间的区别。一位职业记者，MetroFocus① 的网络记者约翰·法利（John Farley，2011）试图采访涉事女性，却震惊地发现自己被铐了起来。差不多有 35 人和他一起被拘捕，其中大部分是抗议者，也有一小部分是路人，因“拍照留念”被捕。其中有一位叫山姆·奎里（Sam Queary），他被法利描述为“不经意的、不由自主的公民新闻记者”。那一天，法利正在联合广场附近的咖啡厅工作，奎里告诉他：“我听到外面一阵喧哗，就走出门外，发现是警察在殴打妇女，到处抓人，还用警棍打人，于是我开始拍照。”不久后，他说：“我跟着一个年轻的黑人男性，他正在被五个警察盘问。我想要拍张照，但我被推开了。我问为什么把我推开，而你知道的下一件事情就是我被人用柔道掀翻在地。”（转引自 Farley，2011）纽约警方后来否认他们故意针对拿相机的人，但很多在现场进行公民见证的人强烈地感受到，警方过度使用武力的行为侵犯了他们的公民权利。[6]

---

①　纽约一家本地多平台新闻杂志。——译者注

那个时候,塔尼亚·奥卡罗尔(Tanya O'Carroll,2011)是"占领媒体"的一名成员。回忆起那天作为一个积极报道者的经历时,她说:

> 我看到他们(纽约警方)打倒了一个正在进行现场直播的人,砸碎了他的电脑。我跳到其中一名警察的腿边,想拍下这一幕,因为他们是真的把他的头、他的摄像机和他的电脑都按在了地上。过了一会儿,我看到几个穿白衬衣的人在指责他,于是我走到前面,想着他们会停止指控,但他们把我也打翻在地。直到那一刻,他们都像对待一个记者那样对我,因为我用带肩扛式稳定器的相机拍照。那一刻,我意识到自己已步入前线。公民与媒体之间并无界限。(T. O'Carroll,2011)

148 在接下来的几天里,借用奥卡罗尔的提法,"公民记录者的大军"在网上收集和发布了更多信息,进一步激化了迅速发酵的占领运动,使得《经济学人》(2011)表示:"现在正在美国发生的一切,可能是世界上第一次真正的社交媒体暴动。"到第一个月结束时,美国其他地区正在组织抗议游行和集会,世界其他地区也紧随其后,团结一致进行斗争,要求采取行动遏制公司对政府的不当影响,解决在社会层面和经济层面的不平等问题。"如果不是因为有 Facebook、Twitter、YouTube 和电子邮件,这些事在华尔街上就被压住了,""占领圣荷西"的尤金·"罗

伊”·谢里尔(Eugene ‘Roy’ Sherrill)告诉《水星报》(*Mercury News*),“如果没有开放的公共媒体,这一运动就不可能走向全国,走向全球。它并不会被大型媒体公司拖慢脚步。”(转引自 Boudreau,2011)

公民文化

事后看来,很明显,“大型媒体公司”是一个比有些运动积极分子预想的更为强大的对手。然而,在试图探讨公民见证的含义时,毫无疑问,我们需要重新审视与公民相关的各种人们耳熟能详的假设。

在这个问题上,我认为,彼得·达尔格伦(Peter Dahlgren,2009)对“公民文化”的重新表述很有帮助,因为这种表述采用的方式是关注塑造公民组织的条件,将其视为年轻人身份认同形成的动态过程。“公民文化,”他写道,“指的是一种文化样式,公民身份和公民组织的基础都深植其中。”(2009:103)在一定程度上,他们营造了一种难以抗拒的“我们感(we-ness)”,所以,在现实的日常生活中,他们理所应当地“在公民的层面行动”,这必然要求考察“社会文化的特征,这些特征是人们真正进入公共空间和政治社会的前提条件”(2009:104-105)。虽然各种因素会对公民文化产生影响,不过,达尔格伦认 149
为,“家庭和学校奠定了某种基础”,他继而指出了“群体环境、权力的社会关系、经济、法律制度和组织中的可能性”等因素的影响。

在这个问题上,值得一提的是“持续进化的媒介矩阵

(ever-evolving media matrix)”。它使得新型的公民实践成为可能，与此同时，对掌握新技能以维系公民权利也提出了新的要求。特别是交互式媒介为公民身份提供了重要资源，尤其是在生活经验的层面，“可能性与可实现性的辩证相互作用”建构了新的使用情境。达尔格伦认为：“互动、重构、重新组合、对现有文本进行增补等都变得很容易，这就推进了对这些技术的参与式使用，且永远改变了传统的前提，即大量受众单向接收表面上权威的、中心化的信息。”(2009：154)然而，他也提醒我们，意图现在说明正在进行中的社会变革会如何纳入公民文化中为时尚早。在呼吁要“实事求是地把握”其中复杂性的同时，他承认，数字技术在短期内几乎不可能提供“快速修复”或“通往民主的捷径”。

正如新闻和信息的可用性并不能保证全体公民都充分知情，同样明显的还有，不能假设年轻人加入社交网络的行为和他们进行公民参与的能力之间存在对应关系。其中一个并不能预示另一个，但这并不是否认熟悉“Web 2.0”相关技术的用途的人能够以更为个性化、更有感情的方式投身到他们认为与他们关注的问题相关的议题中(参见 Allan and Thorsen，2009；Atton，2010；Moeller，2009b)。总而言之，本章论证过程中强调的政治干预的类型，可被视为对新兴的、不平衡的、常常充满争议的数字公民精神的广义表述。然而，要注意的是，这并不是说，涉入其中的人，其关于特定角色、责任和义务的自我认同与传统的(即约定俗成的)关于民主责任的理想保持
150 一致。公民权利的话语可能会与年轻人以行动表述的身

份认同发生共鸣，也可能不会，更不用说他们在一个共享社区中的归属感了。相反，他们的行动更有可能被焦虑的评论员们用这些术语定义。在“虚拟”的可选项面前，这些评论员急于重申政治动员和抗议的“真实”原则。结论是，我认为，我们必须重新思考公民权利，对其在新媒介环境中、在特定的社会条件下发生的多重语义变化保持警惕。在这样的环境中，上述二分法早就不再表明自己在概念层面的追求了。

近来，关于如何看待网络社会中不断变化的公民见证势在必行的问题，用卡斯特耐人寻味的话来说，就是能够从重新审视早期技术迅速发展时引入不受欢迎的媒体内容而招致批评的案例中获益良多。沃尔特·李普曼关于依靠“未经训练的意外见证人”以防民主陷于暴民统治的警告言犹在耳，回荡在对年轻人媒介活动的保留意见中，哪怕这些意见在讨论其有害影响时已小心翼翼地避免了明显的精英主义的说法。例如，新闻报道对年轻人的 Twitter 或 Facebook 使用行为常常抱有蔑视的态度，使用一种“网络怀疑主义（cyber-scepticism）”的形式，指责他们与现实隔绝——事实上，这一代“懈怠主义者”连面对面的交流都懒得进行，更不用说以一种积极参与的态度获取关于政治议题的信息了（参见 Gerodimos and Ward，2007；Morozov，2011；Turkle，2011）。关于情感错位、超然事外、缺乏真实的相关评论就算置于杜威（1927）很多年前出版的《公众及其问题》中也不会格格不入（对他们来说，“不稳定、分裂和不安”正是“当下这个时代”的特征）。容易被忽视的是社交网络在多大程度上与年轻人的日常生活紧密地交织在一起，以及连接性受到高度重视的原因。达尔格伦(2009)“公民文化”的概念提醒我们，作为一个公民，“践行民主”有很多种方式——用他的话来说，公民身份“不是静态的，而是多变的、有多重意义的”(2009：119)。对我而言，对公民见证行为的审视
151 似乎忽略了这些活生生的偶发事件，任其自生自灭。

在本章的探索过程中，我们研究了大量从各种另类选择中挑选出来的案例。关于这些抗议活动的大量新闻报道都强调，在通常是极端艰苦的环境中，年轻人如何打着社会正义的旗号，学习利用社交网络工具的种种功能。然而，由此引发的亟待解决的关于公民组织性质的问题依然存在。我认为，若要努力重新思考其起源，就需要更好地理解年轻人的个人经历如何塑造了他们与共同体建立联系的方式。这超越了“公民权利”的狭窄定义。正是在更为传统的定义的鸿沟、沉默和裂隙中，设想公民参与的另类网络的基础开始出现，牢牢扎根于日常政治之中。在我看来，此处重要的是，我们需要认识如何鼓励年轻人拥抱他们的公民自我(civic selves)，即承认自己是潜在的参与者，能够以反向自身的方式，有意义、有目的地投身于民主文化之中。所以，在这个问题上，当我们就如何更好地提高公民新闻的质量展开更为广泛的辩论时，我们必须尽一切努力确保年轻人的观点、经验和意见为随之而来的对话提供信息。在这场对话中，我们将讨论在数码时代成为一个公民意味着什么。

第六章

维基解密：作为记者的公民，作为公民的记者

“每次，当我们目睹我们认为非正义的行为却无所作为时，我们就加入了非正义的一方，”维基解密的创始人朱利安·阿桑奇在一篇描述网站理念的论文中如是说。接下来，他写道： 152

> 那些在非正义面前一直持消极态度的人很快会发现，他们的个性变成了奴性。大多数对非正义状况的见证行为都与糟糕的社会治理有关，因为好的社会治理很少对非正义的状况视而不见。随着人民的特质渐渐消散，那些报道了却得不到回应的非正义状况的影响会远远超过最初看上去的样子。现代传播借由其规模、同质性和过量投放，向它的人民展现了前所未有的海量被目击的非正义状况，但是这些状况看上去无法获得回应。(Assange，2006)

这一关于见证的概念揭示了关于公民见证还有更深层次的维度，即将吹哨人的角色视为公民参与的先进形式。维基解密是一个致力于将“重要

的新闻和信息带给公众”的网站，于是读者“能够看到关于真相的证据”。它依靠普通公民转发自己掌握的原始资料；这些公民认为，这些资料属于公共领域。个人的解释、描述和意见是不够的。在这样的语境中，见证意味着阅读、收集和分享私人的、有可能分门别类的物件（文件、静态图像、视频片段等类似物品），从而增进公共利益。

153 新闻史提醒我们注意言论自由和报刊权利的问题。这有助于厘清关于公共利益那些自相矛盾的定义，特别是在一个普通的个体为了揭露腐败、罪恶或非公正的状况承担起自己的责任，将信息传递给记者的时候。在任何现代民主社会中，著名案件的清单都有可能是很冗长的，其中一成不变的是组织内部享有特权的涉事人目睹了一些令人震惊的事情。好莱坞电影围绕着吹哨行为促成了某种神话。《总统班底》（*All the President's Men*，1976）对“水门事件”中秘密线人“深喉”的描述是一个特别著名的案例。其他类似的案例还包括《中国综合征》（*The China Syndrome*，1979）《诺玛·蕾》（*Norma Rae*，1979）《丝克伍事件》（*Silkwood*，1983）《惊爆内幕》（*The Insider*，1999）《不朽的园丁》（*The Constant Gardener*，2005）《告密者》（*The Informant!*，2009）《惊天告密》（*The Whistleblower*，2010）等。现实生活中，吹哨人几乎总是努力保持匿名，特别是出于保证人身安全的考量。因此，他们需要依靠记者坚持“保护其信息来源”的原则来保护自己免遭报复。如果在最好的情况下，协调记者与信源之间的动态关系都很有挑战性，那么，记者和吹哨人之间的协商会更让人忧虑。

早在互联网上出现公民新闻之前，进行吹哨的公民见证人就能够以一种相对直接的方式保证其地位与记者势均力敌。他们的关系是共生的，双方都因对方的参与而受益。这种关系亦是等级森严的，因为要不要跟进这则新闻取决于记者所在的新闻机构（拥有进行法律咨询的优势）。换言之，吹哨人依靠记者来将他们所见的一切（通常被某份文件中的描述所证实）译为一个与公众利益相关的新闻故事，其正当性完全取决于它是否经得起公共利益的检验。然而，在数码时代，这种互惠的标准做法已被重构，吹哨人越来越有可能完全越过记者。 154

吹哨的新形式在各种各样的平台上蓬勃发展，为这一维度的公民见证及其对公民权利和新闻业的影响引入了一系列的问题。如本章标题所示，我们试图将这两个类别置于概念的张力中。从下一部分开始，我们将考察维基解密。它的前成员之一将它称为“世界上最危险的网站”（Domscheit-Berg，2011）。我们还将研究这一网站引发的争议，即数码时代公民是不是像记者一样，拥有进行见证的权利。在研究这一网站通过报道进行的干预行动时，我们特别关注它在 2010 年发布的阿富汗战争日志。这一网站在从公共利益出发重塑新闻业方面有一定潜力，我们将讨论对此的不同看法。我们将展现维基解密对“科学的”新闻的另类概念，让读者能够接触到吹哨人看到的原始资料，从而自行决定其相对意义，挑战既有的“专业主义”的理念，揭露出这些理念已被撕裂，充满意识形态的裂隙和偶然性，严重削弱了不偏不倚的记者对权威说真话的能力。

重写规则

维基解密会避开那些直截了当的定义。虽然评论员们倾向于将其描述为一个单一的组织,但仔细检查就会发现,这个网站的供给是由多样化的聚合式网络支撑的,而这一网络有赖于数十台分布在全球各地的服务器。2006 年,阳光出版社(The Sunshine Press)上线了维基解密的网站(WikiLeaks.org 已在两个月前注册)。自那以后,这一网站的运作原理和战略目标发生了一系列的变化。仔细阅读这些年来它的"关于"页面和"常见问题"页面的内容有助于记录其逐渐演化的过程,常常揭示出在不断变化的环境中,其自我定义发生的微妙转变。反复出现的一个观点是,这一网站承认,它名称中有"维基(Wiki)"二字,是因为网站最初打算采用和维基百科类似的操作模式。维基百科是一部在线免费百科全书,创立
155 于 2001 年。然而,维基解密的组织者们很快就放弃了这一模式,即设想让网站使用者们能够编辑和评论已发布数据的模式。他们转而采用一种更安全、更具限制性的方法,依靠志愿者来选择和研究用户提交的资料。

2007 年 1 月,翠西·萨曼莎·施密特(Tracy Samantha Schmidt,2007)在《时代周刊》上发表了题为《吹哨人的维基》("A Wiki for Whistle-blowers")的文章。这是主流媒体雷达上最早出现的信号之一。维基解密的组织者们(来自美国、中国台湾、欧洲、澳大利亚和南非的数学家、创业公司的技术人员)被描述为正在进行一

场“无畏的新型吹哨行为集体实验”。他们因为将一个能够“保护泄密者”身份并同时揭露世界各国政府和公司腐败行为的系统(至少“在理论上”)付诸实践而受到认可。预计这一网站会在3月正式启动,届时将有超过100万份泄露出来的文件被发布到网上。《时代周刊》对其成为检视机密文件的全球论坛的潜在可能性充满兴趣,尽管“围绕它也有怀疑的声音”(即认为它是“中情局或其他情报机构的幌子”的“阴谋论”)。虽然施密特承认不可能确定“维基解密背后有什么阴暗的组织”,但通过讨论这个网站相对的优点,她坚持认为:

> 见多识广的互联网用户们当然知道,决不能信任公共维基的真实性。原因很简单,因为任何人都可以在上面发布或编辑内容。相反,用户们会把阅读这些内容作为研究过程的第一步。如果基于一种健康适度的怀疑主义来使用维基解密,那它就可能成为一种与《信息自由法》(The Freedom of Information Act)同样重要的新闻工具。(Schmidt,2007)

她几乎不知道,维基解密“可能成为一种与《信息自由法》同样重要的新闻工具”这一有条件的建议,会被迅速地放在网站的主页上供宣传之用,此后,它就一直被放在那儿了。然而,维基解密决定使用这一引文,除了表面上表明自己获得了一个主流新闻机构的背书外,也可被视为表达了一种愿望,希望从一开始就用新闻专业用语 *156*

来描述自己的影响范围。

整个2007年,关于维基解密的运作原理究竟是基于什么样的新闻属性这一问题的张力越来越大。对于大多数新闻机构来说,与其说这是如何更好地描述网站在提供敏感信息方面扮演的角色问题,不如说关键在于是否承认这个问题的存在。[1]在接下来的几个月里,新闻关注的议题很少指向维基解密,不过,基于其公开发布的文件产生了一定数量的新闻,这稳步提升了它在吹哨的黑客、活动家、运动倡导者以及调查记者中的声望。这个网站发布的信息有助于生产并坚持一些新闻报道,包括古巴关塔那摩湾拘留中心囚犯待遇的报道;对一家瑞士背景的银行腐败行为的指控;关于山达基教会(The Church of Scientogogy)内部组织的秘密信息;共和党副总统候选人萨拉·佩林(Sarah Palin)利用私人电子邮件回避公共记录的相关法律;极右政党英国国家党(The British National Party)党员的详细情况等。

然而,如果主流媒体对维基解密视而不见,它在互联网圈内日益增长的声望就会在博客圈内招致越来越多两极分化的争议。支持者对其扮演"第四权力"的角色充满兴趣,认为这个网站是在争取"更开放更透明的社会"的斗争中"反对暴政"的重要力量。与他们形成鲜明对比的批评者们则抨击了这一网站。他们认为,它出于自身目的不计后果地违反保密规定,并对其有可能危害国家安全提出了严重警告。与此同时,几家新闻机构虽然并不乐意,也开始承认维基解密是个"新闻工具"(《纽约时报》最初的定义),可被用于挖掘松散的、有可能被掩盖的新

闻故事。而这一网站的地位又因为公众以各种形式对其
行动表示认可而得以强化，比如《经济学人》2008 年授予
其新媒体奖，查禁目录（Index on Censorship）[①]对它表示
赞许，因为它对"吹哨人和调查记者来说是宝贵的资源"。
2009 年 6 月，维基解密获得了第二个新媒体奖项，这次是
由国际特赦组织授予，因为它揭露了肯尼亚的"法外杀戮和 157
失踪事件"。"这些材料很重要，"维基解密的联合创始人朱
利安·阿桑奇在当时的一次采访中对 Journalism.co.uk 表
示，"要获得西方媒体对它的关注是很困难的。我们把它放
在网站首页上挂了一星期。大多数记者并不在乎。就连（维
基解密的）普通读者也都不在乎。"（转引自 Townend，2009）

整个 2009 年，用维基解密转换过的话来说，更多"来自审查制度的攻击"持续出现。相关丑闻包括一家跨国石油贸易公司试图向一些新闻机构——尤其是《卫报》——发布封口令，这些新闻机构努力推进的新闻报道与在非洲科特迪瓦倾倒有毒废弃物相关；"气候门"，维基解密把来自东英吉利大学气候研究部门的 1，000 多封电子邮件和 2，000 份文件发布到网上，其中一些数据表明，与气候变化的科学假设不一致的统计信息似乎被压住了；以及 2001 年 9 月 11 日恐袭发生后立刻发出的 50 万余条寻呼机信息。鉴于上述事件和一些相关举措，2010 年年初，迅速变得明显的是维基解密能够确保只要记者们急于通过泄露的信息先于自己的竞争对手做出爆炸性新闻，他们就会定期访问该网站。

① 英国伦敦的一个出版组织，倡导自由表达。——译者注

2010年4月初，维基解密发布了一段记录美国在伊拉克军事行动的视频，让自己变成了新闻头条。它终于越过了那道门槛。2007年7月12日，一架阿帕奇武装直升机在巴格达附近上空盘旋。这架飞机拍摄了一段39分钟长的黑白机密视频，展现了一群人遭到了屠杀，其中包括两名路透社的雇员。对很多观看这段视频的人来说，屠杀的方式既滑稽又放肆。几分钟后，视频呈现了第二次空袭。这次的目标是一辆抵达现场的面包车。这次空袭造成平民司机死亡，车上的两名儿童乘客受伤。这则题为“附带性谋杀”的视频吸引了全球各种媒体的关注(17分钟的版本通过YouTube实现了病毒式传播)，引发了一场尖酸刻薄的讨论——尤其是在博客圈——讨论维基解密决定在自己的网站上发布这段视频的伦理问题。
158 来自整个政治领域的各种声音都加入了这场论战。有些人认为这是战争罪，并对此表达了极大的愤慨。他们认为这违反了《日内瓦公约》中对伤亡者应予以人道主义对待的规定。另一些人则对维基解密选择的标题中“谋杀”的性质进行辩论，质疑与美军“交战规则”相关的法律层面的复杂问题。还有一些人将此归咎于“战争的迷雾”，坚持认为这一事件只不过是一个令人遗憾的例子，说明在激烈的战斗中会发生什么。

随着争议的展开，维基解密首次成为媒体高度关注的对象。通过观察这段视频如何为一个“一度边缘化的网站”引来关注，《纽约时报》指出，这一“敏感文件交换所”正在“向调查新闻的一种形式靠拢，并对其进行倡导”，而这种方式必然使其变为当权者的眼中钉肉中刺。

“按理说,这是间谍机构做的事——高科技调查新闻,”阿桑奇在接受该报采访时说的话被这样引述,“时候已到,媒体该沿着这些路径升级他们的报道能力了。”(转引自 Cohen and Stelter,2010)维基解密本身似乎采用了更强的功能来推进自己的声明,试图超越信息源的角色,通过自身进化在新闻业中获得一席之地。其中最先采取的、也最引人注目的步骤就是解密,然后证实了那段阿帕奇直升机视频的真实性。为了做到这一点,冰岛记者克里斯汀·哈弗森(Kristinn Hrafnsson)和摄影师英吉·拉格纳·因加森(Ingi Ragnar Ingason)去往巴格达,找到那两位在袭击中受伤的儿童(该采访后来在冰岛的电视台播出),而阿桑奇自己则在冰岛的一个“掩体”内工作,努力为他们提供有帮助的背景信息和分析。《外交政策》(*Foreign Policy*)的乔纳森·斯特雷(Jonathan Stray,2010)表示:“本周值得注意的是一个为新媒体组织举办的国际迎新聚会,彻底颠覆了传播媒体的神圣性。”他将维基解密描述为“一个精通互联网的调查新闻组织”,并提出,维基解密代表的正是因卡尔·伯恩斯坦(Carl Bernstein)和鲍勃·伍德沃德(Bob Woodward)报道“水门事件”而闻名的“问责型新闻(accountability journalism)”。斯特雷评论道,这个网站获得的赞誉不多,由于其有争议的策略,至少公众对其认同度不高,“但我交流过的记者,没有一个会在私下里说维基解密的坏话。每个记者都清楚,维基解密就是很多问题的切入 159
点。如果连他们都不能推动一个危险的报道,那就没有人可以了”。

揭露人性的后果

记者们私底下通常把这一使命表达为“发表，然后去死”。2010 年 7 月，维基解密发布了 91,000 页美国的军事文件后，对此的试探几乎到了临界点。这份汇编很快被媒体称为“阿富汗战争日志”，主要内容包括士兵和情报官员撰写的机密备忘录和报告，描述了 2004 年 1 月至 2009 年 12 月间那些致命的军事行动。网站压下了原始档案中约 15,000 份资料，要进行进一步的审查，他们对此的解释是：“应我们信息源的要求，将其作为伤害最小化过程的一个环节。”

与以往采取的各种形式完全不同的是，主要新闻机构——《卫报》《纽约时报》和《明镜周刊》(*Der Spiegel*，德文和英文的网络版)——已通过事先谈判达成合作。每家媒体都有机会提前几周审查这些资料，但必须同意在 7 月 25 日之前不自行发表新闻报道。三家媒体都很确定，由于这些资料涉及的公众利益十分重要，所以达成禁制令也算是值得付出的代价。[2]《卫报》将这一“美国秘密军事档案的巨型藏物处”描述为提供了“阿富汗战争失败的毁灭性写照，揭露了联军如何在未报告的事件中杀死数百名平民、塔利班的袭击剧增，以及北约指挥官担心邻国巴基斯坦和伊朗正在助长叛乱等事件”(Davies and Leigh，2010)。《纽约时报》则认为，这些文件呈现了“阿富汗战争未经修饰的、一线的图景，在很多方面要比官方呈现的图景残酷得多”(Chivers et al.，2010)。《明镜周

刊》则坚持认为："在此之前，我们根本不可能以如此详细的方式将战场上的现实与美军宣传机器正在宣传的一切 160
进行比较。"(Gebauer et al.，2010)

这些日志最重要的特征是有能力记录战区士兵实地报告的鲜活经历。用阿桑奇的话来说，"强大的新闻团队"的成员中每个人出于对相对新闻价值的不同判断，为材料各个方面判定的优先级并不相同。而维基解密是不是这个团队的一部分，或只是作为材料的提供者为他人提供资料，这一点被证明是有争议的。《卫报》记者尼克·戴维斯(Nick Davies，2010)用个人账号发表了题为《情报史上最大的泄密事件背后的故事》的文章，其中透露了若干细节，说明了这个相当于"世界上最强大的国家在战争中的秘密记录"的"巨大的数据宝库"，是如何通过维基解密和三家新闻媒体"独一无二的合作"得以曝光的。这份资料最原始的信息源是一位被称为"Bradass87"的公民见证者，他主动给加州一位叫艾德里安·拉莫(Adrian Lamo)的电脑黑客发送了一系列即时消息，其中有一条这样问道："嗨……你好吗？我是一名陆军情报分析员，被部署在巴格达东部。如果你对加密网络有着超高的权限，每天 14 小时，每周 7 天，超过 8 个月，你会怎么做?"在接下来的日子里，"Bradass87"解释说他认识的某人[很可能就是"Bradass87"自己，后来据称是一位 22 岁的情报分析员，名叫布拉德利·曼宁(Bradley Manning)]一直在下载、压缩和加密这些数据，把它们刻在空白的 CD 光盘上，贴上 Lady Gaga 的音乐标签，直到最后将数据上传到阿桑奇的维基解密上。据说他说过："我想让人们看到真相，看到它开放的外交手段……它在‘气候门’中的全球视野和令人窒息的深度……它的美丽和可怕……它是公共数据，它属于公共领域。”显然，在他们交换信息的两天时间里，拉莫联系了美国军方。军方从其刑事侦查部门派出官员，与拉莫在一家星巴克会面。戴维斯坚称，拉莫为他们提供了与“Bradass87”网聊内容的打印件，这导致了第二天曼宁在他工作的行动基地被捕，这个基地在巴格达城外25英里处。曼宁被捕后，拉莫告诉
161 Wired.com：“要不是他人的生命安全受到了威胁，我不会这么做。他当时身处战区，却想方设法地获取一切他能获得的机密信息，然后就这么把这些信息抛向空中。”（转引自 Poulsen and Zetter，2010）

阿桑奇担心自己被逮捕，转入地下。《卫报》通过一系列中间人，在布鲁塞尔的一家咖啡馆与他取得了联系。在那里，一个计划开始成形。他们计划组建一个成员均为专家记者的小型团队，对日志进行筛选和解码，以便发表重要的见解。他们决定与《纽约时报》和《明镜周刊》共享数据库，作为降低风险的一种策略，避免当局发布封口令，特别是确保在三个不同的司法管辖领域公开发表数据。戴维斯（2010）指出：“这样的安排使得阿桑奇无法影响我们的新闻报道写作，但他能够对发布时间发表意见。”同时，维基解密自己也准备同时发布大量原始资料（为保护线人信息源，他们压住了一部分资料），这有助于人们将日志本身和后续新闻报道中的说法进行对比和比较。这一策略能对报纸做的选择和阐释进行有效检查，也呈现了这组关系中的紧张状态。毫不奇怪的是，这些

紧张关系很快就暴露在了公众面前。

"士兵们看到的和感受到的这场战争是什么样的"

《纽约时报》的执行编辑比尔·凯勒（Bill Keller）在一个叫"对话新闻编辑部"的问答论坛上向读者解释说，他们的报纸"对维基解密毫无掌控力——不知它从何处获得资料，它将会以何种形式释放哪些信息。说它是一个独立的组织也太轻描淡写了"。他进一步指出，将军事档案发布到网上的决策是维基解密做出的，无论《纽约时报》是否选择参与其中，此事都一定会发生。凯勒（2010） 162
意识到，首先，这个网站获得的秘密资料"本身是有新闻价值的"，不过他在评论中将这个网站严格地界定为一个信息源，而报纸则进行了专业的新闻工作，包括研究这些资料，评估其价值和可信度，将其与时报记者的战争经验进行对照，确定其更重要的意义。凯勒还补充说："通过这些工作，我们得以非常小心地在具体语境中处理信息，摒弃任何有可能危及他人生命或是不利于当下军事行动的内容。"在他看来，虽然为进行披露、促成发表、抢到头条而仔细审查资料处于首要地位，但正是努力将原始资料处理为更加个人化的叙述，使他们的报纸"给读者一种与战争紧密相连的感觉，知道士兵们看到和感受到的这场战争是什么样的"。

奥巴马政府迅速做出反应。国家安全顾问詹姆斯·琼斯将军（James Jones，2010）谴责了这次信息泄漏，认为这是“不负责任的”。他当天发布了一则声明，声称：“美国强烈谴责任何个人和组织披露机密信息，这可能将美国人，以及我们伙伴的生命置于险境，危害我们的国家安全。”并不奇怪的是，泄密事件让白宫感到沮丧，这意味着泄密者的动机会受到质疑，加之琼斯也指出：“维基解密从未因这些文件与我们取得联系——美国政府是通过新闻媒体才知道这些文件会被发布出来。”在一封给新闻记者的电子邮件中(标题栏：“关于维基解密的一些想法”)，一位政府官员用更尖锐的语言强调了这一观点：“正如你对这个问题的报道，值得注意的是，维基解密并不是一个客观的新闻渠道，而是一个组织，反对美国在阿富汗施行的政策。”这位未透露姓名的官员还利用这一机会概述了其防御的立场，强调此事发生在总统宣布其新战略之前，泄露出来的信息在任何情况下都没什么意义。

此处政府遇到了如何定义此事的问题。很显然，他们决定将维基解密的行为定义为一种有危害的威胁(“违反联邦法律”)，可与此同时，他们又坚持说泄露的资料没什么价值[这些文件包括了“未经修饰、未经审查、未经证实的报告”，其提供者在当地可能有自己的“议程(agen-
163 da)”]。与此同时，很多人卷入了日益激烈的争论中，包括参议员乔・利伯曼(Joe Lieberman，2010)。他附和白宫的说法，认为在走得更远之前，“维基解密并不是一个客观的新闻组织”。他进一步指出，这是个“有意识形态议程的组织，对我们的军队，还有对我们国家安全的最基本的要求都抱有无法化解的敌意”。他警告说，重要的是，“在以维基解密选择性泄露的资料为基础推导结论的时候要分外谨慎，因为这个网站试图破坏美国人民和我们的欧洲盟友对阿富汗战争的支持"。一次又一次，批评者们指控维基解密将美国士兵的生命置于极大的危险中。"有些人真该穿上橙色的连体衣，"密苏里州参议员，在参议院情报委员会排名靠前的共和党人基特·邦德(Kit Bond)对福克斯新闻(Fox News，2010)如是说。

然而，有些评论员却坚决地选择了更为积极乐观的立场，他们在维基解密的行动中找到了持谨慎乐观态度的理由。"事实上，我们并不真的知道维基解密是什么，也不知道这个组织有什么道德规范，也不知道它为何能成为如此出色的传播机密信息的渠道，"《大西洋月刊》(*The Atlantic*)的亚历克西斯·马德里加尔(Alexis Madrigal，2010)表示。"在新的非对称新闻业中，我们并不清楚谁在哪一边，或者行业规范到底是什么，"他补充道，"但是，维基解密可能改变媒体的原因是，它让我们发现，这真的都不重要。他们的数据很好，这才是重要的。"这个"非对称新闻业"的概念与其他几篇公开发表的评论相呼应。罗伊·格林斯莱德(Roy Greenslade，2010)在他的《卫报》博客中指出，维基解密的泄密事件作为"数据新闻"的胜利是实至名归的，而且，这一网站以及其他参与其中的新闻媒体进行的公共服务也值得称道。"我们记者应该感到高兴，因为我们的核心任务一直是披露和揭露那些与公共利益相关，但有些人认为需要保密的材料，"他写道，"在过去几年里，维基解密开创了通过互联网披露信息的新形式，取得了巨大成功，此举值得我们赞誉。它还需要我们在那些尽量避免曝光的保守力量面前为它辩护。”

164 正是这一策略，使得维基解密免受任何政府和法律体系的控制。学者杰伊·罗森(2010)试图在其博客Pressthink中强调这一观点，并提出，维基解密可被认为是“世界上第一个无国别的新闻组织”。用他的话来说：

> 在组织新闻报道时诉诸公平竞争的国家传统，就会误解维基解密的含义：发布信息的时候不用考虑国家利益。在迄今为止的媒介历史上，媒体可以自由地报道当权者想要保密的事，因为这受到特定国家的法律保护。但是维基解密能够报道那些当权者想要保密的事情，是因为互联网的逻辑允许这样做。这是全新的。正如互联网没有地址或中央办公室，维基解密也没有。(Rosen，2010)

对罗森而言，政府对如何与维基解密打交道感到困惑(“我们要追捕你!”“嘿，你没有联系我们!”)，这是“新权力平衡”正在建立的特征。“在更新后的图景中，”他写道，“我们发现国家保有秘密但无力阻止它们泄露；无国别的新闻组织决定如何披露信息；而全国性报纸处于中间，斡旋前两者之间合法性的问题。”他继续表示，对拥有轰动性文件的潜在吹哨者而言，比起报纸，维基解密的方案要有吸引力得多(它“没有地址，不回应任何传票，如果材料能被证明是真实的，他们承诺完全保密”)。而报纸需要受国家法律的约束，其保护信源的能力可能会受到限制,也可能不会受到限制。

以过去评判未来

在这一时期出现的对维基解密更积极的评价有一个反复出现的特征,即努力将其置于更广泛的新闻调查报告传统中。其中很多与“水门事件”有着显而易见的联系。在这起丑闻中,《华盛顿邮报》依靠一位秘密线人揭露的信息推翻了尼克松政府。更类似的案例当属 1971 165
年的“五角大楼文件事件”。当时,兰德公司(RAND Corporation)的分析师丹尼尔·埃尔斯伯格(Daniel Ellsberg)将一些影印文件交给了《纽约时报》的记者尼尔·希恩(Neil Sheehan)。那是他煞费苦心准备的机密文件,文件涉及关于五角大楼官方决策的绝密研究,该研究与越南战争的导火索及其实施方式相关。

这些资料揭露了美国政府秘密推动冲突升级,同时又向公众做出了相反的承诺,其欺骗程度令人震惊,尤其是约翰逊政府系统性地对国会说谎。《纽约时报》做出了勇敢的决定,在 6 月 13 日公开发表了这份 7,000 页文件的摘要(外部法律顾问建议不要发表)。不久后,尼克松政府成功从联邦法院处获取了禁制令,禁止该报纸进一步发表相关文章。《纽约时报》对这个临时禁令进行上诉,那时相关连载仅发布了三天。与此同时,其他报纸也在受限之前开始发表它们自己的报道。6 月 30 日,最高法院基于事先限制原则,以 6∶3 的投票驳回了这个关于政府审查的案件。“只有自由和不受约束的媒体才能有效揭露政府的欺骗行为，”大法官雨果·布莱克（Hugo Black）说道，“而自由媒体承担的责任中，最为重要的就是阻止政府的任何部门欺骗人民，将他们送到遥远的地方，让他们死于外国的疾病、枪击和炸弹。”[3]

维基解密泄露阿富汗战争日志一事是否能像五角大楼文件泄密事件一样成为新闻自由的里程碑，关于这个问题出现了不同的看法，且这些看法常常围绕着对其新闻重要性的不同评价展开。埃尔斯伯格（2011）自己就说过：“去年维基解密未经授权的泄密事件，是四十年来第一起与五角大楼文件泄露事件程度相当的事件（在数量和时效性方面甚至有过之而无不及）。”他的一个遗憾是：“这些机密的、来自一线的报告，其信息源充满勇气……可他们却没有接近绝密信息、高级别建议、评估和决策的
166 权限。” 迈克尔·沃尔夫（Michael Wolff，2010）进一步指出了相关点。他表示：“五角大楼文件泄密事件中，最重要也最让人惊奇的一个点是，所有材料通过拷贝、储存和运送实现了大规模流动。而维基解密使得泄密（历史层面的泄密）只不过是数据的转移。”鉴于这一发展，沃尔夫坚持认为一种新的模式正在出现，它有可能有助于“拯救”新闻业。他指出：“丹尼尔·埃尔斯伯格、伍德沃德和伯恩斯坦将新闻业再造成记者和消息来源的交易，而现在，它将成为一种黑客功能。”

在这个问题上耐人寻味的是，至少在我看来，阿桑奇自己决定接受一些报道用“黑客界的罗宾汉”这个绰号来称呼他，那时发表的一个采访将他描述为“一位记者，出版人和创造者”。“有人想要把我做的事情浪漫化，” 他对

《时代》杂志说，“但就像那些去往各个国家的战地记者一样，我也做着同样的事情。我去往那些能获得支持的国家，那里有我需要追踪的故事。”显然，他的大部分注意力都集中在“信息流通（logistics）”上，这出自他长久以来对密码学的兴趣，以及对言论自由的坚定信念。他补充道：“使用加密技术、参与政治辩论和政策讨论、生产推动变革的信息，这些技能组合被证明非常有效，刚好适用于维基解密保护人民的行动。”（Assange，2010a）阿桑奇倾向于设想自己承担“记者”或“出版人”的责任，这其中可能的原因需要评论员们仔细思量，特别是考虑到他在《明镜周刊》的采访中被问及个人动机时发表的言论。“我喜欢创造大型的系统，我喜欢帮助弱小，”他评论道，“我还喜欢收拾混蛋。所以这是份令人愉快的工作。”[4]（Assange，2010b）

“收拾混蛋”这个说法被证明特别适合发条 tweet，有些批评人士被他的立场激怒，试图将阿桑奇转化为一个愤世嫉俗的形象。其他人谴责他，认为他打着“吹哨”的旗号掩盖自己邪恶的意图。CNN 的前五角大楼通讯员杰米·麦金泰尔（2010）就这个问题表达了深深的疑虑：

> 作为一个专业的记者，我一直处在数百起 *167*
> 泄密事件的接收端。对我来说，这些事件非常宝贵，帮助我从官样文章中找出原始的真相，而这正是我工作的核心……周日晚上，当故事刚刚被曝出时，我有点生气。我听说好几个新闻机构将维基解密简称为“吹哨”团体。吹哨者是

> 揭露不法行为的人。用这个词语给维基解密贴标签，不仅不准确，还很不公平，因为它制造了一种先入为主的看法，认为泄露的资料针对那些不法行为“吹响了哨子”。

麦金泰尔继续写道：

> 让我们把话说清楚：维基解密是一个反隐私、反保密的团体，其主旨是这个世界不该有秘密，不该有军事机密，不该有情报来源，不该有收集情报的方法，甚至不该有兄弟会和女子联谊会的秘密仪式。政府、公司、公民都有权利，甚至有责任保守一些秘密。而维基解密效忠的似乎只有向它泄密的信息源。维基解密对其行为导致的后果始终持不可知论的态度。在我看来，它的行事并不像好的老派的揭丑记者，倒更像是反隐私的恐怖分子。如果我是《纽约时报》的话，我会觉得在维基解密的网站上被描述为它的“媒介伙伴”之一，这并不是什么让人高兴的事。（McIntyre，2010）

与此同时，也有人赞赏阿桑奇个人的胆大妄为，用“异见人士”“斗士”或“信息黑客”等词汇来形容他，维基解密的所作所为应该被认为是现代社会中揭丑新闻传统的延续。这一传统由来已久，让人自豪。有些文章详细描述了二十世纪初美国历史上那些致力于改革的记者所取得的成就，在调查新闻报道常常沦为关于名人的流言蜚语的时代，维基解密的使命让人们欣然发现，“揭丑”传统又回来了。“维基解密创始人朱利安·阿桑奇公开回避了中立记者这一角色，他转而接受一个揭丑者的角色——利用现代技术去做一些据他所说主流媒体做得还不够的事，”诺姆·N. 莱维和詹妮弗·马丁内斯（Noam N. Levey and Jennifer Martinez，2010）在《匹兹堡邮报》（*Pittsburgh Post-Gazette*）上写道。他们的观察结论与 *168*
很多类似报道是一致的。这些报道早在阿富汗战争日志出现的前几个月就已发表，包括《纽约时报》一篇题为《五角大楼认为网络黑客存在威胁》的文章（参见 Strom，2010）。

关于如何恰当地评价维基解密，是否应该将它视为一个“吹哨人”或“揭丑者”的网站，人们的观点不尽相同。这通常取决于大家对它在记者-信息源的谱系中处于什么位置有何预设。不过，Poynter.org 的斯蒂夫·迈尔斯（Steve Myers，2010）提出了一个另类的观点。他指出，事实上，维基解密将自己放在了信源和信息发布者之间。他认为，这个网站“将权力从那些曾经可以决定什么是新闻的业界磐石手中转移到了普通人那里。在这个网站出现以前，这些人在能见到记者之前，就被挡在了报社大厅里”。那三家新闻机构在“讨价还价”后同意了维基解密的条款。他们获得了日志的接近权，却“发现他们自己不再是信息的把关人，而是拥有 VIP 权限的访客”。然而，与此同时，“维基解密需要这些老的媒介巨头。它需要它们的报道、它们的受众、它们的传播网络，还有它们的声望”。维基解密扮演“两面派”的决策提示迈尔斯，这是一个新兴的支持性角色，旨在影响传统媒体，而不是取代它们。他提出：“自行发布信息的权力是不够的；为了获得最大的影响力，让人们注意到这个故事，维基解密需要通过中间人与传统媒体达成协议。”通过与主流新闻发布机构建立联系，维基解密努力提高自己的可信度，为其行动赢得公众信任迈出了重要的一步。它根本不是一个中立的选手，它的主要目标已经很清楚了。

“深喉有个议程，埃尔斯伯格也有个议程，”《纽约时报》的凯勒在一封电子邮件中告诉迈尔斯(2010)，“但这并不会让他们提供给我们的信息失效。如果我们拒绝与某些动机不明的信源共同工作，我们就没机会讲述很多重要的故事。”对凯勒而言，“重要的是我们如何处理那些资料——我们按我们的规矩，而非信源的规矩，检查其真实性，从中得出我们自己的结论，撰写成文，发布给读者”。

转嫁求证的负担

169 凯勒在《纽约时报》的同事记者埃里克·施密特(Eric Schmitt)回忆起在“掩体”里准备用于公开发布的资料的经历时反复强调，应坚持认为维基解密是信息源，而非网站自己声称的“媒体合作伙伴”。“在最后几天里，我看到阿桑奇谈到这种合作时有些慌乱，好像我们四者全程都在一起工作，”他指出，“但我们和他之间，从来没有过任何形式的伙伴关系或是合作关系，有的只是和信息源的关系。他让整件事听起来像是维基解密、《纽约时报》《卫报》和《明镜周刊》一起推进的某种新闻事业，但事实并不是那样。”（转引自 Hendler，2010）《卫报》的戴维斯也同意阿桑奇只是作为信息源参与其中，他强调，合作仅限于参与此事的三个新闻媒体之间。[5]不过，阿桑奇本人并不认同这一立场。在伦敦的一场新闻发布会上，他表示，维基解密之所以决定与三家新闻媒体合作，是因为他们“对调查新闻报道来说，是全世界最好的报纸”，而且他们每一家都愿意在媒介策略方面与维基解密合作，借由秘密信息源的优势，达到影响力的最大化。“因为组织协调的原因，我们不能搞一个太大的新闻联盟……有三四个人，能进同一个房间，就所有条件达成一致，”他说道，“优秀的新闻工作的任务是原材料转化，将谁、何时、何处、如何、多少，转化成某种在情感层面吸引人的东西。”（转引自 McAthy and Gunter，2010）

在《今日民主》（*Democracy Now*）节目中接受艾米·古德曼（Amy Goodman）的后续采访时，阿桑奇（2010c）描述了他所说的“新闻联盟”，即维基解密动员起来处理原始资料的新闻力量，强调了维基解密自己的“新闻团队”在提取数据方面扮演的角色，然后，他转而指出，这种“非同寻常的合作关系”如何围绕着一种工作伙伴的感觉展开。不过，他并不否认存在某种张力。他承认，对于《纽约时报》以“防御性”的方式描述其与维基解密的关系并不“完全满意”，认为这看起来“有点不专业”。他补 *170*
充道：

> 所以，作为一个案例，《纽约时报》表示，它选择与我们的网站撇清关系。我是说，这就很荒唐。公众能看到这一点。如果他们想的话，他们可以在网上搜索相关信息。不管出于任何原因，如果《纽约时报》想要为了自己防御性的政治而与维基解密撇清关系，那它就能这样做，它也确实有权这样做。但对我来说，故意说尽量避免一类的话，有点不专业的味道。现在，并不是说这样做获得了报纸编辑的首肯，但做出那样的防御性举措，而不是去追寻故事中真正有价值的部分，这看起来十分懦弱。（Assange，2010c）

阿桑奇同样关注新闻联盟的决定。显然，正是在《纽约时报》的坚持下，他们才在公开发表之前将相关文件发送给白宫，从而得以在白宫的帮助下重新编辑敏感信息，避免对一线人员造成伤害。“美国媒体倾向于在公开发表之前先与政府部门打好交道，这与我们的标准，还有欧洲媒体的标准都有所不同。”他还表示：

> 我们没有看到的是……在有些情况下，新闻媒体注意到了某些滥用职权的行为，开始揭露真相。他们有权利在公众和受害者知情之前去了解事态发展。因为我们知道，在实际工作中，媒体需要额外的时间来编织新闻故事。

他认为，独立的、"科学的"新闻业需要一些不同的东西："在我们看来，记者一方面应该与公众建立联系，另一方面也应该与信源建立联系。给到公众的信息，都是信源为他们提供的。"（Assange，2010c）所以，"科学的新闻"渴望一个更高的标准，能够有助于公众成员为自己证实被告知的内容。

在一封回复每日野兽网（The Daily Beast）的邮件中，凯勒对阿桑奇的评论保持警惕。"很显然，我们不与维基解密文档建立链接的决策并不能阻止任何想要找到它的 171
人，"他承认，"我们所能做的一切，就是摆明姿态，明确我们既不支持也不鼓励泄露那些可能造成伤害的信息。"在他看来，这三家新闻媒体的工作服务于公众利益，"为新闻报道和分析评论挖掘数据"，从而使得"大量受众认真对待这一问题"。尽管如此，他还是迅速让自己对阿桑奇的批评看起来更为中肯："不过，他决定向每个人发布数据，这会产生潜在的后果，我认为，每个人，无论他如何看待这场战争，都会发现自己有后悔之处。"（转引自 Jacobs，2010）他并未解释为什么他认为公开发布数据会"让人后悔"，特别是维基解密已经迈出了很大的一步，引入"媒介伙伴"，在他们的帮助下，确保在打着公开透明的旗号发布这些文件以前，这些文件都经过了仔细的审查（且扣下那些他们认为风险过大的文件）。

在任何案例中，总有些评论员在大声质疑，会不会有更重要的问题被遗漏。在为《哥伦比亚新闻评论》（*Columbia Journalism Review*）写评论时，克雷格·西尔弗曼（Craig Silverman，2010）的观点是，阿桑奇应该"咬住自己的舌头”以保持沉默。他指出：“《纽约时报》决定向白宫核实信息，这帮了维基解密大忙。因为这是有助于消除对阿富汗文件真实性的质疑的步骤之一。”他解释道，通过这种方式，后续的争议就会集中在其他事务，而非文件本身的来源上。他认为，阿桑奇此举值得称道，因为“他通过将求证的负担放到《纽约时报》《卫报》和《明镜周刊》的肩上，巧妙地在相关交流中回避了准确性和可验证性的问题”。他补充道，《纽约时报》还是将部分负担转给了白宫，其他两家媒体也一样，只是程度较轻。[6] 西尔弗曼总结道，这一“前所未有的求证挑战”，其最后的结果是维基解密“大获全胜”。他承认：“阿桑奇的处理方式很聪明。他将求证和分析的负担从维基解密转移出去，同时，这也确保他能指出那些新闻媒体的失误。而正是这些媒体赋予了他的数据至关重要的可信度。”

即兴的新闻业

172 在结束本章的讨论时，我们再次回到新闻业和公民权利之间的张力问题。维基解密重新定义了这种张力，意图改进它，从而努力为公民见证人成为吹哨人创造另类空间。我想要尽力表明的是，这一目标冲击了对记者集体身份认同通常的预设，发出了一些不一样的声音，特别是传统预设展现的某种被神化了的记者富有亲和力的形象，被证明是过于僵化的。虽然我不愿承认，不过从维基解密创造性地使用“互联网技术，以新的方式报道真相”(Assange，2010d)这一现象中，我们也许能发现一套大致的规则。在我看来，毫无疑问，这个网站持续越过新闻边界的行为，使得在与见证行为相关的新媒介生态系统中，权力如何分配以及应该如何分配的传统预设不复存在。

维基解密敢于占领主流的、企业化的新闻媒体的领地，使他们在论述层面的权威受到质疑，有助于曝光他们因保持现状而获得的利益。停下来，将阿桑奇视为某种即兴的记者，故意忽略“客观”报道，从而得以通过合法或不合法的手段揭露社会不公，就会发现这种权威本身是可疑的（“想做到完全公正，只能把自己当作白痴，”阿桑奇曾对一个采访者说过）（参见 Khatchadourian，2010）。当这些新闻媒体面对更广泛的危机时，他们对自身合法性受到的威胁更加敏感，所以他们努力重新调整与不信任他们的受众之间的关系，其中很多受众越来越倾向于认为他们已经妥协，甚至还有更糟的，认为他们无关紧要。在一定程度上，将新闻业视为一种阐释性的表演是恰当的，所以，有必要注意某些价值观与专业主义建立联系的方式带来的风险，即强调一种标准秩序，将那些投身新闻事业且将其视为公共服务的人排除在外。

维基解密试图主张以公民见证为核心概念的新闻业，它也凸显了这种新闻业的标准秩序如何得到维系、修 *173*
复，以及在必要时接受管制。“维基解密并不是一个新闻组织，它只是一个活跃分子的基层组织，发布那些意图让当权者难堪的信息，”《纽约客》（*The New Yorker*）的乔治·帕克（George Packer）坚持认为，“他们单纯地认为国务院是个非法组织，需要被揭发，可这不是真正的新闻工作。”(转引自 Carr,2010)马克·赛森(Marc Thiessen,2010)在《华盛顿邮报》的评论专栏中更进一步,严厉谴责维基解密,认为它是个“罪恶的企业”。人们可能认为,他要求关闭网站“并将其领导绳之以法”的呼声会得到某些人的支持,这些人习惯于相信,新闻报道中对公共利益的表述应与公共事务的优先级保持一致。维基解密作为一种另类的新闻文化,以其特有的方式对这种平衡关系构成威胁,特别是通过为公民们提供机会,使他们能积极地重写成为新闻从业者的规则,使新闻从业者变成一个想象的、阐释的共同体。[7]

拥有激情、创新能力和专业知识的普通人准备揭发他们看到的一切。新闻业借此进行改革,肯定会打破传统的权力和特权的等级制度,倡导与公众知情权相一致的报道。然而,对这一挑战令人生畏的特质,以及新闻媒体并不甘愿迎接挑战的现状,任何人都不应抱有任何幻想。“有一天,维基解密的争议引发了每代人只会遇到一次的大讨论,内容涉及机密信息的披露、无国界组织在主权国家鞭长莫及的情况下扮演的大胆创新的角色、旧媒体合谋包装了 91,000 页阿富汗战争文件,”新闻评论员霍华德·库茨(Howard Kurtz,2010)表示,“第二天,媒体圈似乎在打哈欠:老新闻。回收再利用。好像知道。再见。嘿,林赛·洛翰(Lindsay Lohan)①还在监狱里吗?”

---

① 美国影星。——译者注

虽然公民见证的特质在塑造公民新闻(以及由此而来的更宽泛的公民权利和新闻工作)的观念时会产生持续的影响,但本书的讨论证明了它依然相当难以捉摸。当然,公民见证的特质就应该是这样。正如我们所看到的,关于见证的话语不断延伸,将各种不同的形式纳入其中。

乍看起来,这些形式似乎在一个想象的连续体中各居其位,彼此差异明显。谱系一端是原本冷漠的观众、听众或读者,面对关于远方灾祸的突发新闻报道,可能会被感动、会在意、会产生一种公民责任感,甚至有可能回应摆在他们面前的困境;而在连续体的另一端,则是另外一些人,他们同样在从事日常活动,却突然发现自己被卷入了意想不到的、很有可能有危险的事件中。也许,让他们自己也感到十分惊讶的是,他们可能会觉得有必要记录一下他们身边正在发生的事,记录那些转瞬即逝的画面。这样做有可能是为了与他人分享自己的观点,也有可能有助于展现其情感层面的意义。无论在多大程度上他们认为自己是公民见证人,或是由此产生的变化如何凸显他们进行见证的能力(无论是在远方间接感受,还是亲临现场),他们扮演的角色都有可能被认为带着人特有的主观性,而且是短暂的。使问题更加复杂的是,还有第三个主体位置,处于与其他二者变化的、(有
175 时)甚至是竞争的关系中,即出于本能反应的公民,投身有目的的见证——比如决心挑战社会不公的活动家,揭露人道主义危机的非政府组织工作人员,记录战争骇人现实的作战人员,或者揭露腐败的吹哨人等。

反之,公民见证的多种方式引发了记者的不同回应,正是他们正式承担着代表公众进行见证的义务(以及由此产生的各种张力)。记者坚定地致力于行使得自于专业技能的文化权威,这是为他们自己,以及更重要的是,为其他人裁决所谓真相所必须要做的。他们努力维系可能困难重重的中介过程,尽量以公正、冷静和负责的方式做到这一点。毫无疑问,记者宣称的专业见证取决于如何管控(如果不是遏制)这一权威受到的来自业余公民见证的论述层面的威胁。因此,当公民们为新闻生产做出贡献,其价值因证明了新闻报道能实现更大范围的民主化而被大为宣扬时,新闻怀疑论的缘由之一就会粉墨登场,即使没有充满敌意,也通常带着防御色彩。

我们通过展示这些社会位置(positionality)如何以复杂且常常是自相矛盾的方式相互交织在一起,来辨识不断演进的见证模式,从而丰富、深化、偶尔推翻我们熟悉的关于见证的假设。事实上,就算把这些社会位置视为在我们想象的连续体中独立的身份认同点,如果仅以字面意思来理解的话,也会很快出现问题。出于理论层面

便利性的考虑,我们援引了一些关于见证行为的论断。对其进行更为细致的考察会让它们更站得住脚,而非流于武断。我已表明,尚存争议的是,将分析类别重新整合到位,会不会掩盖非常偶发的社会事件。我们需要此类事件来推进我们的研究。关于见证的不同话语扭曲了尚未成形的意识形态。在讨论声称通过如实作证的语言理解真相意味着什么时,这种意识形态会为了维系其更为赞同的定义而投入良多。换言之,意图通过分析澄清事 176
实的见证模式,一定不能以任何机械的方式,与实际经验、鲜明立场混为一谈。不过,在寻求稳定的分类方式时,我们可能会更多地试图抹平不协调之处,而非留出慎重讨论的空间来识别那些细微的语义变化和差异,对于手头正在处理的工作而言,它们可能会造成困扰。

然而,一次又一次,我们看到,从第一人称视角生成知识的能力,被局限在一组范围狭窄、聚焦于技术的社会动态的问题中。我们通常会基于记者们是否具备相关技能处理有技术要求的五花八门的偶发状况,来判断他们是否有足够的能力充当专业的见证人。特别是在顶着压力进行即兴创作能够创造良好报道机会的情况下,能力不足者就会无能为力。尤其值得一提的是,战争报道的历史一再展现了必要的技术是新闻见证得以实现的保证,其例证包括用于报道美国南北战争的电报和静态摄影技术;让第一次世界大战期间拍摄无声新闻短片成为可能的电影摄像机;第二次世界大战期间实现即时的一分钟一分钟的广播现场报道;将越南战场变成“起居室里的战争”的电视新闻;海湾战争时进行的 24 小时卫星新闻报道;科索沃的“第一场互联网战争”等(参见 Matheson and Allan,2009; Neuman,1996; Perlmutter, 1999)。被我们描述为公民见证的一些内容,不时出现在这些案例中,程度有所不同,不过由于这些案例强调的是通过重大技术突破取得的明确进步,它们本身很少被拿出来加以详细讨论。

危机报道的紧迫性催生了关于报道形式、报道实践和认识论的各种模式——它们常常被更为明显的技术层面的“革命”所掩盖。通过审视新兴的关于公民见证的媒介生态,我们试图对此进行开放的分析和批判。本章将本书讨论的主题汇集在一起,力图超越以技术为中心的
177 见证概念,阐明重思公民新闻生产具有更广泛的伦理意义。

见证的技术

记者自己最先开始深入思考这些问题。例如,英国播音员琼恩·斯诺(2005)就认为,好报道的核心是他所谓的“人与人的连接”。在描述这个概念的过程中,他通过观察发现了几个问题:

> 技术为我们创造了奇迹,能够即时传播关于当下灾祸的知识,但却无法将其意义从一个人传到另一个人。技术给予我们一个影像的地球村,随时可以将人类所知的全部内容织入其中。我们投资了技术,但我们忽视了人。我们

> 跟随无尽的图片选项构成的旋律起舞。我们派出有意愿的写作者，请他们编辑修改这些设备，将常见的场景呈现得更有诗意，但很少去见证，如果曾经有过见证的话。(Snow，2005)

影像，无论多么引人注目，都是次要的见证——“每一双眼睛，都是一部摄像机”——斯诺认为，这才是首要的。“核心是人，”他写道，“作为见证人的记者。尽管地球村灿烂辉煌，包罗万象，但没有什么能取代人。”在一定程度上，技术凌驾于人之上，报道的质量也随之做出妥协。“我们仍惊叹于其瞬间的爆发，”斯诺在后来的一篇文章中写道，“对记者而言，‘现场直播’这一纯业务吸引了全部资源，其他关于新闻报道的工作被削弱了。他们几乎没有时间找回他们的双眼为我们捕捉到的独特内容。”就个人观察而言，传统的“一双眼睛见证一个故事”的信念已被取代，现在强调的是他所说的“灌香肠机式的电视”，即“很多双眼睛的产物”被放在一起，打包成关于一个事件的单个“包裹”。他认为，最终的结果往往是生产出一篇适合“竞争性多平台时代”的新闻报道，既没有足 178
够的特色，也没有足够的趣味性来吸引观众的注意力，让他们关注展现在他们面前的人间疾苦。[1]

似乎有越来越多的记者正异口同声地表达他们的担忧：第一人称见证正处于明显下降的状态，因为新的数码技术正驱使他们时刻不休地探索速度和可接近性的极限。有些人关注困扰新闻产业的经济结构调整，认为新出现的新闻和信息方面的地缘政治可能危及国际新闻供给的范围和质量。资源的减少加剧了长久以来信息流通的困境,对冲突地带进行全面报道的承诺也因此变得岌岌可危——有些危机被轻描淡写,而另一些危机则完全被视而不见。另一些人指出,新闻收集团队的工作变得越来越随意。他们将专业新闻通讯员的角色转移给了当地公民,征召他们进行临时的新闻工作。然而,很少有人承认,这种对责任义务的重写是预算决定的结果——新闻组织更倾向于考虑面对可预见的风险时,其雇员在现场的安全问题,并以此为基础,判断其做出改进的优先级。

令人遗憾的是,这样的考量通常并不是危言耸听。近年来,在爆发冲突和危机的区域进行报道时遇难的记者人数表明,军方当权者并不总是认可他们扮演公正客观的观察者这一角色的有效性。不断增加的证据表明,越来越多的记者成为士兵们蓄意攻击的目标。他们决定阻止这些记者进行见证,无论是事发时身处现场的见证,还是事发后在委员会和法院面前提供正式的证言(Allan and Zelizer, 2004; Cottle, 2009; Hoskins and O'Loughlin,2010; Seib,2010; Tumber,2010)。面对这样的约束,记者们可以选择让自己合乎时宜地作为新闻媒体的成员引发关注,也可以选择努力融入旁观的人群中。
179 就后者而言,相对于标准尺寸的设备,便携式新闻收集技术(苹果手机、卡片机、Flip 摄像机、海事卫星终端等类似设备)的可移动性变成了更实际的考量因素。

在中东地区进行报道时,只要能在安全检查站避免自己的设备被没收就已经是一项成就了,但真正的挑战出现在当局决意限制独立报道并采取措施时如何尝试领先一步。《纽约时报》的罗杰·科恩(2009a,b)描述了当他结束对人们在德黑兰聚会抗议违反国家宪法行为的报道并离开现场时,他感到被剥夺了些什么。作为 2009 年 6 月最后离开这座城市的西方记者之一,他不顾自己的记者通行证已被撤销,无视自己可能面临的风险和代价,就是为了尽可能长时间地记录这个他知道需要他在场见证的故事。

> 进行见证意味着需要在场,而这并不是没有代价的。没有搜索引擎能告诉你犯罪的气息,空气的震颤,愤怒郁积的双眼,或是尖叫的节奏。
>
> 没有新闻聚合器会讲述被蹂躏的城市在黄昏喘息,或召唤出挑衅的尖叫直刺深夜。没有技术奇迹能呈现让人口干舌燥的恐惧滋味。没有算法能捕捉尊严的静默;或刺激肾上腺素飙升,让勇气凝聚;或勾画一道血肉模糊的伤痕。(Cohen,2009a)

他乐于承认,伊朗人自己已通过“手机视频、照片、Twitter 和社交网络的其他形式”进行了见证,但他发现离场仍让人难以忍受。在他看来,受到威胁的是讲述故事的职业责任:“影像在互联网上成倍增长,但按规矩提炼信息的主流媒体却被忽视了。”而扮演提炼信息的角色是就任于新闻媒体的记者(被驱逐、被囚禁、被诽谤)的专业能力。否则,我们看到的就只是“原材料”。他评估了自己离开后的新闻报道,更坚定了自己的看法,即正是在做选择的过程中——“无论使用文字还是影像,在追求如何最真实、最公平、最生动、最完整地呈现事态发展时进行选择”——出现在现场是必要的(Cohen,2009b)。“因
180 为有些影响选择的因素不可言喻,比如你呼吸的空气,你听到的声音,光影像鸟儿的翅膀掠过恐惧的双眼等。有些东西,隔了一段距离,便无法捕捉,无法呈现。”

距离的问题,即在场进行见证的必要性,在有些人看来有被夸大的风险。科恩对“在场看到且提炼真相”的信念遭到了《赫芬顿邮报》(*Huffington Post*)阿里亚纳·赫芬顿(Arianna Huffington,2009)的强烈谴责。她严厉指责他的“奇怪”企图,说他“攻击强化新闻报道的新媒体工具,引用的是凸显这些工具力量的极端事件”。正是这些工具成功“扮演了自己不可或缺的角色,让世界上成千上万的人‘见证’了在伊朗发生的一切”,赫芬顿引用了“搜索引擎、新闻聚合器、实时博客,还有 Twitter、Facebook 和带摄像头的手机拍摄的实时视频等‘技术奇迹’”。她责备科恩没有从在那里发生的事情中得到教训,不过,她也承认,目击者的存在具有“巨大的价值”。然而,她还是坚持:“真相是,你不一定要‘在场’见证,你可能在场却没能进行见证。”在她看来,“科恩信条”的局限性围绕着“目击者谬误”产生[她认为这个概念是马尔科姆·姆格里奇(Malcolm Muggeridge)提出的],即“在目击者陈述的内容中,人们倾向于看到他们想要看到的”。她进一步罗列了一些例子,在这些例子中,一些著名的职业记者声称自

己进行了见证，却没能捕捉到重要新闻故事的本质。她相信，改进的希望在于普通人加入新闻报道中。她写道："新媒体并没有取代'进行见证'的需求，而是将它传播到了少数精英之外，也因此使得那些少数精英分子越来越难以用错误的方式理解'见证'。他们曾一次次犯这样的错，从斯大林时期的苏联到布什时期的伊拉克。"科恩(2009b)发文回应，认为她的批评偏离了目标。"你不能从远方进行见证，正如你不能不敲开鸡蛋就做出煎蛋饼，"他反驳道，"看见是不一样的，是有代价的，有时甚至是无价的。"

这种分歧是有价值的，主要是因为它有助于准确呈 181
现新闻报道中的各种张力，如若不然，这些张力就会在对新闻报道的讨论中变得模糊。在这些讨论中，为了支撑势不可挡的技术发展，新闻报道削弱了自己在形式、实践和认识论方面的多样性。人们并不需要重温以前对过度技术决定论的批判，就能在某些乐观的新闻报道中辨认出这一趋势。通常，解答关于人类组织问题的基础是社交媒体的设备和平台，比如在"Facebook 革命"或"Twitter 暴动"飘扬的旗帜下，看上去似乎说话的是智能手机，制定策略的是 Facebook，组织展示的是 Twitter，捕捉影像的是 Flickr，而 YouTube 则把视频转发到外面的世界。数码技术可能有助于在早期社群实践中建立联系，但重要的是，仍要牢记这些临时关系存在于人与人的流动斡旋中，他们不是在脱离了具体语境的网络化系统中了无生气的演员。如果有能力进行选择或决策的人变成了面目模糊的"节点"，即人格化的冷酷无情的技术驱动者，接下来的分析也会变得贫乏，特别是那些与见证相关的、关于社会偶然性的分析。[2]

通盘考虑这些偶然性，体现在技术精通程度、承担技术成本的能力和技术本身所受限制中的鲜活物质性，就成了研究的起点，而非预设好的解释。本书所举的例子一次又一次呈现了，在危机时刻，也就是严酷甚至是被暴力支配的外部环境促使冷静的旁观不得不转化为充满情感的交流时，这些因素如何塑造了公民见证的具体形式。进行见证不仅仅是以信息传播为目的进行数字化的记录，相反，它是以自我反思的方式承认，我们有责任通过提供证词来宣示自己的在场，为了他人的利益进行个人化的记录。然而，我们仍然会问，见证标准的边界在哪里？换言之，一旦数字技术不再被视为灵丹妙药或是替罪羊，我们如何感知在认知层面表述真相的伦理边界？

超现实(Hyper-realities)

182 如果我们很难确定是哪些因素让某几张照片在同类型的照片中体现出更高的新闻价值，那么，更有挑战性的是，解释为什么它们之中只有一小部分会获得“标志性”的地位（参见 Hariman and Lucaites，2007；D. Mitchell，2011）。“阿拉伯之春”骚乱的标志性影像后来引发了不少争议，但几乎可以中肯地说，纵观这几个月的媒介图景，其标志性的影像也许就是暴乱场景中咫尺之外的一个男人或女人，拿着他们的手机。正如《卫报》记者彼得·博蒙特(Peter Beaumont，2011a)所写：

> 她在突尼斯的麦地那老城高高举起一部黑莓手机,拍下总理家门外示威游行的照片。他是一位愤怒的埃及医生,在一个急救站俯身为一位头上有伤口的男人拍照,这个男人是被穆巴拉克的支持者扔的投掷物砸伤的。或是班加西的一个利比亚人,奔跑时把手机切到了防抖视频拍摄模式,当他前面的年轻人被一枪爆头时,他感到异常震惊。
>
> 上述所有都是通过社交网站在互联网上找到传播途径的影像。而这些不仅仅是影像。一天早上,在解放广场,我坐在一位60岁的外科医生旁边。他正兴高采烈地发tweet说自己参与了抗议活动。如今的路障不再插满刺刀和步枪,而是布满了手机电话。(Beaumont,2011a)

博蒙特清楚某些评论员会如何界定“Twitter革命”中社交媒体的有效性,基于“在埃及和突尼斯现场见证一切”的个人经验,他提出,个人表达塑造了历史上的危机时刻。那些在社交媒体上大行其道的思想具有即时性。它们没有出版刊物截稿日期的压力,也不受广播电视新闻时段的影响。这部分解释了这些革命何以迅速变得清晰明了,又如何像病毒一样传遍了整个区域。他指出:“这也解释了抗议运动的组织通常是松散的、不分等级的,这无意识地模仿了互联网的网络模式。”在这两个国家,Twitter和维基解密很重要,但年轻人的Facebook使

183 用行为最为关键，这部分是因为在 Facebook 上，影像能够无视国家审查制度轻易传播。博蒙特问一群年轻的突尼斯人，他们用手机都拍摄了什么，他们告诉他："我们自己。我们的革命。我们把它发在 Facebook 上……我们像这样告诉全世界这里发生的一切。"另一个人解释道："我在 Facebook 上发布很业余的视频。比如，一个朋友拍到的迦太基大道上的狙击手，"然后又补充道，"这就是我一直都在做的，哪怕在动乱中。你分享视频和照片。只有在你写了一些东西或制作一些内容时，才会真的惹麻烦。"(转引自 Beaumont，2011a)

我倾向于认为，这种述行性的影像参与展现了爱德华·萨义德(1977)描述的回归自我呈现的挑战，使得阿拉伯世界中固有的"抗议者"的概念变得复杂。如《卫报》的保罗·梅森(2012)所说，这样的刻板成见有助于解释为什么几乎没有西方评论员辨识出那些后来演变成"阿拉伯之春"的早期迹象。"没有人预见到这一切的发生。无论以何种方式，无论是任何有影响力的人，"他写道，"在西方媒体眼中，阿拉伯人一般的种族形象是消极但暴力，经常被归档到'恐怖主义'和'无法解决的问题'的类目下。"(2012：25)此处梅森的说法呼应了萨义德(1990)很多年前在讨论新闻媒体对伊斯兰教的呈现时提出的一个相关观点。"几乎完全没有任何细节、人口密度、阿拉伯-穆斯林生活的激情能够进入那些人的意识中，哪怕他们的职业就是报道阿拉伯世界，"萨义德写道。相反，新闻报道描绘了"一系列关于伊斯兰世界的粗糙的、化约的讽刺漫画。这样的呈现方式使得那个世界更容易成为军事侵略的受害者”。他指出，媒体几乎总是将复杂性呈现为几乎“盲目一致”的“扁平、无知和刻板成见”（参见 Barkho，2010；Karim，2011；Mellor，2011；Said，1997）。梅森的评论有助于揭示，当骚乱在这一地区从一个国家向另一个国家蔓延时，这些准则在多大程度上渗入了对此事的早期报道。

在新闻报道的推动下，模棱两可的不确定性被讲述成具有新闻价值的事件，这是一项可疑的成就。在这个 184 案例中，我们可以看到，某些骚乱的概念被以广泛吻合西方价值观、信仰和观念的方式不断框架化。OffspinMedia 公司的总监凯文·马什（Kevin Marsh，2011）指出，一个首要的“超级叙事”确定了特定事件“超现实”的报道用语，引导新闻媒体报道某些内容，以及同样重要的是，忽略另一些内容。一旦确定“阿拉伯之春”是一个“多米诺骨牌”的故事，如何将它作为一个新闻故事来讲述就很清楚了。马什认为，指导性的预设立场是：“一个又一个阿拉伯专制政权都将倒向西方自由民主的理念。”（2011：114）他补充道：

> 不久，我们记者就熟悉了这些模式。会有一个“愤怒日”，通常和星期五的祈祷者们有关——所以我们确保在那里放置了摄像机。善于表达的青年男女会找到电视摄像机，或者摄像机会找到他们，然后他们就会说起流利的哈佛英语，谈论自由、民主和法律，还有熊熊燃烧的对正义的渴望。我们会展现 Facebook、

> Twitter 和手机短信如何成为他们备选的交流工具。
>
> 因为我们知道，这些是穆斯林，所以我们就在别的地方寻找隐藏的“埃及穆斯林兄弟会”的成员和伊斯兰激进主义的阴谋。我们猜测“阿拉伯之春”会削弱还是强化“基地组织”……
>
> 我们选择的图片、话题、访谈都是我们称之为“阿拉伯之春”的超现实影像。我们收集它们，分享它们，似乎为了证明那些我们认为一定会发生的事确实正在发生。（Marsh，2011：114-115）

看起来与这一叙事不一致的主题、话题，甚至是问题不能吻合他们要说明的真相，结果是这些主题、话题和问题可能被视而不见。马什认为，在很大程度上被忽视的是“每个国家都有成千上万的人并未参与民众暴动，可能是因为恐惧、缺乏兴趣、距离，也可能是因为他们自己持有一种厌倦的愤世嫉俗的态度，认为一切没有改变，一切不会改变”（2011：115）。

185 马什进一步指出，日常生活的世俗议题通常被忽视，同样被忽视的还有更为紧迫的问题，包括阿拉伯民族主义的缺位，在某些场景中非阿拉伯行动者的参与，以及“部落制度、个人恐惧、复仇、家族性厌恶的角色”等。“阿拉伯之春”被定义为政治运动，使得记者更难注意到表面上非政治的动态具有其复杂性，以及这种复杂性反过来以独特的方式塑造了每次暴动独一无二的特征。他坚持

认为，记者创造的“阿拉伯之春”的“叙事的确定性”，“其基础的理念对那些并不认同西方关于人类不可避免的‘进步’的观点的人来说，看上去、感觉上以及实际上就是知识帝国主义”（2011：119；参见 Cottle，2011；Smith and McConville，2011）。[3]

“成为记者的意义正变得模糊”

就利比亚而言，在多国联盟开始军事干预前的几个月（最初由英国、法国和美国领导，后来北约控制了针对地面亲政府武装的空袭），班加西、贝达（Bayda）和津坦（Zintan）等地街头开始出现民众表达异见的迹象，在现场，西方记者几乎是缺位的，这加剧了认知错误的问题。卡扎菲政权对该国境内的新闻和信息流通实行严格控制，严格限制言论自由，确保其与官方口径保持一致（国家信息发布机构，比如大部分报纸和唯一的互联网服务提供商都是国有的，并受到有效监管）。

对报复的恐惧，包括被逮捕和囚禁，意味着为了保护自己和自己的信源，利比亚的记者们有进行自我审查的压力。几乎没有外国记者获准进入该国，那些能够通过斡旋获得准入的人会受到官方陪同人员的严密监视，警惕任何开始调查的迹象。BBC 的怀尔·戴维斯（Wyre Davies，2011）回忆道：“（作为卡扎菲政府的‘客人’报道相 186
关事件时，）在的黎波里的‘小把戏’是试着从你的陪同人员身边悄悄溜走，然后试着在被围困的首都进行报道，在这里，很多人显然太过恐惧，所以不会进行抗议。”（2011：

52)2011 年 1 月 24 日，利比亚当局封锁了若干海外背景的门户网站，包括 Libya Al Youm，Al Manara，Jeel-Libya，Akhbar Libya 和 Libya Al-Mostakbal，进一步加强了原有的管制。YouTube 也受到了类似的审查。这家网站将示威视频置于突出位置，被认为激怒了相关官员。

随着暴动首先在突尼斯成形，然后是埃及，媒介受限的状况持续恶化。到 2011 年 2 月 17 日利比亚人民发动“愤怒日”，要求基本的自由和人权的时候，该国国内的独立新闻报道已几乎完全被抑制。据 BBC 的穆罕默德·舒克里(Muhammad Shukri，2011)报道：“利比亚当局对该国事态的实时进展实施了媒介封锁。电视最开始的时候对抗议活动无动于衷，后来一直试图将示威者们描述为破坏者和外国特工。大部分演播时间要么完全用来播放支持卡扎菲的集会录像，要么播放爱国歌曲和音乐。”逃避官方监管的西方记者被大失所望的官员们贴上“不法分子”的标签。这些官员强烈批评了西方的“干预”和“瓦解破坏”。

该政权试图有效控制互联网，禁止发布反卡扎菲的材料，同时也禁止抗议者们在网上组织行动，但只取得了部分的成功——Twitter 的话题标签 #Feb17 帮助无数精通互联网的反抗者塑造了集体认同。与此同时，远方的利比亚侨民也通过电子邮件、手机短信、博客和其他社交媒体尽力积极地转发信息——有时与政治策略混合在一起。很多人敏锐地注意到，与该地区其他国家相比，该国能够接入互联网的人口比例相对较小，但他们仍在坚
187 持。“我可以打电话到班加西或的黎波里，从在现场的人

那里获得准确的信息，然后直接发布到 Twitter 上，发给成千上万的人，”位于曼彻斯特的“利比亚青年运动”领袖奥马尔·阿马尔对英国第四新闻频道（Channel 4 News，2011a）如是说，“不会再有‘道听途说’，准确的信息在实时进行传播。”国际新闻网站，特别是半岛电视台和阿拉伯电视台（Al Arabia）分别提供的信息，同样被证明是这方面的重要资源，为急于知道在自己的国家发生了什么的利比亚人提供了源源不断的最新消息（Topol，2011）。

在接下来的日子里，这个国家摇摆在内战的边缘，西方媒体迅速行动以做出回应。东部边境被证明最容易进入，因为检查站的官员问候记者时都会提出“告诉世界我们的革命”一类的要求（Poole，2011：20）。BBC 的乔恩·莱恩（Jon Leyne，2011）非常清楚，记者在“见证正在发生的历史”，但也补充说：“不管你喜不喜欢，我们记者不仅仅是见证者，我们也在扮演自己的角色。”即：在他看来，如果“没有记者成功进入利比亚东部，肯定不会有足够大的压力推动禁飞区的划定，以及后来北约领导的军事干预”（2011：42）。在质疑联合干预合法性的批评人士眼中，这种新闻界和军事力量的利益融合被认为是有争议的，很多人表达了他们对后续报道质量的不满。

此处值得注意的是，在能够进入该国的记者和摄影师中，有很高比例是自由职业者（或“本地雇员”，用新闻行话来说），他们中很大一部分是有生以来第一次目睹军事冲突。国际新闻安全研究所（International News Safety Institute）的汉娜·斯托姆（Hannah Storm）指出：

你能理解，为什么新手记者或是没什么报道军事冲突经验的记者会被吸引到利比亚来。这场军事冲突就发生在家门口，给人一种参与历史进程的感觉；但又如此危险，因为它并不像传统的战争，而是流动的，难以预测，参与其中的反卡扎菲战士对他们使用的武器往往并不熟悉。（Storm，转引自 Beaumont，2011b）

188 此外，她认为，"公民新闻和新闻工作者-活动家的崛起"，使得"作为记者的意义变得模糊"，这意味着这样的机会带来的诱惑虽然危险，却很难抗拒。他们中的一些人要么不具备职业培训的优势，要么缺乏充分的后勤保障，只能常常依靠"通讯员（fixers）"，就是那些居住在本地且愿意提供帮助的人，来报道正在发生的一切。本来是一名建筑工人的苏力曼·阿里·兹韦（Suliman Ali Zway）解释道：

我意识到，如果得不到帮助，记者们便无法完成报道。

2006 年的时候就发生过这样的事。我们在班加西进行革命，10 天后被镇压，因为没有人能报道这场革命，没有人能把消息传出去。

我知道帮助记者紧跟事态发展，不惜一切代价帮助他们报道真相十分重要……

当你到前线去，发现只是装备了 AK-47 的志愿者在与正规军作战，这就很危险。（Zway，

转引自 Gunter,2011)

与此同时,在的黎波里有大约 130 名记者被他们的官方陪同人员告知,为保证他们的人身安全,他们需要待在旅馆里,而真实的原因明显是阻止他们报道示威活动,以及当局用镇压回应示威的行为。据《纽约时报》一位记者所说,此后不久,“政府通知记者,计划让他们乘飞机前往卡扎菲牢牢控制的南部地区,避开周五可能发生的抗议活动”。记者们提出反对,拒绝合作,“政府便暂时将他们锁在旅馆里,然后安排他们坐大巴车前往中心广场,那里是支持卡扎菲集会的据点”(Kirkpatrick,2011; 参见 Coker and Dagher,2011)。[4]

“关于骚乱的快照”

正是在这样的背景下,利比亚平民为新闻报道做出
的贡献才得以凸显。据半岛电视台(2011a)报道:“抗议 189
活动刚开始出现在利比亚的时候,在现场的媒体很少,多亏了勇敢的公民记者,这个故事才得以通过社交媒体流出。”形式多样的公民新闻报道[一位专业人士也叫它“游击新闻(guerrilla journalism)”]出现在 Twitter 和 Facebook 上。人们通过使用代理服务器等策略规避那些屏蔽它们的手段。BBC 的监听部(BBC Monitoring,2011)表示:“在描绘抗议活动和整个国家的动荡局面时,公民新闻记者提供了官方媒体之外的另一种选择。官方媒体只展示支持卡扎菲的抗议活动,而手机上的照片和视频却

讲述了另一个故事。”有些人跨越国界到邻国去，只为上传目击者的描述和影像，虽然，据报道，检查站的警卫会没收摄像机、记忆棒、硬盘和电话 SIM 卡——几乎所有能够存储视频和静态照片的东西(参见 O'Neill,2011)。

穆罕默德·纳伯斯(Mohammed Nabbous)成立了一个电视台：利比亚自由电视台(Libya Alhurra TV)，目的是让那些为公民新闻做出贡献的目击者提供的原始视频和评论能为世人所见。BBC 的乔恩·威廉斯(Jon Williams,2012)后来回忆道：“早在国际记者到达利比亚之前，自由电视台就已经在网络上播放视频了，让全世界看到这个国家内部正在发生的一切。当局试图切断互联网，让这家电视台闭嘴，但由于创始人穆罕默德·纳伯斯及其同事的聪明才智，他们得以绕过政府封锁，继续进行网播。”不幸的是，在争夺班加西的战斗中，纳伯斯死于政府军之手。他的妻子珀迪塔(Perdita)在现场播报了相关细节。在她简短而催人泪下的声明中，她说道：“请让这个频道运营下去，请发布视频，动用你所拥有的权力做点什么来反抗这一切。轰炸还在继续，交火还在继续，还有更多的人面临死亡。不要让穆[1]开始的事业化为泡影，让他的牺牲有价值。”(转引自 Washbrook,2011)

新闻媒体都在尽量跟进事态的发展，但发现自己很依赖据说由目击者提供的资料，他们非常清楚有时要独
190 立验证这些资料几乎是不可能的。对此，值得注意的是来自《洛杉矶时报》网站上一个博客的案例——“利比亚：

① 穆即穆罕默德·纳伯斯。——译者注

业余视频影像意图呈现扎维耶(Zawiya)地区的战争场景”,这是用于表达这种不确定性的合格用语。在描述YouTube上分享的三个视频时,这个帖子小心地加上了进一步的说明,比如“新发布的视频”“据说呈现了对扎维耶城的‘轰炸’”,而“大声疾呼”是“似乎从附近的清真寺听到”。对于三个视频中的第二个,《泰晤士报》的亚利山德拉·桑德尔(Alexandra Sandels,2011)写道:

> 下面,另一段周四发布在互联网上的视频据说描述了扎维耶的情况。视频中,人群在街道游行,高喊口号纪念阵亡的“烈士”,空中不时有枪声响起。有一个镜头是摄像机逼近街面上一摊像血一样的东西。越来越多的枪声传来,人群看起来越来越叛逆。有些人爬到汽车的引擎盖上,开始挥舞棍子,握紧的拳头挥向空中。(Sandels,2011)

故事性的用词,例如“据说”这样的词语,或是“一摊像血一样的东西”这样的表述明示了这种不确定性,也不言自明地承认了,有时候,摄像机——或者更确切地说,拿摄像机的人——并不总是在传达真相。桑德尔为第三个视频设置的说明是:“此处,人群聚集在白色床单覆盖的物体周围,床单下可能是死者的尸体。这段视频,也是周四上传的,据说拍的是扎维耶的‘烈士’。”她的撰稿人署名显示她在贝鲁特,当时西方记者经常驻扎在那里,所以这含蓄地强调了记者在努力报道他们无法亲眼看见的冲突时遇到的挑战(利比亚高级官员称记者为“‘基地组织’合作者”，以及类似的“恐怖分子同情者”，这些人随时面临被捕的风险）（参见 Halliday，2011a）。

看起来还算中肯的说法是，用这种回避的方式来陈述真相，会引入和读者之间的一种微妙关系，即相信读者拥有解读的技巧，在涉及有争议的证据时，这种技巧对区分新闻权威性的细微等级差异是必要的。公民影像多样
191 化形式的绝对数量使得我们在任何情况下都无法对其进行直截了当的分类。记者詹姆斯·弗利（James Foley，2011）表示，“毫无疑问，家庭录影在利比亚革命中扮演着重要角色”，无论拍摄的工具是“早期粗笨的”二十世纪九十年代的电视摄像机，还是更新型的手持摄像机，抑或是无处不在的手机或是移动电话。这些影像包括“从早期手无寸铁的抗议者在班加西遇袭的视频，到从被俘的卡扎菲部队手中获得的他们拍摄自己暴行的令人震惊的视频”，这些视频“像野火一样在 Facebook 和 YouTube 上燃烧，在成千上万人心中播撒正义的愤怒的种子”。这些不得不填补西方新闻报道空白的所谓“未经授权的媒体”，还包括 Anonymous 这样的黑客组织。它们在推进创建非法平行网络方面扮演着至关重要的角色，同时也在传播由目击者拍摄的影像。“我们想告诉全世界利比亚的恐怖状况，”一位成员对一家法国周刊《新观察家》（*Le Nouvel Observateur*）解释道，“我们传播那些燃烧着的残缺不全的尸体的照片。血流成河。的黎波里是一座屠宰场。”[5]（转引自 RWB，2011）

很多这样的影像都是由进行积极抵抗的反政府武装人员拍摄的，它们通过一个由激进分子和抗议者组成的

临时网络用 Twitter 迅速转发到国外，传给远方的记者。比如，NPR（美国国家公共广播电台）的安迪·卡文（Andy Carvin）在华盛顿进行节目放送，力求提供精确到分钟的现场新闻报道。用他的话来说：

> 我总是在寻找记录下来的证据——照片和视频，还有音频。有时我并不清楚某个媒介作品的相关背景，但我还是会在 Twitter 上转发，寻求帮助以期理解它——查明事件发生的时间和地点，实际发生的事情等。很多人为我当翻译。而我转发了很多残酷的东西——恐怖的图片，描述暴行的结果，因为我想给人们一个机会，了解正在发生的一切。当然，他们不必打开链接，但如果他们觉得他们需要进行见证，他们会打开的。（Carvin，2011）

关于进行见证的这一概念，其基础是“给你一张关于骚乱的快照”。从读者的角度看来，这就预示了某种怀疑论：虽然卡文努力拼凑可靠的报道，但读者必须做好准备，辨认其贯穿始终的不确定性。他解释说：“我试图让（关注者们）理解，我的 Twitter 信息流本质上是以公开透明的方式收集新闻，而非一系列验证过的新闻标题。”[6] 192

而旁观者看重的是，准确判定什么才算是可靠可信的战地信息，他们同样看重，在公民-职业报道者的连续体中，“记者”的地位似乎是流动的，是可以重新协商的。拉娜·贾瓦德（Rana Jawad，2011a）在利比亚为 BBC 进行报道。在“停职”六个月后，她接到公司电话，要求她着手提供骚乱的最新消息。她对被捕和随之而来的“失踪”感到焦虑，这意味着她不得不进行秘密工作，所以她告知利比亚当局，她已因为个人原因暂停工作。她解释道：“‘隐秘的生活’是一种让人不适的说法，因为当时并没有任何人在现实生活中追捕我，对我紧追不舍的是偏执的恶魔，迫使我努力去了解可能发生的一切，去获取初步的认知。”她学着应对持续存在的暴露身份的威胁，使用一个男性身份，以“的黎波里见证人”作为署名，为 BBC 进行网络报道。这使得她获得足够的匿名性，来避开卡扎菲的秘密警察。这个博客很快变成一个重要的信息源，提供了一系列关于首都各种事件的一手资料，如若不然，BBC 根本无法详细充分地报道这些事件。

不过，总体而言，利比亚大多数目击报道都来自公民见证人。在很多情况下，他们未经训练，也不会获得匿名保护。我们在上文中已经注意到，其中也包括叛乱者自己。他们拍下喜庆的场面，也拍下战斗导致的损毁，以及随之而来的人类苦难。对有些人而言，那些冒着生命危险也要推翻卡扎菲政权的人就像“战场观光客”，但他们明白，在推动战争时，包括在舆论的战场上，摄像机和卡拉什尼科夫冲锋枪都有其价值。然而，对意图处理此类参战者影像的新闻组织而言，棘手的中介问题出现了，这个问题既涉及信息的流通，也涉及某些伦理层面的影响。随后的报道充斥着各种不同的观点和意见，讨论恰当的、负责任的、不带评判的处理方式应由哪些要素构成，在某
193 些处理方式对相距甚远的观众而言视觉冲击过大，或令

人不安的时候尤为如此。

“有时真相令人震惊”

2011年10月20日，在苏尔特(Sirte)镇附近，前领导人穆阿迈尔·卡扎菲被俘。他身穿血迹斑斑的衣服，被欣喜若狂的叛军战士包围，关于这一场景的照片和视频开始出现，使得上述争议进一步白热化。粗糙模糊的画面中似乎是他委顿的身体，不久变成了手机拍摄的晃动的、闪光灯不时亮起的视频，视频中他被在街道上拖行。在另一段视频中，他躺在一辆皮卡的引擎盖上，四肢摊开，面颊沾满鲜血，叛乱分子不断嘲讽，粗暴地将他推来搡去(背景中传来欢快的枪声)。还有一个片段显示，他踉跄着摔倒在地，被反复踢打，他显然还活着，但明显在挣扎着忍受暴行。卡扎菲被抓获他的人处决的消息没有被记录在案，至少到目前为止还没有出现任何相关的影像，但他尸体的照片很快就被发布在网上。照片显示，他左侧太阳穴上有一个弹孔。最初的报道声称，这位前领导人是在交火中丧生的，他当时已被捕，正被送往医院接受治疗。这样的说法被彻底推翻了。然而，人们仍持续关注信息核实的问题。有些新闻机构犹豫不决，考虑该不该在官方证实之前宣布利比亚领导人的死讯——CNN有保留地声称“视频中似乎出现了疑似利比亚领导人的尸体”就十分典型。半岛电视台和法新社最早为很多西方新闻媒体转发了叛军用手机拍摄的影像，当这些影像在整个互联网上被快速地一次次挪用时，他们为这些片段配的解释性文本却常常没有一起出现。

世界各地的记者和他们的编辑都争先恐后地确认他们所见之事的真实性。信息源的问题、照片和视频清晰易懂的特性——画面充斥着对利比亚领导人鲜血淋漓、
194 明显已无生气的尸体的各种特写——这些难题混在一起,引发了道德评判的尴尬问题,即这些照片和视频是否越过了公众敏感性规范的界限。记者大卫·巴伦(David Barron,2011)表示,在巨大的时间压力下,电视和互联网的编辑和制作人通常选择"上图",这就意味着他们的受众"看到的图像,是通过手机摄像头、互联网上的各种网站、24秒新闻周期获得的。在之前的时代,这是无法想象的。那时,一个新闻主管必须在竞争性的环境中即刻做出艰难的选择,决定哪些图像太过耸人听闻,不宜展示"。这样的决定很少是他们自行做出的,尤其是大家都认为,受众们只要简简单单上个网就能找到主流媒体报道之外的信息(巴伦用一种和缓的方式,引用了一位分析师的话:"我们在阿富汗、利比亚和伊拉克花了很多钱,人们希望看到产出")。

一家选择无视此类耸人听闻材料的新闻组织,可能会被认为是无关紧要的。于是,对评论员而言,这意味着对从"我们应不应该报道"到"我们应该如何报道"的转变心照不宣,这一点变得越来越明显。对电视观看者进行文字警示,和通过某些需要点击的验证程序警告互联网用户一样(例如,"警告:本库包含逼真图像,建议谨慎观看"),揭示了对观众感知能力的推断。针对特定情境,我们才能判断什么是合理的(至少是合情的)。由于后续可

能遭遇过度开发、过于感性、过于琐碎或只是“坏品位”的批评,报道的清晰度会不断调整变化。我们的判断要与其保持一致。然而,通常不言自明的是更深层次的规则:展示卡扎菲或本·拉登被毁坏尸体的图像,将其公之于众,在道德层面和新闻业务层面都被认为是可接受的,而以这种方式展示西方人被侵犯的尸体的影像则不可接受。

在涉及突发新闻报道时,需要以务实的方式解决道德的困境,在未达成共识又必须做出决策的情况下,恰当地而非哗众取宠地利用影像。例如,“你需要看到卡扎菲 195
的尸体吗?”就是詹姆斯·波涅沃兹克(James Poniewozik)为《时代周刊》所撰稿件采用的标题。他指出,我们生活在一个“有图有真相”的时代,所以,在第一次发布时,“照片本身并不能立即证明此事的发生”也就不足为奇了。与此同时,他认为,在争论此类影像服务的目标时,一个更宏大的观点被忽视了。

> 新闻工作——至少是诸如此类的突发新闻报道——无法决定人们应该感受到什么、感受不到什么,然后再打着正确思考的旗号,回去生产能够引发理想的情绪化回应的影像。这并非试图鼓励正确的公众反应,或防止某些危险的反应(而一个政府有这样的担忧,可能是完全恰当的)。这是为了在一个事件中,获取实际发生的事实真相。(Poniewozik,2011)

这一观点拒绝为新闻工作中关于情绪的虚拟主张赋予特权。有些人可能会认为看重这一点(以及被看到看重这一点)可被视为其道德层面的义务。不过基于对客观性承诺的坚持,这一观点被不断重申。如上文所说,泄露出的信息需要一些时间来搭建成"真相",在波涅沃兹克看来,这与充满怀疑的"阴谋论时代"是一致的。"如果有人拿别的尸体来装扮成这样呢?如果这些照片展现的只是他的伤情,而非他的死亡呢?如果照片是被修改过的呢?如果……会怎么样呢?如果……会怎么样呢?"他问道。

就算真实性在表面上是成立的,如何以恰当的、负责任的方式更好地呈现影像依然是个问题。卡扎菲的身份是一个独裁者和一个战争罪犯,这意味着他不会获得一位被杀害的政治领袖应得的尊重。大量重复播放的视频片段展示他显然已了无生气的尸体,在一定程度上被认为是必要的,目的是为了消除疑虑,证明他真的死了(这与奥巴马政府进行的相反处置形成了某种对比,他们拒绝将"基地组织"领导人本·拉登的尸体照片发布到公共领域)。CNN 的劳拉·史密斯-斯巴克(Laura Smith-
196 Spark,2011)认为:"虽然为已死独裁者拍快照的伦理问题仍有待讨论,但安装了摄像头的手机无处不在,以及这样的影像得以迅速到达等待信息的世界的方式,意味着这种质疑存在的可能性要小得多。"《新政治家》(*New Statesman*)的史蒂文·巴克斯特(Steven Baxter)对此的评价更为直接。他指出,因为"我们生活在一个'有图有真相'的时代,所以我们并不相信广播里的话,我们希望能亲眼看到”。因此，他推测，其中一个关键原因是，“这一次，新闻媒体很乐意吃人血馒头”，因为“卡扎菲的尸体有着类似战利品的属性”，呈现了一种可怕的景况。

随着更多数码照片和视频片段不断出现，尤其是涉及公民见证行为以这种图片的形式出现是否具有相应的合法性时，这种情况在新闻层面的意义变得越来越成问题。《每日邮报》上一篇达米安·盖尔(Damien Gayle)的报道描述了其中一个片段，指出它来自“自由电视集团(Freedom Group TV)”，然后解释，根据这个集团的Facebook页面，他们是“一群公民记者，使命是让全世界知道利比亚发生了什么”(转引自Gayle,2011)。BBC新闻的多媒体新闻编辑部主任玛丽·霍卡第(Mary Hockaday,2011)回应了这一纪实证据的含义，她在一篇博客文章中承认，利比亚领导人临终时刻的影像“无疑是令人震惊和不安的”，但在编辑层面，平息“流言的漩涡”是正当的。“在手机时代”传播正在发生的事件的戏剧性，意味着需要向观众交代清楚，什么已被证实，什么尚未被证实，在何处会涉及“新摄影证据”的来源。她坚持认为：“我们判断，使用一些影像片段和定格画面，并对其性质加以警示是正确的。”作为一个新闻机构，“我们的角色是报道已发生的事实，其中可能包括令人震惊和令人不安的东西”(Hockaday,2011;参见Halliday,2011c)。

越过道德的藩篱

当新闻过滤的潜规则被打破时，这些潜规则就会变

197 得明显，这是士兵、活动家和平民的影像生产行为会让人不安甚至造成情感创伤的原因之一。迈克尔·特里斯（Michael Trice，2011）注意到，这种影像具有来自“显然非专业的现场”的力量。在他看来，“这种视频业余生产的特质和不受限制的观点，使得它们看起来并不像新闻”。尽管如此，他补充道：“只因为未经加工的历史赤裸地呈现了战争中的伤痛、混乱和喜悦，就将其忽略，这代表的是一种可怕的审查制度。”在一个经历战争的社会，公共话语可能会错误地承受这种审查制度。然而，对《福布斯》的苏珊娜·布雷斯林（Susannah Breslin，2011）而言，影像可能会变为战争的“色情”书写。“我们很难目睹卡扎菲死亡的影像在病毒式传播——看着他的尸体被拖过街道，撞在某个人的膝盖上，满身是血——而不联想到色情影片，”她写道。与摄影记者摄制的新闻图片相反，那些通过手机传播的、由刚好身处事发地附近的人拍摄的内容更容易被采纳和使用，正是因为它们能唤起强烈的情感反应。“记者们应该一直承担某种道德指向标的责任，不过随机出现的旁观者并不需要，”她指出，“因此，数码记录设备在不断运转，你没有理由不去记录那个自封的‘万王之王’沦为一具尸体的转瞬即逝的时刻。”记录这种悲惨的见证性质的影像是一回事，而让远方受众为其情感层面的影响做好准备，则又是另一个问题了。

有人宣称最新的“公民新闻”的案例具有成为“游戏改变者”的潜力，会使新闻报道的“风险提升”（Lodish，2011），不过也有人认为有些事情正在改变社会的禁忌，并对此表达了关注。路透社的汤姆·赫尼根和彼特·阿普斯(Tom Heneghan and Peter Apps,2011)表示:“因为互联网和社交媒体做了很多之前由一小群职业新闻工作者做的编辑层面的决定,所以发布像卡扎菲之死那种耸人听闻的影像的门槛正在降低。”当然,考虑到达成共识的规范标准是否缺位都还有待论证,更不用说去进行评价、做出改变了,新闻业界察觉到的公众对此类影像容忍度正在变高的问题,可能恰恰会被证明是一个自我达成的预言。对于在哪里划下边界这个问题,不同的新闻媒体给出的答案是不同的。他们拼凑故事,迅速做出决策时,参考的显然是更广泛的关于“共同体标准”“好品味”和“道德基准”的观点。 *198*

曾担任过编辑的《观察家》(*The Observer*)专栏作者彼得·普雷斯顿(Peter Preston,2011)在大量英国的报道中发现了一种新“复仇论调”,他把这归因于“现代新闻业的双子神”,即“独家新闻”(“卡扎菲尸骨未寒”就开始大发雷霆地争论谁最先抢到了这个新闻)和“挥舞着手机的公民记者兼摄影师”。他认为,二者共同作用,确保这是一场“超越胜负的竞赛”;“它包罗万象,兼收并蓄,不可避免;或成或败,它都有决定性的味道”。编辑不能“再虔诚地坐在场外”,事实上,他们“注定参与竞争,因为不参与其中就成了一种审查制度,而且并未击中要害”。《新闻周刊》(*Newsweek*)将视频发布在该杂志的 Tumblr[1] 页面上时,也就这样的压力发表了类似的观点。他们写道:“警告:这段视频包含卡扎菲曝尸苏尔特街头的画面。无法洗白这一点。我们发布这段视频是因为很多人都在发。在这个时间点上,

① 一个轻博客性质的社交网站。——译者注

它是能进历史书的视频资料。”(*Newsweek*,2011)

在接下来的日子里,新闻评论员们持续深入思考这一问题对新闻业更广泛的影响。前报纸编辑罗伊·格林斯莱德(2011)坚持认为:“考虑到卡扎菲死亡方式的特殊环境,他施行暴政的背景以及照片在互联网上的广泛传播等情况,总体而言,卡扎菲死亡影像的发布是合理的。”伦敦《星期日邮报》(*The Mail on Sunday*)的专栏作家苏珊娜·摩尔(Suzanne Moore,2011)对“全彩的卡扎菲死亡视频”提出了异议,她认为,卡扎菲暴政下遭遇可怕不公后的利比亚人可能需要看到的一切(就像罗马尼亚人需要看到齐奥塞斯库的尸体,或意大利人将墨索里尼和他情妇尸体的照片传来传去),和西方世界的“我们”需要看到的一切是有区别的。“我们集体道德罗盘的指针正在旋转,”她写道,“卡扎菲是坏的,因此一切都是可以容许的……看这个罗盘旋转出种种借口:这是历史;这是象征手法;这是新技术。我的罗盘转向下方,指着荒诞不经
199 的幸灾乐祸。”与此同时,她补充道:“我们围观死亡,而且是现场直播。在每个屏幕前,在每个网页上。死亡,是最后的边界吗?不,不再是了。野蛮人并不在门口。我们已经变成了野蛮人。”这显然瓦解了我们熟悉的他者政治,其中,“我们”和“他们”的二分法可能会变得不稳定,使之前对令人不安的现实的命名(表面上是超越语言的)变得明显。《卫报》的乔纳森·琼斯(Jonathan Jones,2011)采用了一种与此相关的批判路线。他认为:“被卡扎菲的死亡照片弄得心烦意乱,等于是假装我们根本不知道我们去参战了。”他进一步指出,这是在“做白日梦,

认为我们自己的角色是公正的、恰当的、优雅的，一点都不血腥”。他认为，西方国家存在“危险的错觉”，即战争可以是一种体面的、有价值的行为，在这一观点的影响下，他提出了一个问题：

> 为什么卡扎菲之死的照片和视频引发了那么多麻烦和骚乱？因为它们向我们展示了那些我们通常容易忽略的战争现实。自9·11以来十年的战争中，主流媒体都在尽量远离那些最糟糕的图片，包括死者作为战利品的形象，还有路边屠杀的荒诞场景，只有那些以恐惧为食粮的人才会在互联网上搜索这些影像。
>
> 但这一次，伴随卡扎菲之死，我们看清了战争的面庞。它沉浸在血海中，充满了残酷的暴行。这一次，那些公开展示他最后时刻的令人恐惧、阴魂不散的照片，不过是向我们展示了这个时代战争的样子，以及一直以来战争的样子。如果我们不喜欢我们所看到的，我们就必须停止愚蠢的伪装。战争，无论有多么“正义”，只能带来一场野蛮的混乱。(Jones，2011)

人们几乎不会怀疑，这段视频非常原始的状态会引发观看者强烈的不安情绪。对战区的恐怖场景，观众早已适应了程序化的、经过有效净化的转播。事实上，我们也许可以说，这段视频标志着一个意涵丰富的时刻，在这一时刻，它戏剧性地突破了新闻中介报道此类影像时的常规形式。

像这样令人不安的影像对报道故事的真相而言是不可或缺的，有的新闻机构准备基于这样的事实，来辩称他们对此类影像的使用是合理的。即使对于上述这样的新闻机构，准确描述这种战斗人员提供的目击材料的性质
200 仍被证明是充满挑战的。在报道中被引用的记者和编辑们都连带注意到了一点：从卡扎菲被拖出苏尔特排水管道的那一刻开始，手机已成为包围他的那些人手中强大的武器。南非《邮政卫报》(*The Mail & Guardian*)的弗兰克·克鲁格(Frank Krüger)表示："'阿拉伯之春'已经展现出公民记者的力量及其势不可挡的影响力，不过，这个术语是否能直接用于描述拍摄卡扎菲之死视频的人，这一点尚存争议。""是时候分出一个新类别了吗？"他问，"'战士记者'？"这种形式和实践的先例有迹可循，此类参战人员影像的案例可追溯到最早期的战地摄影。在涉及数码影像时，我们脑海中会马上浮现在 YouTube 上发布的死刑视频(Christensen, 2008; Kennedy, 2008, 2009; Moeller, 2009a; Snickars and Vonderau, 2009; Strangelove, 2010)，或是关于阿布格莱布监狱(Abu Ghraib)酷刑的悲惨记录(Bennett et al., 2007; Hoskins and O'Loughlin, 2010; Matheson and Allan, 2009; Sontag, 2004)。上述这些都是关于这个问题非常令人不安的案例。时间流逝，卡扎菲事件引发的争议正慢慢消退，然而，使用此类影像的道义问题引发的伦理层面的疑虑似乎仍是最令人印象深刻的争议之一。

在我读到的资料中，绝大多数评论呈现出一种意味

深长的沉默，艾利斯·奥汉伦（Eilis O'Hanlon）发表在爱尔兰《星期日独立报》（*The Sunday Independent*）上的作品揭示了这一点。她描述了这个残暴独裁者死于暴力的影像引发了她所谓的“意料之外的同情”，她进而指出：“在那一刻，你不可能不同情另一个吓坏了的受伤的人，除非你变得更缺乏人性。”然后，她提出了一个简单却让人不安的观点：“这些照片迫使我们扮演受害者的角色，并因此感到被猎杀、被恐吓、被玷污。”

有所不同

行文至此，我已尽可能深入地挖掘现实世界中关于各种新闻事件的报道，意图阐明，当见证的概念在更宽泛 *201*
的新闻话语中被占用，其语义发生各种变化时，全面考察见证行为不可或缺的基础是什么。在此过程中，我越来越清醒地意识到，尤为明显的问题是，目前盛行的对公民新闻进行概念化的方式，在多大程度上会局限于某些关于新闻媒体的假设。在今天这样众声喧哗的时代，这显得越来越不合时宜。在某些情况下，公民新闻要么被贬低为一种过时的风潮，要么在业余人士参与新闻报道的漫长历史中，直接被简化为用户生产的内容的最新形式。而在另一些情况下，公民新闻则因其变革的潜力而获得支持，即：将一度被认为经验丰富的专业人士专属的领域进行民主化，以此重振日渐黯淡的对“第四权力”的信念。然而，最新的情况是，由于这一术语被要求担负的使命太过沉重，它已面临概念崩塌的威胁。

所以，此处我试图将“公民见证”的概念发展成一个在人们更熟悉的种种立场中有益的平衡点，它能详细阐明认知层面的主张，拒绝在“专业对业余”的僵化分类中选边站。新闻记者和公民见证人相互交织成一张关系网，其最好的状态是彼此尊重、互惠互利。“在一个每周 7 天、每天 24 小时滚动播放新闻、博客和 Twitter 的时代，无论我们身处何方，我们都随时待命，”已故记者玛丽·科尔文表示，但“引人注目的是，事发现场的场景数百年来一成不变。弹坑。燃烧的房屋。被毁坏的尸体。女人为她们的丈夫和孩子哭泣，男人的眼泪，则是为了他们的妻子、母亲、孩子而流”。最重要的是，她补充道：“总得有人去那里，看看发生了什么，去‘进行见证’。”她解释道：

> 如果不到那种人们被枪指着、也有人用枪指着你的地方去，你就无法获取那些信息。真正困难的是对人性抱有足够的信心，相信当你收集的资料见诸报端、发布在网站上或是出现在电视屏幕上时，会有足够多的人在意这些事，这些人可能是政府官员、军事人员或是街头路人。我们有这样的信心，因为我们相信我们能让一切有所不同。(Colvin，2010)

202 科尔文深信，来自前线的报道是重要的。2012 年 2 月 22 日，她在叙利亚霍姆斯遭火箭袭击身亡时，她的记者同行们悲痛不已，却仍广泛支持这一观点。在她的死讯传出后，CNN 的安德森·库珀在 Twitter 上写道：“玛丽·科尔文为如此之多的人遭受的苦难发声，见证了如此之多的不公。”在科尔文从那座城市发给《星期天泰晤士报》的最后一篇快讯中，她记录下叙利亚军队如何日复一日地随机发射火箭炮、迫击炮弹和坦克炮弹，造成深深的恐惧。“在这座城市中，人类经历了巨大悲剧，”她写道，“居民们生活在恐惧之中。几乎每个家庭都遭受过亲人遇难或负伤的痛苦。”她描述那些她遇到的惊恐的人，他们躲在被称为“寡妇地下室”的地方。她用令人心碎的方式引述他们的话，用生动鲜明又切中要害的平实文字讲述他们的经历。据科尔文报道，她遇到一位小伙子在帮忙救援被炸毁建筑中的伤员。他叫阿卜杜勒·马吉德(Abdel Majid)，只有二十岁。他向她提出的请求很简单。“请告诉全世界，他们必须帮帮我们，”他说道，全身颤抖，眼神惊恐，“只要停止轰炸就行。拜托，别再炮击了。”(转引自 Colvin，2012)

同样产生重大影响的是一些普通的叙利亚人。巴沙尔·阿萨德政权禁止国际记者入境。于是这些叙利亚人决定承担起国际记者的工作。就在科尔文遇难的前一天，视频博主拉米·艾尔-萨耶德(Rami al-Sayed，也被称为 Syria Pioneer)在霍姆斯的巴巴阿姆尔区遭遇火箭炮袭击，不治身亡。据 NPR 的阿赫迈德·欧姆兰(Ahmed Al Omran，2012)报道：“今天清晨，一位公民新闻记者在网络上对霍姆斯遭受的轰炸进行了流媒体直播，但随着忠于阿萨德的部队继续推进对这座动荡不安的城市的进攻，这个流媒体渐渐沉寂下来，再也没有回来。”加上这条流媒体视频，艾尔-萨耶德在自己的 YouTube 频道里发布了超过800个视频，记录了八个月来霍姆斯遭受的袭击，其中很多被西方新闻媒体采用，他们急于获取记录该暴行及其后果的视频。在他给朋友发的信息中，可明显看出他相信自己正在目睹种族灭绝。“拉米遇难是因为他从巴巴阿姆尔区发出了真实的视频，”在欧姆兰报道的视
203 频中，穆罕默德医生（Dr. Mohammad al-Mohammad）说道，他对着镜头展示了这个年轻人的伤口，“他遇难是因为他记录了真相。”正是这种为公民见证献身的精神，使他在后续报道中，毫不违和地被视为职业新闻记者的一员。在报道了数日前科尔文、奥奇利克和艾尔-萨耶德相继离世的消息后，一位编辑界的领袖在《悉尼先驱晨报》(2012)上感叹道：“记者之死并不特别。战争中所有的死亡都一样恐怖，一样令人遗憾。但是，记者对受害者的痛苦遭遇进行见证，对其压迫者的罪行进行见证，并把这些讯息传递到外面的世界，这是当权者最恐惧的事情之一。”这就是为什么，该领袖继续说道：“他们越来越频繁地把记者和博主、见证人、报道者，还有传播其暴行证据的人作为目标。每一次死亡都更清楚地证明，为什么他们的工作具有极端重要性。”

在本书即将画上句号的时候，让我们回到最初那个为我们提供了讨论框架的问题——在危机时刻进行见证意味着什么——以期开辟新的探索途径。我写作本书的主要目的是辨认和评估可作为证据的事实基础，从而将“公民见证”发展为一个新闻学的关键概念。在一定程度上，这有助于更有针对性地探究聚合在“公民新闻”这一主题下的一系列议题。在此过程中，我努力强调见证行

为的实体性，将其视为一个特定的（contingent）检视过程，也意识到，作为报道不可或缺的部分，它通常被固化为新闻形式、新闻实践和新闻认识论中理所当然的特征。事实上，本书在追溯历史时的一个重要维度，即质疑支撑记者声称自己具有职业观察者地位的社会权威关系。

这种述行性精神（performative ethos）的核心信条多年来围绕着它所预示的规范理念不断演进，特别是预设其有能力以自我反思的方式维系冷静客观的制度化信息传播结构，从而服务于远方公众的利益。记者们努力将 204
基于专业训练、工作经验和社会交往获取的来之不易的专业知识引入专业认可的规范、价值观和程序规则中，但意向性的问题使得由此引发的各种语义变化愈发突出。当然，当规则被打破时，它们会更易于理解——所以我们在第三章讨论了威尔弗雷德·伯切特带着他的便携式爱马仕打字机，坐在广岛支离破碎的废墟里，努力见证辐射病带来的灾难性后果。虽然规则总有例外，但专业人员有条不紊地参与其中，以审慎的态度进行工作，这本身就常常被认为是一种美德。当与特定的，甚至是偶发的普通公民一时冲动的记录行为相提并论时，这一点就更为突出了。普通公民记录和分享的，是对其身边之事高度个人化的表述（也因此有着无须道歉的主观性）。然而，每一次对这种预设的专业-业余二分法进行更仔细的审视，都会揭示这是一个重点不断变化的连续体，而非鲜明的两极分化，其中的“双方”都在与对方的关系中寻求对自己的定义。

在对危机事件的网络新闻报道中的公民见证这一微

妙却尚未完全成形的新媒介生态系统的轮廓进行检视的过程中,本书采用的研究模型决定了其涉猎的范围相对较窄。由于各种各样的原因,确定这一生态系统的特征被证明是富有挑战性的。其中最难应对的,是关于数码技术的话语有着各不相同、相互矛盾的显著特征——特别是无论在新闻业界还是学界,均有观点认为,移动媒体是驱动公民见证的主要因素。为推进一种更精妙且对生活经验保持警惕的思维方式,必须以细致的调查取代泛泛而谈。把技术作为单独的动因,将其从与之相关的斡旋情境中移出,对其进行理论化,就有可能夸大其影响,就好像说每种新的装置、资源或平台——Twitter 显而易见的影响,正是这种趋势的典型案例——共同导致了对现有观看条件突如其来、程度惊人的背离。也就是说,我们需要避免重申一个隐含的前提,即技术驱动的革命强
205 化了这种公民见证的生态。在技术不断向前演进的过程中,我们会感觉一个又一个戏剧化的突破按照符合逻辑和理性的顺序接踵而至。这种线性幻觉充满诱惑,难以抗拒,但我们必须抗拒。对技术创新进行定位是至关重要的,而同样值得注意的是,这些创新如何以不均衡的方式被采纳、修改、重构,进而更适于达成某些目标。以这种方式关注技术在具体情境中的实体化,才能明确公民突如其来的进行见证的决策是如何在对其代价和可能性、压力和限制进行生动博弈的过程中被塑造的。

公民见证是一个有争议的概念,就承认了这一概念会根据特定的社会条件和历史条件,在各种各样的新闻语境中发生语义变化。我尽量将“公民”和“见证”分割

开,以便在二者的关系中对这两个概念重新进行思考。这样做同样旨在搭建一个区别于更保守的公民新闻研究路径的概念基础。在其他方面尤其值得注意的是,需要把有些贬低涉入新闻收集过程的个体的现象复杂化,尤其是无形中用定义式的标签断言他们是无知的、不值得信任的或不负责任的,因为认为在危机发生的时候,他们的个人动机受到各种因素的影响,从无所顾忌只为赚钱,到漫不经心袖手旁观,甚至是进行无谓的偷窥。人们并不非得相信驱策公民见证人的是践行事关民主的公民义务的单纯意愿,才能发现这种轻蔑的“魔鬼在民间”的刻板成见在多大程度上对多少见证人造成了伤害。与此同时,我把“公民”和“见证”结合在一起,是为了抽丝剥茧,找出那些微妙的、以某些新闻规范理念困住新闻业发展的张力。换言之,我呼吁,我们不仅应该更深入地探讨作为记者的公民,同时也应重视作为公民的记者。

在保持分门别类的压力下,我们熟悉的二元对立再次出现,这要么是为了分析的便利性,要么是出于对记者职业的保护机制。本书探讨了见证行为在新闻报道中不可或缺的地位,旨在探索将其作为克服二分法局限性的 206
一种方式,在民主文化中重振公民参与的可能性。虽然我相信,对以启发探索为目标的新闻研究而言,它十分重要,但这并不是唯一的原因。在本书的各章节中,我们以发生在全球各地的各种事件为背景探讨了这些议题。在这些事件中,民族国家的意识形态侵占了公民权——通常(也充满讽刺意味地)打着国家安全的旗号,直接攻击其合法性,逐步侵蚀其保护机制。这使得新闻业成为一个斗争场所,人们在其中为最重要的人权之一,即进行见证的权利而战。

在进一步将公民见证发展为一个新闻学的概念并将其可操作化的过程中,我们还有很多工作要做。我希望这本书能鼓励大家创造新的机会,在如何更好地基于公众利益提高网络新闻报道的质量、深度、严谨性等方面展开对话和辩论,详细阐明公民见证的重要性和意义,并丰富其解释潜力。

注　释

第一章

[1]涉及“阿拉伯之春”的相关报道时，很多著名记者都坚持认为进行见证的能力是职业新闻报道领域独有的议题，譬如英国广播公司第四电台（BBC Radio 4）的贾斯丁·韦伯（Justin Webb）就指出，由“优秀的旧式新闻记者”重点发展“优秀的旧式新闻报道”是至关重要的。他坚持认为，新闻记者“在重大事件发生时进行见证的方式是无可取代的。无论是社交媒体还是‘公民记者’都无法对此构成真正的挑战”。或者说，事实上，就算那些由某家新闻机构舒舒服服地在伦敦的剪辑室里为其配上画外音的电视画面充斥了电视屏幕，它们也无法取代新闻记者在现场的见证。

BBC 的记者乔恩·莱恩也报道了这次运动。对此他持明确的赞同态度。用他的话来说：“正是由于对 Twitter 带来变革以及社交媒体重要性的探讨甚嚣尘上，现在实际上成了属于优秀的旧式驻外通讯记者的时刻。几乎所有报道过重大突发新闻的记者都会用传统的方式处理新闻。这些传统的方式包括在当地停留较长的时间、建立各种联系、深入了解他们的报道主题。”本书后续章节要讨论的议题之一，正是这种“旧式”新闻收集方式和最近公民主导的另类创新报道之间的张力。

[2]《纽约时报》的驻外记者安东尼·夏迪德（Anthony Shadid）

一周前因哮喘剧烈发作在叙利亚丧生。该报的执行主编吉尔·阿布拉姆森(Jill Abramson)在一封给新闻编辑部的同事们的电子邮件中这样写道:“安东尼虽死犹生。他以坚定的信念见证了席卷整个中东的大变局,见证了夹在政府压迫和反对派武装之间的人民遭受的苦难。”该报的前任执行主编比尔·凯勒同样有感于见证的力量。他在 Twitter 上写道:“是的,他是个诗人,但他更是个无与伦比的见证人。安东尼·夏迪德,《纽约时报》的记者,死于叙利亚。”(两段引文均出自《纽约时报》的博客 The Lede,2012 年 2 月 17 日)

[3]譬如,格拉齐亚(Margreta de Grazia,1992)关于法律话语中引号的使用的历史研究表明,到十八世纪晚期,法学界才承认了引号的现代功能,那就是被引号引出的语句是原话的准确再现,能够被精准溯源。尤为重要的是,其前提条件是语句是可供分配的,相当于所有权的授予。“必须承认,公民或国民已经占有了这些语句,并被授予保持这些语句秘而不宣的权利,就算有执法程序在寻求披露相关语句,公民也可以选择闭口不谈,”她写道,“除非对相关所有权有特殊说明,否则书面证词的所有权也应被承认。”(1992:554)

[4]我曾试图追溯“公民见证”这一术语早期的使用状况,但很快就发现这一概念在讨论新闻业时很少出现。在少数事件中,我能辨认出其痕迹,主要在博客圈里,但这一概念通常被认为和公民新闻背道而驰。这方面比较典型的案例是一篇发布在博客上的短文。这个博客由比尔·多斯科奇(Bill Doskoch,2007)创建。这篇短文指出,由“拥有数码摄像机的旁观者”拍摄的视频片段应算作是公民见证,而非新闻工作。“捕捉关于某个事件的一块信息碎片是在为新闻工作添砖加瓦,”他写道,“但把大量此类组件(其中某些可能相互矛盾)搭建成一个条理清晰的好故事,这才是新闻工作开始的地方。”

在我自己早期的作品中,我曾在不同的地方使用过这个术语,包括《网上新闻:新闻业与互联网》(*Online News: Journalism and the Internet*)。在这部作品中,我记录了新闻媒体最初是如何重构他们网上新闻的供给,为普通公民提供表达的空间,让他们在重大新闻事件发生时可以进行见证的(Allan,2006)。在《数字化战争报道》(*Digital War Reporting*)中,我和我的合作作者唐纳德·马西森(Donald Matheson)使用这个术语来描述在报道暴力冲突和自然灾害等危机时,新闻媒体如何试图将"剧增的公民目击报告纳入新闻业务中"(Matheson and Allan,2009: 101)。

同样值得关注的还有阿兰·巴特利(Aryn Bartley,2010)在文学层面对这一术语的语义变化进行的研究。在这项有趣的研究中,她探讨了二十世纪美国文学中"公民见证的叙事",尤其是詹姆斯·阿吉(James Agee)、约翰·霍华德·格里芬(John Howard Griffin)和格蕾丝·哈赛尔(Grace Halsell)等人的作品。更确切地说,她提出了这样的理论:"公民见证的叙事方式想象了'良好公民(good citizen)'按其美好意愿行事并推动那些自认为民主的工作方式进行转型的可能性。"此类文本将伦理冲突模式化了,并非以一种抽象的脱离情境的方式,而是将其置于特定的政治空间中具体呈现出来(2010: 14)。此处涉及的"良好公民"的概念,可参见迈克尔·舒德森的相关论述。

[5]在此语境中,需要特别注意"实时"新闻收集领域不断增长的"职业-业余(professional-amateur)"合作,如《卫报》的新闻开源项目 Storyful (Storyful 团队的职业新闻记者们会全天候在网络实时信息的噪音中将可进一步追踪的新闻分离出来)或微软全国广播公司的 BreakingNews.com。关于后者,其编辑之一是这样说的:"我们的目标是为每一个发现的瞬间赋权。"在其网站的"常见问题"页面上对这句话的解释是,他们使用了这样的策略:"我们的编辑会浏览电讯稿、实时视频、RSS 订阅、Twitter、YouTube 和电子邮件提醒,同时使用好多个屏幕来发现全球范围内的突发新闻。通过参与我们的合作伙伴项目,新闻媒体为我们提供内幕消息,这

些消息将在‘合作新闻’专栏中不断自动更新。你也可以通过直接向我们的编辑提交链接的方式，帮助我们发现突发新闻报道。”

支持众包新闻可作为一种另类新闻理念的网站还包括Ushahidi.com（Ushahidi，根据其“关于我们”的页面上的解释，在斯瓦希里语中是“考验”的意思。这个网站起家于2008年肯尼亚选举后的危机时期。当时它整理发布了来自公民记者的关于当地暴力事件的报道），AllVoices.com（*Local to Global News* 栏目），Demotix（*News by You* 栏目），GroundReport.com（*Democratize the Media* 栏目），NowPublic.com（*Crowd Powered Media* 栏目），Spot.us（*Community-funded Reporting* 栏目）以及世界各地其他类似的网站。在其他地方，我已详细讨论过IndyMedia，OhmyNews和维基新闻等公民主导的网站（参见Allan，2006）。

第二章

[1]“在大量关于大屠杀的回忆录中都存在某种冲突，”佐妮亚·瓦克斯曼（Zoë Vania Waxman）表示，“即努力对大屠杀进行见证，并坚持认为其恐怖的严重程度是独一无二的；与此同时，又通过普及其重要性，来保证子孙后代永不遗忘，且因此永不让悲剧重演。”（2006：182）她继续描述了大屠杀的幸存者如何通过假想的见证人的身份，重新获得目标感。与此同时，她补充道：“与他们的行动密不可分、相互调合的，是战后对大屠杀的理解或观念，以及证词变成集体记忆的组成部分产生的影响。”（2006：184）[参见鲍曼（Bauman，1989）、费罗施和平切夫斯基（Frosh and Pinchevski，2009a），以及泽利泽（1998）]

[2]与“监视（surveillance，自上而下的观看）”一词相反，术语“反向监视（sousveillance，自下而上的观看）”帮我们捕捉到了这些过程更深层次的意涵。需要注意的是，“仅仅通过手机摄像头、视频播客以及对越出边界的权力保持警惕的意愿，普通人的非正式网络”也能实现监看权威人士的反转策略（Hoffman，2006；也可参

考 Bakir，2010）。

［3］大量学术研究持续关注新闻学术语中“客观性”一词的出现和固化，相关案例参见：Donsbach（2010）；Hartley（1992，2010）；Hampton（2010）；Kaplan（2002，2010）；Mindich（1998）；Schiller（1981）；Schudson（1978，2008）。

［4］海伍德和兰登-戴维斯（F. H. Hayword and B. N. Langdon-Davies，1919）在他们的著作《民主和报刊》（*Democracy and the Press*）中表示：“对民主政府的施政目标而言，报纸事实上是目前大众拥有的唯一一种教育方式。报刊能意识到其能力和责任，声称自己会努力获取事实，得出结论。读者会阅读这些新闻，浏览这些文章。如果他（原文如此）还有独立思考的能力，他对文章就会有所批判，对结论就会有所质疑；而在这个世界上，对他来说最罕见的事，就是去质疑事实。其结果是，操控事实对报纸的控制者有着难以抗拒的诱惑，他们可以让事实与自己想要得出的结论保持一致。”（1919：4）

［5］在一项共同署名的研究中，李普曼进一步探索了这些主题。这篇论文题为《新闻测试》（“A Test of News”），于 1920 年 8 月发表在《新共和》的一本 42 页的特刊上。李普曼和时任该杂志驻华盛顿的记者查尔斯·梅茨（Charles Merz）共同研究，完成了这篇论文。这项研究翻阅了超过 1,000 份《纽约时报》（从 1917 年 3 月到 1920 年 3 月），试图查清该报是如何报道俄国革命的。李普曼和梅茨（1920）的研究可被视为对新闻报道的指控。通过“用令人兴奋的事件引发紧张兴奋的感受”，《纽约时报》阻止其读者接近真相，通过这样做，它“误导了整个国家”。他们警告，报纸应该准备好接受来自读者的越来越严格的监督。

［6］此处的相关书评包括格鲁宁（Gruening，1922）、霍尔克姆（Holcombe，1922）和帕克（1922）的作品。

［7］关于杜威《公众及其问题》一书的评论包括达弗斯（Duffus，1927）、帕克（1929）、佩珀（Pepper，1928）和史密斯（Smith，1929）的

作品。

[8]杜威(1927)的一个脚注可能有所暗示。在其中,他承认对李普曼有所亏欠,“因为在我的整个讨论中,包含了一些他的观点,虽然结论与他截然不同”(1927: 116-117)。不少新闻学者对“李普曼-杜威之争”进行了经年累月的研究,包括拜比(Carl Bybee)、凯瑞、齐特罗姆(Daniel J. Czitrom)、法洛斯(James Fallows)、哈尔特(Hanno Hardt)、詹森(Sue Curry Jansen)、麦克切斯尼(Robert W. McChesney)、罗斯(Jay Rosen)、舒德森和惠普尔(Mark Whipple)。虽然此处我重点关注的是二十世纪二十年代那场“辩论”的某些特征,但这些作品还是做出了贡献,颇有启发地展示了学者们对这场争论在新闻学中更深远的意涵进行的更持久的批判。

第三章

[1]此处恰好有一个类似的案例。在前一天的《纽约时报》上发表了一篇有些滞后的报道,作者是劳伦斯的同事威廉姆·L. 劳伦斯(William L. Laurence,二人名字相近)。这个头版故事的新闻标题是《美国原子弹试验点质疑东京故事》,报道了劳伦斯参访新墨西哥州的“核爆区域”的经历。1945 年 7 月 16 日,在这个地方,发生了“地球上的第一次核爆”。在听取原子能科学家的“专家证词”后,一群新闻记者和摄影师们还在试验点亲自见证了“一群放射线专家携带的辐射测量仪上的读数”。这样的证据被劳伦斯发表在报纸上,提供了“今天针对日方宣传的最有力的回应。此前日本宣称,甚至在核爆发生一天后,也就是 8 月 6 日,核辐射依然会导致死亡。由于持续的辐射,进入广岛的人染上了神秘的疾病”(《纽约时报》,1945 年 9 月 12 日)。劳伦斯坚持认为,更准确地说,正是由于在试验区域没有核辐射,才使得美国军方得以“揭穿这些(日本的)谎言”,他们谎称在广岛和长崎有弥漫不散的辐射。

这篇新闻报道对劳伦斯本人曾秘密为美国战争部工作一事只字未提。应格罗夫斯将军(General Groves)的要求,劳伦斯曾从

《纽约时报》借调到战争部，担任曼哈顿计划正式的军方发言人，处理原子弹研发过程中的相关事件。四个月以来，他在最严格的保密条例下进行写作，这些限制直到8月7日早上才开始解除，这个时候，广岛核爆的新闻已经发布。“世界上最伟大的故事被广为传播，”劳伦斯(1947)后来回忆道，“而我的故事也将成为新闻史上荣耀而独特的一笔，我为战争部准备了将会在世界范围内传播的官方通稿。对于一个新闻从业者，或就此而言的任何人来说，不会再有更伟大的荣誉了。”(1947：187；参见 Laurence 1946)

[2]在广岛和长崎被原子弹袭击后的数年里，核爆幸存者的生活尤为艰辛。绝大多数人的生活了无生趣、支离破碎，忍受着各种医学症状，通常包括长期的身体虚弱和一段时间内强烈的倦怠感(这使得他们不可能找到稳定的工作)。时至今日，核辐射挥之不去的影响仍在持续，甚至影响了那些1945年尚未出生的人，他们的母亲遭受过核爆后的辐射。这些人更容易罹患先天疾病或是带有先天畸形(其中最明显的是白血病和其他癌症、小头畸形、肺结核、肝硬化和近视等)，发病率显著高于其他地区(参见 Committee for the Compilation of Materials...，1981；Lifton，1967)。与这些健康方面不断上演的悲剧同时出现的，还有对核爆幸存者的污名化，他们出现的时候，有人担心辐射病会以某种方式传染(字面上的或联想的)。数年来，日本政府拒绝“承认”这些苦痛，选择忽视他们对援助的要求，这部分是由于政府“不想为战胜国美国的恶劣行径承担任何道义方面的责任”(Hersey，1946：92)。

[3]对公民新闻的力量和局限性进一步的评估，以及同样导向引发公共讨论的研究还包括 Beckett (2008)，Gant (2007)，Ghonim (2012)，King (2010)，Rosenberry 和 St John III (2010)，Shirky (2008，2010)，Singer et al. (2011)和 Turner (2010)。

[4]十年后，在描述公民借助摄像机进行的见证行为时，弗瑞德(2011)写道：“2001年9月11日，那时候还没有 YouTube 的视频，没有 Facebook 的个人主页，也没有 Twitter 的信息流。手机摄

像头尚未面世。然而,大量人群涌向了双子大楼的所在地,争相记录这次恐怖袭击,以及袭击后发生的事。他们拍摄的图像和电视台固定机位拍下的画面、职业摄影师的作品一样,变成了我们了解这场灾难的窗口。与此同时,还有无数人正使用他们的寻呼机、电话和台式电脑去获取第一手的报道,看看曼哈顿下城的状况如何。还有成千上万的人在全球范围内不断转发这些信息,帮助生产出一份与电视报道和文字报道一致的 9·11 常人日志(事实上,这是与职业报道的竞争)。"那一天,关于公民新闻生产最引人注目的,现已变得习以为常,他补充道:"十年后,当某个意义重大的事件发生时,随着事件的发生发展,我们不仅仅是期待我们能获得大量来自群众的数码影像;无论结果是好是坏,我们都要求获得大量来自群众的数码影像。"

[5]"位于达拉斯-沃斯堡的隶属于美国广播公司的 WFAA 电视台尽其所能地获得了一段业余人士拍摄的航天飞机失事的视频,这是最早出现的非专业人士拍摄的视频之一。在二十分钟内,他们就将这段视频播出了,"布莱恩·兰伯特(Brian Lambert,2003)做出报道。不久后,"关于航天飞机失事的电视新闻报道回到了现在看来让人熟悉的模式。从周六早上开始,它播放的是不可或缺的、各种各样的目击者报告和目击者拍摄的视频,到周一和周二,它平稳地转向了几乎从不间断的赞颂(有些很好,还有很多催人泪下),还有专家们事后进行的猜测,在极少情况下才会插播新的信息"。

第四章

[1]美联社电视新闻部(APTN)的主管桑迪·麦金泰尔(Sandy MacIntyre)曾说过:"世界上拥有摄像机的人越来越多,这意味着,我们首先需要寻找的是拿着摄像机的某个人,他刚好在那里,拍到了一些东西,因为我们不可能比他们更快抵达。"然后麦金泰尔又补充道:"所有关键时刻的照片都是业余摄影师拍摄的。"这就意味

着 APTN 的工作人员需要快速行动，找到那些拥有相关影像的公民。“我们积极外出，寻找此类影像，”他解释道，“制片人会询问他们遇到的每个人，蹲守在所有机场，等待那些从科伦坡和普吉岛回来的人。”据麦金泰尔估计，灾后五天内，至少有十段“业余人士拍摄的影像”在国际信息传播者间流传。“我们在科伦坡的工作人员冲进一家旅馆，找到了一对英国夫妇。这对夫妇给他们看了一些非常棒的照片，”他说道，“事情就是这么发生的。”(转引自 *The Independent*，3 January 2005)

[2]这段时间及不久之后发生的案例包括对法国骚乱的公民报道，处决萨达姆·侯赛因的报道(一位狱警的手机录下的音频最为关键)，以及弗吉尼亚理工大学枪击案期间，一名学生进行的电话报道。类似案例还有很多(参见 Allan，2010c；Allan and Thorsen，2009；Bakir，2010；Beckett，2008；Hanusch，2010；Liu et al.，2009；Matheson and Allan，2009；Russell，2007；Sambrook，2009；Wahl-Jorgensen and Hanitzsch，2009；Wigley and Fontenot，2009；Watson，2011；Zelizer，2012)。

第五章

[1]这是英国第四新闻频道引自奥马尔·阿马尔的话(2011)。在后续新闻报道中，这被证明是一个关键点。“革命已扩散到突尼斯以外，动摇了其他阿拉伯国家的独裁统治。在这些国家，在面对令人窒息的官僚主义和无法穿透、令人恐惧的安全部门时，心灰意冷的年轻人常常被描述成心满意足的样子，”凯伦·法希姆(Kareen Fahim，2011)在《纽约时报》上表示，“布瓦吉吉先生回应那记耳光的行动严重动摇了这个假设。他穿着黑色夹克、带着苦涩微笑的照片，现在变成了革命的标志。”然而，在那之后的几个月里，人们开始质疑某些说法的真实性，这些说法多是围绕着著名“烈士”的相关事件，被认为是革命的导火索。“(正)如突尼斯随后发生的‘茉莉花革命’有其不完美和缺陷一样，穆罕默德·布瓦齐

齐的故事也不完全是那个后来被很多人书写和传颂的完美隐喻，”BBC的怀尔·戴维斯(2011)指出，“看起来，对一些突尼斯人来说，那位26岁的烈士已不再是个政治英雄，而是一个为那些局外人生产的媒介的创造物，方便他们为‘阿拉伯之春’的诞生高唱赞歌。”

争议点还包括布瓦齐齐是不是被警官扇了耳光，这也是存疑的(女警否认了这一点)，同样也有人说，在网上发表诗歌和歌词鼓励人民起来革命的，其实是一个同名同姓的大学生。然而，考虑到此事件后期逐渐显现的性质，几乎不会有人认为这样的分歧是有意义的。

[2]半岛电视台自称是“阿拉伯街道上的声音”。它在埃及向有志于从事新闻生产的年轻人分发Flip摄像机①，对接受者承担的风险视而不见。“原因很简单，世界上并没有足够多的记者报道所有事情，所以我们总是依靠目击者。他们向我们呈现了已发生的事实和细节，”该电视网的高级通讯员阿兰·费舍尔(Alan Fisher，2011)解释道。他承认，“公民报道者”这个词与他的同事相提并论时，常常让人“不适”，他表示，“在其最原始的状态下，这些资料也就只是个商品”，在成为真正的“新闻作品”以前，需要进行处理(2011：156)。然而，在最好的情况下，他们对社交媒体的使用有助于填满“空隙，提供图片和目击者的报道，让半岛电视台这样的组织得以讲述那些重要的故事。由于传统媒体无法获得相关资料，这些故事可能被略过、被忽视，或无法吸引注意力”(2011：157)。该电视网社交媒体的负责人里亚德·明蒂(Riyaad Minty)进一步指出，正是大量相关影像的出现提醒了他们，有抗争行动正在发生。“所以公民新闻不仅帮助半岛电视台报道了这场革命，”他表示，“事实上，这也是半岛电视台从一开始就对埃及进行报道的原因。”(转引自Mir，2011)

[3]关于年轻人手机使用行为的实证研究，特别是关于其影像

① 一种小型手持摄像机，摄像头可以翻转。——译者注

生成行为的研究包括 Lillie (2011),Rantavuo (2008),Sarvas and Frohlich (2011) 和 Villi (2010)[参见 Buckingham and Willett (2009)]。《卫报》记者保罗·梅森(2012)强调的是年轻人如何在更广泛的网络中充分利用他们作为"节点"的地位,手机是其中的关键。"在每一个拥挤的人群中,我们都能看到那些举着手机的手臂。他们像一小群鸵鸟,捕捉镇压或反抗的场景,为全球范围内的受众提供其拍到的即时且难以磨灭的图像,"他写道,"手机为叛乱者们的信息交流提供了最基本的白面包片:短信。"他补充道,正是短信,"让你在无法上网也无法看到结果的情况下,依然能在 Twitter 或微博客上发布信息"(2012: 75)。此处同样相关的,还有阿尔弗雷德·赫米达(Alfred Hermida,2012)将 Twitter 描述为"环境型新闻业(ambient journalism)",即:"环境型新闻业假设新闻业本身已变得无所不在,就像我们呼吸的空气一样。这是因为觉醒的社会传播系统已经开始出现并得以应用。Twitter 正是环境型媒介系统的一部分。在这里,使用者们能够既从已有媒介,又从其他使用者那里获取新闻流和信息流,沉浸其中或置身其外。"(2012: 673-674)

[4]"阅读骚乱(Reading the Riots)"是一项《卫报》与伦敦经济学院的合作研究,为这方面的调查研究提供了很多具有重要价值的见解。通过对 6 个城市 270 位动乱参与者进行访谈,该研究发现,对于动乱背后的各种因素,人们持有不同看法,但贫穷是最重要的因素。研究显示:"很多人声称,他们因为感受到的社会和经济方面的不公平而愤怒,他们抱怨没有足够的工作机会,福利被削减,一些为年轻人提供的服务被关停。受访者中,只有不到一半是学生。年纪较小的被访者常常会因为学费的上涨和教育津贴的取消而感到沮丧。"(Lewis et al.,2011)

这一研究还有更深的层次。它检视了一个包含 260 万条 tweets 的数据库(数据来源于各种与暴乱有关的标签,如 # EnglandRiots 或 # BirminghamRiots),意图搞清社交媒体在危机发生时扮演的角色。与许多新闻报道相反，直接参与者很少使用 Twitter，这主要是因为他们认为黑莓通信网络的私密性是至关重要的。“互联网那些东西也太像诱饵了，所以没人会真的在互联网上将它广而告之，”用一个哈克尼动乱参与者的话来说，“比如在 Twitter 上有一个标签对吧，仿佛有人贴了个动乱的标签，你就能到某个页面去，看看每个人对暴乱都说了什么。警察也能很轻易地到那个页面去，看看那些成立或组织团体的人会不会来。”（转引自 Ball and Lewis，2011）

还有一项相关研究是关于流言如何在 Twitter 上传播的，相关案例包括“伦敦动物园的老虎跑出来啦！现在正在卡姆登游荡呢。这不是玩笑”，以及“他们在烧伦敦眼！！！！这太过分了！！！！！！！！！！！”新闻报道中也会出现类似的有问题的陈述。具体来说，“尽管 Twitter 有助于流言以极快的速度传播，但它也有同样强大的反向作用的力量来消除流言——通常在两三个小时以内，特别是在反面证据很强的情况下，流言就会消除”（Richards and Lewis，2011）。这一研究的第二阶段正在进行，这一阶段将包含对警察、法院官员和法官的访谈。

[5]“关于占领活动的报道好坏参半，”诺姆·乔姆斯基（Noam Chomsky，2012）后来推测，“刚开始，大家对此不屑一顾。他们取笑那些参加抗议的人，好像他们只是些傻孩子在玩游戏。但新闻报道变了。事实上，占领运动取得的真正引人注目、几乎是惊人的胜利在于，它只是改变了讨论很多议题的框架。很多事情是众所周知的，但是处于边缘的、隐藏的位置，现在被翻到了前台——比如 99％和 1％的形象：在过去大约 30 年中，不平等状况急速加剧，财富不断集中到一小部分人手中，事实上，这些人只占总人口数的 1％。”

[6]2012 年 2 月，有新闻报道说，两名抗议者以滥用胡椒喷雾剂为名，起诉了纽约警察局副高级警监安东尼·博洛尼亚（Anthony Bologna）。“我希望有一天警察会成为社区的公仆，保护

每个人以及所有人的权利，”当时霍瑞斯·布斯罗伊德三世(Horace Boothroyed III，2012)为“占领华尔街”在博客 The Daily Kos 上发声，“在那之前，我们必须成为公民记者，必须先发制人地利用法院，把不胜枚举的侵犯我们种种权益的行为……变成可起诉的罪行。”他的建议很简单：“别忘了使用你手机上的摄像头。”在与此类事件相关的文献中，特别有趣的是阿瑞拉·阿祖莱(Ariella Azoulay，2008)关于“摄影的民事合约(the civil contract of photography)”的讨论。

第六章

[1]2007 年 8 月 31 日，《卫报》成为第一家正式承认维基解密并发布其名称的主流新闻媒体。赞·赖斯(Xan Rice，2007)在其撰写的一篇题为《掠劫肯尼亚》(“The Looting of Kenya”)的新闻稿中，呈现了关于肯尼亚政府委托编写的一份 110 页的“秘密报告”的调查结果。这份报告声称，“前肯尼亚领导人丹尼尔·阿拉普·莫伊(Daniel Arap Moi)的家庭腐败程度令人震惊”，有细节“揭露了他的随从利用一个由皮包公司、秘密信托机构和前线人员组成的网络，将数十亿英镑注入包括英国在内的近 30 个国家”。在《卫报》新闻稿的后半部分，赖斯表示，这份报告“是由旨在帮助揭露腐败的网站维基解密获得的”，并补充说：“据信，这份报告是由一位高级政府官员，以及在十二月总统选举前与莫伊先生结成的联盟泄露的，这位官员对齐贝吉(Kibaki)先生没能打击腐败感到不满。”虽然维基解密扮演了重要角色，但这篇文章后来并没有进一步提到它，它也未出现在其他西方媒体的相关报道中(除了在美联社和合众社的参考资料中)。非洲的报纸，比如《非洲新闻》(*Africa News*)和《国家》(*The Nation*)(肯尼亚)分别大致提了一下，跟着《卫报》将这个网站作为信息源引用。它们注意到这个网站声称自己意图提供“无法追踪的大量文件泄露和参与式分析”，却并未进行进一步评论。

[2]禁制期是整个报道策略中的关键因素。阿桑奇在早些时候的一次访谈中解释了这样做的道理。“这有违直觉，”他说道，“你会认为文件越大越重要，它就越有可能被报道，但这绝对不是真的。”在他看来，这就是供需问题：“零供给等于高需求，它有其价值。一旦我们发布所有材料，供给就会趋向无限，而人们对其定价就会趋向零。”(转引自 Nystedt，2009；参见 Sreedharan et al.，2012)对相关策略的深入探讨，参见 Assange (2011)，Beckett with Ball (2012)，Domscheit-Berg (2011)，Leigh and Harding (2011)，Sifry (2011)和 *The New York Times* (2011)。正如人们所期望的那样，这些陈述在不同的地方会有所不同，揭示了矛盾和不一致之处，但合起来会提供一系列宝贵的见解。

[3]布莱克继续说道：“在我看来，《纽约时报》《华盛顿邮报》和其他报纸完全不应该因其充满勇气的报道而受到谴责。它们应该受到赞誉，因为它们践行了国父们早已预见的目标。在揭露政府运作导致越南战争的过程中，这些报纸高尚的行为，正是建国者们希望且相信他们会做到的。”(转引自 New York Times Co. v. United States；参见 Carey，2011)2011 年 6 月，联邦政府终于表态要完整公布相关文件。埃尔斯伯格在接受《纽约时报》的采访时就此表示，还有“大量经验教训需要总结”。在他看来，行政部门越来越有可能篡夺国会发动战争的权力。“在我看来，40 年前五角大楼文件真正揭示的就是这一行动的代价，”他指出，“让行政部门中一个秘密存在的小团体做出这些决策——偷偷提出，偷偷实施，操纵国会。在他们为什么这么做和做了什么的问题上，欺骗国会和公众。这就是他们用以确保在越南、伊拉克和利比亚执行那些愚蠢、鲁莽、危险的政策的操作手段。”他对据称向维基解密泄密的信息源布拉德利·曼宁表达了赞美之情。他说道：“如果他做了他被指控的一切，那么，他就是一个英雄。因为我一直等着有人做这件事，等了 40 年。然而，并没有人做到。”(转引自 Cooper and Roberts，2011)

[4]这不是阿桑奇第一次使用绘声绘色的表达。在几个月前接受 Salon.com 的格伦·格林沃尔德(Glenn Greenwald)的采访时,他表示:“所以,如果你想要提高文明的水平,你就不得不取消一些基本的限制,它们就是文明用于决策的信息质量。当然,这其中有个人心理因素。我喜欢收拾混蛋,我喜欢不错的挑战。很多加入维基解密的人都这样。我们喜欢挑战。”(转引自 Greenwald,2010)

[5]“我记得(阿桑奇)说过一件事,如果你把原始资料直接放到网站上,就会有一个问题——每个新闻媒体都会说:‘我们不会花几个星期的时间来搞清楚那些事,因为我们都知道,肯定已经有新闻媒体在做这件事了。在我们准备好发稿的前两天,他们就把稿子给发了,然后我们所有的努力就白费了,’”戴维斯补充道,“他并不是因为信息本身的缘故而把信息发布出来。他把信息发布出来,是因为他想让整个世界理解所谓信息的主题究竟是什么。而我们的所作所为大大提高了此事的可能性。”(转引自 Hendler,2010)

[6] 西尔弗曼(2010)注意到,Politico.com 的本·史密斯(Ben Smith)提供了更多细节,显示了三家新闻媒体在公开发表相关资料之前是如何接近白宫的:“与我交谈的白宫官员觉得《纽约时报》很小心谨慎……而《卫报》为接近英国政府做出的努力则未给他们留下什么印象——一位政府官员表示,他们几乎未通过白宫和五角大楼对报道进行验证。这位人士还补充说,《明镜周刊》做得要好一点,他们要求对几篇报道做出评论。”阿桑奇(2012)在接受《滚石》(*Rolling Stone*)杂志迈克尔·哈斯廷斯(Michael Hastings)的采访时表达了自己对这种情况的看法。谈到《纽约时报》的前员工比尔·凯勒时,阿桑奇表示:“凯勒也出来说,白宫对他们的行为感到高兴。维基解密的资料中,白宫让他们别发的,他们都没发。做是一回事,自豪地宣称自己做了是另一回事。为什么凯勒觉得有必要告诉全世界,白宫对他有多满意?出于同样的原因,他觉得有

必要说出我的底子有多不干净。但这传达的并不是事实——这传达的是政治盟约。你能明白无误地听到凯勒说：'朱利安·阿桑奇可能是记者，也可能不是记者，但他肯定不是我这种记者。'我的第一反应是：'谢天谢地，我不是比尔·凯勒那种记者。'"(Assange, 2012)

[7]参见安德森(Anderson, 1983)在作为"想象的共同体"的国家的文化规划中媒体或"印刷资本主义"扮演的角色；还有泽利泽(1993, 2010)提出的"作为阐释性共同体的新闻记者"。

第七章

[1]目前很多人对过分强调速度表示关切，但长期以来，对海外记者进行新闻评价一事却很少引发争议(参见 Allan and Zelizer, 2004; Cottle, 2009; Hoskins and O' Loughlin, 2010; Mirzoeff, 2005; Moeller, 2009a, b; Seib, 2010)。"作为一个在海外呆了 17 年的自由撰稿记者，"玛丽·P. 努南(Mary P. Nunan, 2010)回忆道，"美国的新闻团队是迄今为止最恶劣的'空降'记者——降落到他们一无所知的事态中，用新闻工作最薄弱的躯壳掩盖它，依靠本地的通讯员和制片人完成新闻工作中实际的跑腿活儿，然后又飞走了。"

[2]《纽约时报》的罗杰·科恩(2011)在一篇专栏文章中阐明了这一观点——他特别指出，突尼斯代表了"可能是世界上第一次没有领导人的革命。或者说，它的领导在远方：马克·扎克伯格，Facebook 的创始人。它的使用者是突尼斯的年轻人。他们能够利用 Facebook 进行即时通信，能够通过网络激励他们的父母"(参见 Kazamias, 2011)。

[3]凯特·史密斯和本·麦克康维尔(Kate Smith and Ben McConville, 2011)认为，"阿拉伯之春"一词很可能被证明是"沙漠中的海市蜃楼"。他们采用了与马什(2011)类似的思路，仔细研究了记者在多大程度上会优先选择"简化叙事，将其框架化为善对恶，

或是暴政对解放,而不是一种更为复杂的想法,去探索全球化、人口统计的定时炸弹,以及争夺不断减少的稀缺资源的斗争的内在联系”。在他们看来,后一种叙事可能“就西方国家的资源消耗问题及其对全球各国的影响提了太多问题”(2011：137)。考虑到记者不太可能受到指使,有意忽略事件背后的原因,他们认为,“新闻编辑部文化的仪式和自我审查”在这方面值得进一步关注。

[4]在前时事资讯制作人约翰·梅尔(John Mair,2011)看来,有些记者“饱受‘瑞克索斯饭店综合征(Rixos Hotel Syndrome)’的折磨,这个名称来源于的黎波里的一家豪华酒店,卡扎菲政权将国外媒体在那里圈禁了好几个月。在那里,越来越可疑的官方新闻发言人穆萨·易卜拉欣(Moussa Ibrahim)向聚集在一起的国外媒体‘简要介绍’了卡扎菲如何取得了内战的胜利,直到事态结束都还没有停止”(2011：60;参见 Mair and Keeble,2011)。

[5]此时,越来越多的外国记者来到这座城市,记录浮出水面的一切,包括那些骇人听闻的大屠杀的细节。在反思关于见证行为的问题时,《悉尼先驱晨报》的露丝·波拉德(Ruth Pollard,2011)联想到那年九月她在的黎波里郊区的一个仓库里的经历。那个时候,在那里,她发现自己站在超过 50 个人的遗骸中间,他们被溃逃的支持卡扎菲的士兵杀害后焚烧。她继续回忆道:“面对那些尸体——特别是那些被焚烧的尸体——的方式可能不会如你所想。要面对的是,那些流连此处的活着的人的反应。”看到那么多肿胀的尸体躺在浸满鲜血的床垫上,两个和她同行的男人崩溃大哭。“对我来说,这是一场大屠杀的现场,是撤退时仍保持效忠的士兵们犯下反人类罪行的明证。对和我同行的人来说,此事要个人化得多。在经历了数十年卡扎菲的统治后,他对暴行的鼓励仍让他们十分震惊。”他们驱车返回的黎波里,一路沉默,她思索着他们各自的感受:“我知道我越界了——我应该去理解那些见证暴行的人付出了什么样的代价。这暴行是由他们的同胞在自己的土地上犯下的。”在这篇文章中,不言自明的是,波拉德自己看起来似乎

已经习惯在报道暴力冲突时面对这样恐怖的场景。然而,她的结论是:"尽管面对挑战,见证历史仍然是一种特权。"

[6]博客"大马士革的同性恋女孩(A Gay Girl in Damascus)"曝出丑闻一事强化了验证的重要性。人们发现该博客的博主阿米娜·阿布达拉·阿拉弗·奥马里(Amina Abdallah Araf al Omari)的身份存疑。她事实上是汤姆·麦克马斯特(Tom MacMaster)虚构出来的角色。麦克马斯特是一名四十岁的美国公民,在爱丁堡大学学习。丹尼尔·班尼特(Daniel Bennett,2011)在他的分析中指出,西方媒体对该博客的兴趣是可以理解的,因为它"非同寻常且与众不同,以第一人称的视角对大马士革的本土生活进行了迷人的探索。她的博客从个体层面展示了叙利亚进行政治变革和社会变革的可能性"(2011:189)。换言之,它美好得不真实,也冷静地提醒我们,当我们不可能进行面对面验证时会发生什么。

参考文献

Agence France-Presse (2008) Twitter, blogs provide riveting accounts of Mumbai attacks. 28 November.

Al Jazeera (2011a) Libya: The propaganda war. Al Jazeera Listening post. 12 March.

www.aljazeera.com/programmes/listeningpost/2011/03/20113121012263363.html.

Al Jazeera (2011b) Images of revolution. Al Jazeera World. 19 October. www.aljazeera.com/programmes/aljazeeraworld/2011/10/2011101974451215541.html

Al Omran, A. (2012) Rami Al-Sayed, Syrian citizen journalist, is killed during attacks on Homs. National Public Radio, 21 February.

Allan, S. (2002) Reweaving the Internet: Online news of September 11. In B. Zelizer and S. Allan (eds.), *Journalism after September 11*. London and New York: Routledge, 55–74.

Allan, S. (2006) *Online news: Journalism and the Internet*. Maidenhead and New York: Open University Press.

Allan, S. (2007) Citizen journalism and the rise of 'mass self-communication': Reporting the London bombings. *Global Media Journal: Australian Edition*, 1(1), 1–20.

Allan, S. (2009) I-witnessing: Citizen journalism in times of crisis. Invited research lecture, Department of Media and Communications, London School of Economics and Political Science, 15 January.

Allan, S. (2010a) Journalism and its publics: The Lippmann–Dewey debate. In S. Allan (ed.), *The Routledge companion to news and journalism*. London and New York: Routledge, 60–70.

Allan, S. (2010b) Introduction: Recrafting news and journalism. In S. Allan (ed.), *The Routledge companion to news and journalism*, London and New York: Routledge, xxiii–xliv.

Allan, S. (2010c) Professionalism: Journalism without professional journalists?

In L. Steiner and C. Christians (eds.), *Key concepts in critical cultural studies*. Urbana: University of Illinois Press, 145–57.

Allan, S. (2012a) Civic voices: Social media and political protest. In P. Mihailidis (ed.), *News literacy: Global perspectives for the newsroom and the classroom*. New York: Peter Lang, 21–39.

Allan, S. (2012b) Journalism as interpretive performance: The case of WikiLeaks. In M. J. Broersma and C. Peters (eds.), *Rethinking journalism: Trust and participation in a transformed media landscape*. London and New York: Routledge, in press.

Allan, S. (2012c) Online news reporting of crisis events: Investigating the role of citizen witnessing. In E. Siapera and A. Veglis (eds.), *The handbook of global online journalism*. Oxford: Wiley-Blackwell, 331–52.

Allan, S. and Matheson, D. (2004) Online journalism in the information age. *Savoir, Travail et Société*, 2(3), 73–94.

Allan, S., Sonwalkar, P. and Carter, C. (2007) Bearing witness: Citizen journalism and human rights issues. *Globalisation, Societies and Education*, 5(3), 373–89.

Allan, S. and Thorsen, E. (eds.) (2009) *Citizen journalism: Global perspectives*. New York: Peter Lang.

Allan, S. and Thorsen, E. (2011) Journalism, public service and BBC News online. In G. Meikle and G. Redden (eds.), *News online: Transformation and continuity*. Basingstoke: Palgrave Macmillan, 20–37.

Allan, S. and Zelizer, B. (2004) Rules of engagement: Journalism and war. In S. Allan and B. Zelizer (eds.), *Reporting war: Journalism in wartime*. London and New York: Routledge, 3–22.

Allen, E.W. (1922) The social value of a code of ethics for journalists. *The ANNALS of the American Academy of Political and Social Science*, 101(1), 170–9.

Anderson, B. (1983) *Imagined communities: Reflections on the origin and spread of nationalism*. London: Verso.

Anderson, R. S. (2012) Remediating #Iranelection: Journalistic strategies for positioning citizen-made snapshots and text bites from the 2009 Iranian post-election conflict. *Journalism Practice*, 6(3), 317–36.

Angell, N. (1922) *The press and the organisation of society*. London: Labour Publishing Company.

Applegate, C. (2011) Tweeting the killing of bin Laden: How a little geekery and I (maybe) helped break a story, 4 May. Available at www.qwghlm.co.uk.

Arendt, H. (1990) *On revolution*. London: Penguin.

Ashuri, T. and Pinchevski, A. (2009) Witnessing as a field. In P. Frosh and A. Pinchevski (eds.), *Media witnessing: Testimony in the age of mass communication*. Basingstoke: Palgrave Macmillan, 133–57.

Assange, J. (2006) Conspiracy as governance. IQ.org, 3 December. http://estaticos.elmundo.es/documentos/2010/12/01/conspiracies.pdf.

Assange, J. (2010a) Defending the leaks: Q&A with WikiLeaks' Julian Assange. Time.com, 27 July.

Assange, J. (2010b) WikiLeaks founder Julian Assange on the 'war logs'. Spiegel Online, www.spiegel.de, 27 July.

Assange, J. (2010c) WikiLeaks founder Julian Assange: Transparent government tends to produce just government. Democracy Now, www.democracynow.org, 28 July.

Assange, J. (2010d) The truth will always win. *The Australian*, 7 December.

Assange, J. (2011) *Julian Assange: The unauthorised autobiography*. Edinburgh: Canongate.

Assange, J. (2012) Julian Assange: The *Rolling Stone* interview, conducted by M. Hastings. *Rolling Stone*. 2 February.

Associated Press (1991) Man beaten by police gets released from jail. *The Register-Guard*. 7 March.

Atal, M. R. (2011) How information travels. Instant Cappuccino, www.maharafi-atal.com, 4 May.

Atton, C. (2010) Alternative journalism: Ideology and practice. In S. Allan (ed.), *The Routledge companion to news and journalism*. London and New York: Routledge, 169–78.

Azoulay, A. (2008) *The civil contract of photography*. New York: Zone Books.

Bahador, B. and Tng, S. (2010) The changing role of the citizen in conflict reporting. *Pacific Journalism Review*, 16(2), 178–94.

Bakir, V. (2010) *Sousveillance, media and strategic political communication*. London: Continuum.

Balaji, M. (2011) Racializing pity: The Haiti earthquake and the plight of 'Others'. *Critical Studies in Media Communication*, 28(1), 50–67.

Ball, J. and Lewis, P. (2011) Twitter and the riots: How the news spread. *The Guardian*, 7 December.

Barkho, L. (2010) *News from the BBC, CNN, and Al-Jazeera: How the three broadcasters cover the middle east*. Creskill, NJ: Hampton.

Barnhurst, K. G. and Nerone, J. (1999) The president is dead: American news photography and the new long journalism. In B. Brennan and H. Hardt (eds.), *Picturing the past: Media, history & photography*. Urbana and Chicago: University of Illinois Press, 60–92.

Barron, D. (2011) Graphic Gadhafi images highlight changed news era. *Houston Chronicle*, 20 October.

Bartley, A. (2010) Encountering democracy: The citizen-witness in twentieth-century US literature. Unpublished Ph.D. thesis, Michigan State University.

Bartter, M. A. (1988) *The way to ground zero: The atomic bomb in American science fiction*. New York: Greenwood Press.

Bauman, Z. (1989) *Modernity and the Holocaust*. Cambridge: Polity Press.

Baxter, S. (2011) Colonel Gaddafi, the trophy corpse. *The New Statesman*, 21 October.

BBC Monitoring (2011) New media emerge in 'liberated' Libya. 25 February. www.bbc.co.uk/news/world-middle-east-12579451.
Beaumont, C. (2008) Mumbai attacks: Twitter and Flickr used to break news. *The Telegraph*, 27 November.
Beaumont, P. (2011a) The truth about Twitter, Facebook and the uprisings in the Arab world. *The Guardian*, 25 February.
Beaumont, P. (2011b) Reporting Libya: Freelance coverage, full-time dangers. *The Guardian*, 13 November.
Beckett, C. (2008) *SuperMedia: Saving journalism so it can save the world.* Oxford: Blackwell.
Beckett, C. with Ball, J. (2012) *WikiLeaks: News in the networked era.* Cambridge: Polity Press.
Bell, M. (1997) TV news: How far should we go? *British Journalism Review*, 8(1), 7–16.
Bennett, D. (2011) A 'gay girl in Damascus', the mirage of the 'authentic voice' and the future of journalism. In J. Mair and R. L. Keeble (eds.), *Mirage in the desert? Reporting the 'Arab Spring'*. Bury St Edmunds: Abramis, 187–95.
Bennett, L.W., Lawrence, R. G., and Livingston, S. (2007) *When the press fails: Political power and the news media from Iraq to Katrina*. Chicago: University of Chicago Press.
Bird, K. and Lifschultz, L. (eds.) (1998) *Hiroshima's shadows*. Stony Creek, CT: Pamphleteer's Press.
Black, S. (2008) Twitter fills the Myanmar/China media vacuum. 19 May, www.crikey.com.au.
Boaden, H. (2008) The role of citizen journalism in modern democracy. Keynote speech at the e-Democracy conference, RIBA, London, 13 November.
Boczkowski, P. J. (2010) *News at work: Imitation in the age of information abundance*. Chicago: University of Chicago Press.
Boltanski, L. (1999) *Distant suffering: Morality, media and politics*. Cambridge: Cambridge University Press.
Boothroyed III, H. (2012) NYPD Tony Bologna is sued by his victims. Daily Kos blog, 13 February.
Bostwick, C. F. (2003) Enhanced Columbia picture aids probe. *The Daily News of Los Angeles*, 8 February.
Boudreau, J. (2011) Occupy Wall Street, brought to you by social media. *San José Mercury News*, 4 November.
Boyer, P. (1985) *By the bomb's early light: American thought and culture at the dawn of the atomic age*. New York: Pantheon Books.
Brabant, M. (2008) Rebellion deeply embedded in Greece. BBC News Online, 9 December.
Bradley, T. (1992) Reaction. *The Los Angeles Times*, 30 April.
Breslin, S. (2011) Why we love the porn of war. Forbes.com, 20 October.

Bruns, A. (2005) *Gatewatching: Collaborative online news production.* New York: Peter Lang.

Buckingham, D. and Willett, R. (eds.) (2009) *Video cultures: Media technology and everyday creativity.* Basingstoke: Palgrave Macmillan.

Burchett, W. (1945) The atomic plague. *The Daily Express*, 5 September.

Burchett, W. (1983) *Shadows of Hiroshima.* London: Verso.

Burke, P. (2001) *Eyewitnessing: The uses of images as historical evidence.* Ithaca, NY: Cornell University Press.

Busari, S. (2008) Tweeting the terror: How social media reacted to Mumbai. CNN, 27 November.

Butler, J. (2009) *Frames of war: When is life grievable?* London: Verso.

Campbell, D. (2007) Geopolitics and visuality: Sighting the Darfur conflict. *Political Geography*, 26, 357–82.

Carey, J. W. (1969) The communications revolution and the professional communicator. Reprinted in E. S. Munson and C. A. Warren (eds.), *James Carey: A critical reader.* Minneapolis: University of Minnesota Press, 128–43.

Carey, J.W. (2011) American journalism on, before, and after September 11. In B. Zelizer and S. Allan (eds.), *Journalism after September 11.* London and New York: Routledge, 85–103.

Carr, D. (2010) WikiLeaks taps power of the press. *The New York Times*, 12 December.

Carter, C. and Allan, S. (2005) Hearing their voices: Young people, citizenship and online news. In A. Williams and C. Thurlow (eds.), *Talking adolescence: Perspectives on communication in the teenage years.* New York: Peter Lang, 73–90.

Carvin, A. (2011) Interview with J. Weiner, The art of the RT: NPR's Andy Carvin tweets the Libyan revolution. Vanity Fair.com, 24 February.

Castells, M. (2000) *The rise of the network society*, 2nd edn. Oxford: Blackwell.

Castells, M. (2007) Communication, power and counter-power in the network society. *International Journal of Communication*, 1(1): 238–66.

Castells, M. (2009) Of walls and flows: An interview with Manuel Castells. *Occupied London: An anarchist journal of theory and action.* Available at www.occupiedlondon.org/castells/.

Castells, M. (2011) *Communication power.* Oxford: Oxford University Press.

Caulfield, B. and Karmali, N. (2008) Mumbai: Twitter's moment. Forbes.com, 28 November.

Chalfen, R. (2002) Snapshots 'r' us: The evidentiary problematic of home media. *Visual Studies*, 17(2), 141–9.

Channel 4 News (2011a) Arab revolt: Social media and the people's revolution. Channel4.com, 25 February.

Channel 4 News (2011b) Journalist witnesses Syrian authorities torturing activists. Channel4.com, 25 October.

Chivers, C. J., et al., (2010) View is bleaker than official portrayal of war in Afghanistan. *The New York Times*, 25 July.
Chomsky, N. (2012) What next for Occupy? Interview with M. Kamil and I. Escuela for InterOccupy. *The Guardian*, 30 April.
Chouliaraki, L. (2006) *The spectatorship of suffering*. London: Sage.
Chouliaraki, L. (2010a) Journalism and the visual politics of war and conflict. In S. Allan (ed.), *The Routledge companion to news and journalism*. London and New York: Routledge, 520–32.
Chouliaraki, L. (2010b) Ordinary witnessing in post-television news: Towards a new moral imagination. *Critical Discourse Studies*, 7(4), 305–19.
Christensen, C. (2008) Uploading dissonance: YouTube and the US occupation of Iraq. *Media, War & Conflict* 1(2), 155–75.
Clarke, K. (2011) Punish the feral rioters, but address our social deficit too. *The Guardian*, 5 September.
CNN transcript (1991) *Crossfire*. Cable News Network, 6 March.
Cohen, N. and Stelter, B. (2010) Iraq video brings notice to a web site. *The New York Times*, 6 April.
Cohen, R. (2009a) A journalist's 'actual responsibility'. *The New York Times*, 5 July.
Cohen, R. (2009b) New tweets, old needs. *The New York Times*, 10 September.
Cohen, R. (2011) Facebook and Arab dignity. *The New York Times*, 24 January.
Cohen, S. (2001) *States of denial: Knowing about atrocities and suffering*. Cambridge: Polity Press.
Coker, M. and Dagher, S. (2011) Gadhafi forces seek to widen grip. *The Wall Street Journal*, 5 March.
Colvin, M. (2010) Our mission is to report these horrors of war with accuracy and without prejudice. Speech delivered at memorial service, St Bride's Church, London, 10 November. Available at www.stbrides.com/news/archives/2010/11/truth_at_all_costs.html#.
Colvin, M. (2012) Final dispatch from Homs, the battered city. *The Sunday Times*, 19 February.
Committee for the Compilation of Materials on Damage Caused by the Atomic Bombs in Hiroshima and Nagasaki (1981) *Hiroshima and Nagasaki: The physical, medical, and social effects of the atomic bombs*. London: Hutchinson.
Cooper, A. (2010) In the midst of looting chaos. AC360° Anchor blog, 18 January.
Cooper, M. and Roberts, S. (2011) After 40 years, the complete Pentagon Papers. *The New York Times*, 7 June.
Cottle, S. (2009) *Global crisis reporting: Journalism in the global age*. Maidenhead: Open University Press.
Cottle, S. (2011) Media and the Arab uprisings 2011: Research notes. *Journalism: Theory, Practice & Criticism*, 12(5), 647–59.

Cottle, S. (2013) Journalists witnessing disasters: From the calculus of death to the injunction to care. Special issue of *Journalism Practice*, forthcoming.
Cottle, S. and Lester, L. (eds.) (2011) *Transnational protests and the media*. New York: Peter Lang.
Couldry, N. (2012) *Media, society, world: Social theory and digital media practice*. Cambridge: Polity Press.
Dahlgren, P. (ed.) (2007) *Young citizens and new media*. London: Routledge.
Dahlgren, P. (2009) *Media and political engagement*. Cambridge: Cambridge University Press.
Darroch, V. (2000) The six million words a day man: the anonymous communicator. *Scotland on Sunday*, 13 August.
Davidson, R. (2003) It's a real kick in the teeth, just when we need it least. *The Sunday Herald*, 2 February.
Davies, N. (2008) *Flat earth news*. London: Chatto and Windus.
Davies, N. (2010) Afghanistan war logs: Story behind biggest leak in intelligence history. *The Guardian*, 25 July.
Davies, N. and Leigh, D. (2010) Afghanistan war logs: Massive leak of secret files exposes truth of occupation. *The Guardian*, 25 July.
Davies, W. (2011) Covering the 'Arab Spring' has been dangerous, exciting and unpredictable. In J. Mair and R. L. Keeble (eds.), *Mirage in the desert? Reporting the 'Arab Spring'*. Bury St Edmunds: Abramis, 48–55.
Davis, W. (2011) Doubt over Tunisian 'martyr' who triggered revolution. BBC News, 17 June.
De Grazia, M. (1992) Sanctioning voice: Quotation marks, the abolition of torture, and the Fifth Amendment. *Cardozo Arts & Entertainment Law Journal*, 10(2), 545–66.
Deggans, E. (2011) How the Rodney King video paved the way for today's citizen journalism. CNN.com, 5 March.
Denmon, D. (2011) 'Luck' led journalist to exclusive on JFK assassination film. WFAA, KENS5.com, 21 November. Available at www.kens5.com/video/featured-videos/134254893.html.
Desmond, R.W. (1984) *Tides of war: World news reporting, 1931–1945*. Iowa City: University of Iowa Press.
Deutsch, L. (2001) 10 years later, LAPD struggling. Associated Press, 2 March.
Dewey, J. (1922) Review of *Public opinion*. *The New Republic*, 3 May, 286–8.
Dewey, J. (1925) Practical democracy. *The New Republic*, 2 December, 52–4.
Dewey, J. (1927) *The public and its problems*. Athens, OH: Swallow Press.
Dolnick, S. (2008) Bloggers provide raw view of Mumbai attacks. Associated Press, 30 November.
Domingo, D. and Paterson, C. (eds.) (2011) *Making online news*. New York: Peter Lang.
Domscheit-Berg, D. (2011) *Inside WikiLeaks: My time with Julian Assange at the world's most dangerous website*. London: Jonathan Cape.

Donsbach, W. (2010) Journalists and the profession identities. In S. Allan (ed.), *The Routledge companion to news and journalism*. London and New York: Routledge, 38–48.

Doskoch, B. (2007) Actually, Mathew, it's citizen witnessing. Media, BPS, Film, Minutaie blog, 15 November. Available at www.billdoskoch.ca.

Duffus, R. L. (1927) Dewey on democracy. *The New York Times*, 23 October, 15.

Duffy, J. (2000) The amateurs capturing history. BBC News Online, 28 July.

Economist, The (2008) Rioters of the world unite. *The Economist*, 18 December.

Economist, The (2011) #Occupytheweb democracy in America blog. *The Economist*, 11 October.

Eddo-Lodge, R. (2011) Twitter didn't fuel the Tottenham riot. Guardian Unlimited, 8 August.

Ellis, J. (2000) *Seeing things: Television in the age of uncertainty*. London: I. B. Tauris.

Ellis, J. (2012) *Documentary: Witness and self-revelation*. London: Routledge.

Ellsberg, D. (2011) Why the Pentagon Papers matter now. *The Guardian*, 13 June.

Emerson, B. (1991) Video boom has spawned a new breed of citizen news-hounds. *The Atlanta Journal and Constitution*, 24 April, Section C, 1.

Evans, B. (1959) Improvisation in jazz. Liner notes for Miles Davis, *Kind of blue*. Produced by Irving Townsend, Columbia Records, CL 1355.

Fahim, K. (2011) Slap to a man's pride set off tumult in Tunisia. *The New York Times*, 21 January.

Farley, J. (2011) Observations of a jailed journalist. *Metro Focus*, 27 September.

Feis, H. (1966) *The atomic bomb and the end of World War II*. Princeton, NJ: Princeton University Press.

Fenton, N. (ed.) (2010) *New media, old news: Journalism and democracy in the digital age*. London: Sage.

Fisher, A. (2011) The 'Arab Spring', social media, and Al Jazeera. In J. Mair and R. L. Keeble (eds.), *Mirage in the desert? Reporting the 'Arab Spring'*. Bury St Edmunds: Abramis, 149–59.

Foley, J. (2011) Like battlefield tourists, Libyan rebels film the fight. The Global Post.com, 5 October.

Foucault, M. (1977) *Discipline and punish: The birth of the prison*. London: Penguin.

Foucault, M. (1980) Truth and power. In C. Gordon (ed.), *Power/Knowledge: Selected interview and other writings 1972–1977*. Brighton: Harvester Press, 109–33.

Fowler-Watt, K. (forthcoming) The storytellers tell their stories: The journalist as educator. Unpublished Ph.D. thesis, University of Southampton.

Fox News (2010) Administration calls war document leak illegal, harmful amid calls for probe. FoxNews.com, 26 July.

Friend, C. and Singer, J. B. (eds.) (2007) *Online journalism ethics*. New York: Armonk.

Friend, D. (2007) *Watching the world change: The stories behind the images of 9/11*. London: I. B. Tauris.

Friend, D. (2011) Seeing 9/11 through a digital prism. *The Wall Street Journal*, 29 August.

Frisch, A. (2004) *The invention of the eyewitness: Witnessing & testimony in early modern France*. Chapel Hill, NC: UNC Department of Romance Languages.

Frosh, P. (2006) Telling presences: Witnessing, mass media, and the imagined lives of strangers. *Critical Studies in Media Communication*, 23(4), 265–84.

Frosh, P. and Pinchevski, A. (2009a) Introduction: Why media witnessing? Why now? In P. Frosh and A. Pinchevski (eds.), *Media witnessing: Testimony in the age of mass communication*. Basingstoke: Palgrave Macmillan, 1–19.

Frosh, P. and Pinchevski, A. (eds.) (2009b) *Media witnessing: Testimony in the age of mass communication*. Basingstoke: Palgrave Macmillan.

Gallagher, I. and Farrell, S. (2011) Riot blaze: North London in flames as police cars, bus and shops burn over police shooting of 'Gangster'. *The Daily Mail*, 6 August.

Gant, S. (2007) *We're all journalists now: The transformation of the press and reshaping of the law in the internet age*. New York: Free Press.

Gayle, D. (2011) 'I killed Gaddafi', claims Libyan rebel as most graphic video yet of dictator being beaten emerges. *The Daily Mail*, 25 October.

Gebauer, M., et al. (2010) Explosive leaks provide image of war from those fighting it. *Der Spiegel*, 25 July.

Gemenis, R. (2008) Greece in turmoil: Riots and politics. OpenDemocracy, 10 December.

Gerodimos, R. and Ward, J. (2007) Rethinking online youth civic engagement: Reflections on web content analysis. In B. D. Loader (ed.), *Young citizens in the digital age*. London: Routledge, 114–26.

Ghanavizi, N. (2011) Political protest and the Persian blogosphere. In S. Cottle and L. Lester (eds.), *Transnational protests and the media*. New York: Peter Lang, 255–67.

Ghonim, W. (2012) *Revolution 2.0: The power of the people is greater than the people in power*. London: Fourth Estate.

Gillmor, D. (2006a) The decline (and maybe demise) of the professional photojournalist. CitMedia.org, 4 December.

Gillmor, D. (2006b) *We the media: Grassroots journalism by the people, for the people*. Sebastopol, CA: *O'Reilly Media*.

Gillmor, D. (2011) Rodney King and the rise of the citizen photojournalist. MediaActive.com, 2 March.

Gimbel, S. E. (2005) Q&A: How has Katrina affected online journalism? Conference news, Online News Association, 28 October. http://conference.journalists.org/2005conference/archives/2005/10/qa_how_has_katr.php.

Goldstein, M. (2006) The other beating. *The Los Angeles Times*, 19 February.

Gombrich, E. H. (1982) *The image and the eye*. London: Phaidon.

Gowing, N. (2009) Real-time media is changing our world. *The Guardian*, 11 May.

Green, J. (2010) *The eyes of the people: Democracy in an age of suspicion*. Oxford: Oxford University Press.

Greenslade, R. (2010) 'Data journalism' scores a massive hit with Wikileaks revelations. Greenslade Blog, www.guardian.co.uk, 26 July.

Greenslade, R. (2011) Why *Daily Record* was censured by PCC for using picture of a dead man. *The Guardian*, 25 October.

Greenwald, G. (2010) The war on WikiLeaks and why it matters. Salon.com, 27 March.

Greer, C. and McLaughlin, E. (2010) We predict a riot? Public order policing, new media environments and the rise of the citizen journalist. *British Journal of Criminology*, 50(6), 1041–59.

Greer, C. and McLaughlin, E. (2011) 'This is not justice': Ian Tomlinson, institutional failure and the press politics of outrage. *British Journal of Criminology*, 52(2), 274–93.

Gruening, E. (1922) Review of *Public opinion*. *The Nation*, 26 July, 97–8.

Guedes Bailey, O. and Cammaerts, B., Carpentier, N. (2008) *Understanding alternative media*. Maidenhead: Open University Press.

Gunter, J. (2011) 'Wherever there was news, we went': Libya's 'A-Team' fixers on getting the story out. Journalism.co.uk, 17 November.

Guynn, J. (2008) SoCal earthquake has everyone a-Twitter. *The Los Angeles Times*, 29 July.

Haberman, C. (2011) A new generation of dissenters. City Room blog, The New York Times, 10 October.

Habermas, J. (1989) *The structural transformation of the public sphere*. Cambridge: Polity Press.

Halleck, D. (1998) Perpetual shadows: Representing the atomic age. *Wide Angle*, 20(2), 70–6.

Halliday, J. (2011a) Libya calls western journalists 'al-Qaida collaborators'. *The Guardian*, 24 February.

Halliday, J. (2011b) London riots: Sky, ITN and CNN reporters attacked. *The Guardian*, 9 August.

Halliday, J. (2011c) Gaddafi death video: BBC defends use of 'shocking' images. *The Guardian*, 21 October.

Hammond, P. (ed.) (1997) *Cultural difference, media memories: Anglo-American images of Japan*. London: Cassell.

Hampton, M. (2004) *Visions of the press in Britain, 1850–1950*. Urbana: University of Illinois Press.

Hampton, M. (2010) The Fourth Estate ideal in journalism history. In S. Allan (ed.), *The Routledge companion to news and journalism*. London and New York: Routledge, 3–12.

Hänska-Ahy, M. T. and Shapour, R. (2012) Who's reporting the protests? Converging practices of citizen journalists and two BBC World Service newsrooms, from Iran's election protests to the Arab uprisings. *Journalism Studies*, 13, in press.

Hanusch, F. (2010) *Representing death in the news: Journalism, media and mortality*. London: Palgrave.

Hariman, R. and Lucaites, J. L. (2007) *No caption needed: Iconic photographs, public culture, and liberal democracy*. Chicago: University of Chicago Press.

Hartley, J. (1992) *The politics of pictures: The creation of the public in the age of popular media*. London and New York: Routledge.

Hartley, J. (2010) Journalism, history and the politics of popular culture. In S. Allan (ed.), *The Routledge companion to news and journalism*. London and New York: Routlege, 13–24.

Hassan, R. (1999) Globalization: Information technology and culture in the space economy of late capitalism. *Information, Communication and Society* 2(3), 300–17.

Hastings, D. (1991a) Without videotape, TV officials say beating would not have stood out. Associated Press, 6 March.

Hastings, D. (1991b) Man who shot beating video trying to cope with national attention. Associated Press, 27 March.

Haven, P. (2008) Greek-inspired protests spread across Europe. Associated Press Worldstream, 12 December.

Hayword, F. H. and Langdon-Davies, B. N. (1919) *Democracy and the press*. Manchester: National Labour Press.

Heath, A. (2008) Mumbai attacks: A defining moment for citizen journalism? Demotix.com, 28 November.

Hendler, C. (2010) The story behind the publication of WikiLeaks's Afghanistan logs. *Columbia Journalism Review*, 28 July.

Heneghan, T. and Apps, P. (2011) Is gruesome no longer taboo? Reuters.com, 21 October.

Hennessy-Fiske, M. (2011) Reporter recalls Kennedy assassination, interview with Zapruder. *Los Angeles Times*, 22 November.

Hermida, A. (2012) Tweet the news: Social media streams and the practice of journalism. In S. Allan (ed.), *The Routledge companion to news and journalism*, revised edn. London and New York: Routledge, 671–82.

Herrmann, S. (2008) Mumbai, Twitter and live updates. BBC News Online, 4 December.

Hersey, J. (1946/1989) *Hiroshima*. New York: Vintage Books.

Hesford, W. S. (2004) Documenting violations: Rhetorical witnessing and the spectacle of distant suffering. *Biography*, 27(1), 104–44.

Hobbs, R. (2010) Digital and media literacy: A plan of action. A White Paper on the Digital and Media Literacy Recommendations of the Knight Commission on the Information Needs of Communities in a Democracy, Washington DC: The Aspen Institute.

Hockaday, M. (2011) The challenges of reporting Gaddafi's death. The Editors blog, BBC News, 21 October.

Hocking, W. E. (1929) Review of *The public and its problems*. *Journal of Philosophy*, 26(12), 329–35.

Hoffman, J. (2006) Sousveillance. *The New York Times*, 10 December.

Hogan, M. J. (ed.) (1996) *Hiroshima in history and memory*. Cambridge: Cambridge University Press.

Holcombe, A. N. (1922) Review of *Public opinion*. *American Political Science Review*, 16(3), 500–1.

Holehouse, M. and Millward, D. (2011) How technology fuelled Britain's first 21st century riot. *The Telegraph*, 8 August.

Hope, T. (2012) War on the streets. *Photo Professional*, 64(February), 24–8. Available at www.16beavergroup.org/mtarchive/archives/002849print.html.

Hoskins, A. and O'Loughlin, B. (2010) *War and media: The emergence of diffused war*. Cambridge: Polity Press.

Hu, J. (2001) Home videos star in online attack coverage. CNET News, 12 October.

Huffington, A. (2009) Bearing witness 2.0: You can't spin 10,000 tweets and camera phone uploads. *The Huffington Post*, 13 July.

Human Rights Watch (2009) 'We are afraid to even look for them': Enforced disappearances in the wake of Xinjiang's protests. HRW, October. Available at www.hrw.org.

Human Rights Watch (2010) Libya: Stop blocking independent web sites. HRW, www.hrw.org, 3 February.

Huxford, J. (2004) Surveillance, witnessing and spectatorship: The news and the 'war of images'. *Proceedings of the Media Ecology Association*, 5, 1–21.

Ibrahim, Y. (2010) The non-stop 'capture': The politics of looking in postmodernity. *The Poster*, 1(2), 167–85.

Independent, The (2005) Immediacy of amateur coverage comes into its own. 3 January.

Inglis, F. (2002) *People's witness: The journalist in modern politics*. New Haven and London: Yale University Press.

International Press Institute (2012) Deadly trends for journalists in 2011. IPI, 4 January.

Ito, M. (2010) Lessons for the future from the first post-Pokemón generation. *Nieman Reports*, 64(2), 18–20.

Jacobs, R. N. (2000) *Race, media, and the crisis of civil society: From Watts to Rodney King*. Cambridge: Cambridge University Press.

Jacobs, S. P. (2010) New York Times strikes back at WikiLeaks founder. TheDailyBeast.com, 28 July.

Jarvis, J. (2008) In Mumbai, witnesses are writing the news. *The Guardian*, 1 December.

Jawad, R. (2011a) 'Tripoli witness' recounts life in hiding. BBC News, 26 August.

Jawad, R. (2011b) BBC's 'Tripoli witness' comes out of hiding. Interview transcript, National Public Radio, 31 August. Available at www.npr.org.

Johnston, R. J. (1963) Movie amateur filmed attack: Sequence is sold to magazine. *New York Times*, 24 November, 5.

Jones, J. (2010) Statement of National Security Advisor General James Jones on Wikileaks. Office of the Press Secretary, 25 July. Available at www.whitehouse.gov/the-press-office/statement-national-security-advisor-general-james-jones-wikileaks.

Jones, J. (2011) The west wrings its hands over dead Gaddafi photos, but war is always hell. *The Guardian*, 25 October.

Jurkowitz, M. (2003) Again on TV, riveting scenes and gathering of grief. *The Boston Globe*, 2 February.

Kahney, L. (2001) Who said the Web fell apart? Wired News, 12 September.

Kalter, L. (2011) Five websites where citizen journalists are documenting riots in London. International Journalists' Network, IJNet.org, 8 August.

Kaplan, R. (2002) *Politics and the American press: The rise of objectivity, 1865–1920*. Cambridge: Cambridge University Press.

Kaplan, R. (2010) The origins of objectivity in American journalism. In S. Allan (ed.), *The Routledge companion to news and journalism*. London and New York: Routledge, 25–37.

Karim, K. H. (2011) Covering Muslims: Journalism as cultural practice. In B. Zelizer and S. Allan (eds.), *Journalism after September 11*, 2nd edn. London and New York: Routledge, 131–46.

Kazamias, A. (2011) Covering the 'Arab Spring': Oriental revolutionaries in the mainstream Western media. In J. Mair and R. L. Keeble (eds.), *Mirage in the desert? Reporting the 'Arab Spring'*. Bury St Edmunds: Abramis, 139–46.

Keane, J. (2003) *Global civil society?* Cambridge: Cambridge University Press.

Keen, A. (2007) *The cult of the amateur: How today's Internet is killing our culture and assaulting our economy*. London: Nicholas Braeley.

Keller, B. (2010) The war logs articles. *The New York Times*, 25 July.

Kellner, D. (2002) New media and new literacies: Reconstructing education for the new millennium. In L. A. Lievrouw and S. Livingstone (eds.), *Handbook of new media*. London: Sage, 90–104.

Kemp, S. and Turner, M. (2011) London riots: Journalists under attack share stories from the front lines. *Hollywood Reporter*, 10 August.

Kennedy, L. (2008) Securing vision: Photography and US foreign policy. *Media, Culture & Society*, 30(3), 279–94.
Kennedy, L. (2009) Soldier photography: Visualizing the war in Iraq. *Review of International Studies*, 35, 817–33.
Khan, S. (2008) Twitter cause a little controversy after Mumbai attacks – What about Pakistan? Green & White, http://greenwhite.org, 27 November.
Khatchadourian, R. (2010) No secrets: Julian Assange's mission for total transparency. *The New Yorker*, 7 June.
Khiabany, G. and Sreberny, A. (2009) The Iranian story: What citizens? What journalism? In S. Allan and E. Thorsen (eds.), *Citizen journalism: Global perspectives*. New York: Peter Lang, 121–32.
King, E. (2010) *Free for all: The internet's transformation of journalism*. Evanston, IL: Northwestern University Press.
Kirkpatrick, D. D. (2011) Qaddafi brutalizes foes, armed or defenceless. *The New York Times*, 4 March.
Kirkpatrick, D. D. and Sanger, D. E. (2011) A Tunisian–Egyptian link that shook Arab history. *The New York Times*, 13 February.
Kitch, C. (2009) Tears and trauma in the news. In B. Zelizer (ed.), *The changing faces of journalism*. New York: Routledge, 29–39.
Komninos, M. and Vamvakas, V. (2011) December 2008 revolt media (Greece). In J. Downing (ed.), *Encyclopedia of social movement media*. London: Sage, 159–62.
Krüger, F. (2011) Dying all over the front pages. *Mail & Guardian* (South Africa), 28 October.
Kurasawa, F. (2009) A message in a bottle: Bearing witness as a mode of transnational practice. *Theory, Culture & Society*, 26(1), 92–111.
Kurtz, H. (1991) Video vigilante seeks reward. *The Washington Post*, 4 June, B1.
Kurtz, H. (2010) Air leaks from the WikiLeaks balloon. *The Washington Post*, 28 July.
Lam, A. (2008) Letter from Athens. *New America Media*, 16 December.
Lambert, B. (2003) Media column. *Saint Paul Pioneer Press*, 5 February.
Lasica, J. D. (2003) Blogs and journalism need each other. *Nieman Reports*, Fall, 57(3), 70–4.
Lasica, J. D. (2005) Citizens' media gets richer. *OJR: The Online Journalism Review*, 7 September.
Lasswell, H. D. (1925) Review of *The phantom public*. *American Journal of Sociology*, 31(1), 533–5.
Laurence, W. L. (1946) *Men and atoms*. London: Hodder and Stoughton.
Laurence, W. L. (1947) *Dawn over zero: The story of the atomic bomb*. London: Museum Press.
Lawrence, W. H. (1945) No radioactivity in Hiroshima ruin. *The New York Times*, 13 September.

Leavis, F. R. and Thompson, D. (1933) *Culture and environment*. London: Chatto and Windus.

Lee, J. (2000) Point, shoot and coin it. *The Times*, 4 August.

Lee, M. (2008) Blogs feed information frenzy on Mumbai attacks. Reuters, 27 November.

Leigh, D. and Harding, L. (2011) *WikiLeaks: Inside Julian Assange's war on secrecy*. London: Guardian Books.

Levey, N. N. and Martinez, J. (2010) WikiLeaks reflects new model for muck-raking. *Pittsburgh Post-Gazette*, 27 July.

Lewis, J., Inthorn, S. and Wahl-Jorgensen, K. (2005) *Citizens or consumers? What the media tell us about political participation*. Maidenhead: Open University Press.

Lewis, P. (2011) Riots: The week that shook Britain. *The Guardian*, 13 August.

Lewis, P., Newburn, T., Nall, J. and Taylor, M. (2011) English rioters warn of more to come. *The Guardian*, 5 December.

Leyne, J. (2011) The reverberating echo chamber: Beyond the spectacle. In J. Mair and R. L. Keeble (eds.), *Mirage in the desert? Reporting the 'Arab Spring'*. Bury St Edmunds: Abramis, 40–3.

Lieberman, J. (2010) Lieberman condemns leak of Afghan war materials, 26 July. Available at http://lieberman.senate.gov/index.cfm/news-events/news/2010/7/lieberman-condemns-leak-of-afghan-war-materials.

Lievrouw, L. A. and Livingstone, S. (eds.) (2002) *Handbook of new media*. London: Sage.

Life (1963) Split-second sequence as the bullets struck. *Life*, 29 November.

Lifton, R. J. (1967) *Death in life: The survivors of Hiroshima*. London: Weidenfeld and Nicolson.

Lifton, R. J. and Mitchell, G. (1995) *Hiroshima in America*. New York: Avon.

Lillie, J. (2011) Nokia's MMS: A cultural analysis of mobile picture messaging. *New Media & Society*, 14(1), 80–97.

Lippmann, W. (1920) *Liberty and the news*. New York: Harcourt, Brace and Howe.

Lippmann, W. (1922) *Public opinion*. New York: Free Press.

Lippmann, W. (1925) *The phantom public*. New York: Harcourt Brace.

Lippmann, W. and Merz, C. (1920) A test of the news. A Supplement to *The New Republic*, 4 August, 1–42.

Lister, M., Dovey, J., Giddings, S., Grant, I. and Kelly, K. (2008) *New media: A critical introduction*, 2nd edn. London and New York: Routledge.

Liu, S., Palen, L., Sutton, J., Hughes, A. L. and Vieweg, S. (2009) Citizen photojournalism during crisis events. In S. Allan and E. Thorsen (eds.), *Citizen journalism: Global perspectives*. New York: Peter Lang, 43–63.

Loader, B. D. (ed.) (2007) *Young citizens in the digital age*. London: Routledge.

Lodish, E. (2011) Gaddafi's end: How cell phones became weapons of choice. GlobalPost.com, 21 October.

Lotan, G. (2011) Breaking Bin Laden: Visualizing the power of a single tweet. blog.socialflow.com, 6 May.
Loyd, A. (2012) The cosmos has made a terrible mistake. *The Times*, 23 February.
Maclear, K. (1999) *Beclouded visions: Hiroshima–Nagasaki and the art of witness*. Albany: State University of New York Press.
Madrigal, A. (2010) Wikileaks may have just changed the media, too. *The Atlantic*, 25 July.
Mahr, K. (2009) Neda Agha-Soltan. *Time*, 8 December.
Mair, J. (2011) Behind the Sky scoop: The Libyan revolution and British TV news. In J. Mair and R. L. Keeble (eds.), *Mirage in the desert? Reporting the 'Arab Spring'*. Bury St Edmunds: Abramis, 59–64.
Mair, J. and Keeble, R. L. (eds.) (2011) *Mirage in the desert? Reporting the 'Arab Spring'*. Bury St Edmunds: Abramis.
Markham, T. (2011) Hunched over their laptops: Phenomenological perspectives on citizen journalism. *Review of Contemporary Philosophy*, 10, 150–64.
Marsh, K. (2011) The 'Arab Spring' did not take place. In J. Mair and R. L. Keeble (eds.), *Mirage in the desert? Reporting the 'Arab Spring'*. Bury St Edmunds: Abramis, 109–20.
Mason, P. (2012) *Why it's kicking off everywhere: The new global revolutions*. London: Verso.
Matheson, D. (2003) Scowling at their notebooks: How British journalists understand their writing. *Journalism*, 4, 2, 165–83.
Matheson, D. and Allan, S. (2009) *Digital war reporting*. Cambridge: Polity Press.
Matheson, D. and Allan, S. (2010) Social networks and the reporting of conflict. In R. L. Keeble, J. Tulloch and F. Zollmann (eds.), *Peace journalism, war and conflict resolution*. New York: Peter Lang, 173–92.
McAthy, R. (2011) 'It's gone viral': How a student's riot liveblog brought a million views in a day. Journalism.co.uk, 10 August.
McAthy, R. and Gunter, J. (2010) Wikileaks editor Julian Assange says there is 'more to come' after Afghanistan leak. Journalism.co.uk, 26 July.
McChesney, R.W. and Pickard, V. (eds.) (2011) *Will the last reporter please turn out the lights? The collapse of journalism and what can be done to fix it*. New York: The New Press.
McDermott, A. (2001) Amateur video plays prominent role in society. CNN transcript, *CNN Saturday Morning News* with M. O'Brien as CNN Anchor, 3 March.
McIntyre, J. (2010) WikiLeaks: Whistleblowers or info-terrorists? LineOfDeparture.com, 27 July.
McNair, B. (2011) Managing the online news revolution: The UK experience. In G. Meikle and G. Redden (eds.), *News online: Transformations and Continuities*. London: Palgrave MacMillan, 38–52.

Meikle, G. and Redden, G. (eds.) (2011) *News online: Transformations and continuities*. London: Palgrave Macmillan.
Mellor, N. (2011) 'Why do they hate us?' Seeking answers in the pan-Arab news coverage of 9/11. In B. Zelizer and S. Allan (eds.), *Journalism after September 11*, 2nd edn. London and New York: Routledge, 147–66.
Messenger-Davies, M. (2010) *Children, media and culture*. Maidenhead: Open University Press.
Mihailidis, P. (2009) *Media literacy: Empowering youth worldwide*. Washington, DC: Center for International Media Assistance.
Mihailidis, P. (ed.) (2012) *Global perspectives for the newsroom and the classroom*. New York: Peter Lang.
Mindich, D. T. Z. (1998) *Just the facts: How 'objectivity' came to define American journalism*. New York: NYU Press.
Mir, M. (2011) Was Al Jazeera English's coverage of the 2011 Egyptian revolution 'campaigning journalism'? In J. Mair and R. L. Keeble (eds.), *Mirage in the desert? Reporting the 'Arab Spring'*. Bury St Edmunds: Abramis, 160–71.
Mirzoeff, N. (2005) *Watching Babylon: The war in Iraq and global visual culture*. New York and London: Routledge.
Mirzoeff, N. (2011) *Right to look: A counterhistory of visuality*. Durham, NC: Duke University Press.
Mitchell, A. (2010) Revealing the digital news experience: For young and old. *Nieman Reports*, 64(2), 27–9.
Mitchell, D. (2011) No, Twitter hgasn't replaced CNN. blogs.sfweekly.com, 3 May.
Mitchell, W. J. T. (2011) *Cloning terror: The war of images, 9/11 to the present*. Chicago: University of Chicago Press.
Moeller, S. D. (1999) *Compassion fatigue: How the media sell disease, famine, war, and death*. New York: Routledge.
Moeller, S. D. (2009a) *Packaging terrorism: Co-opting the news for politics and profit*. Malden, MA: Wiley-Blackwell.
Moeller, S. D. (2009b) *Media literacy: Citizen journalists*. Washington, DC: Center for International Media Assistance.
Moore, S. (2011) Yes, he had it coming, but did we really need to gloat like barbarians? *Mail on Sunday* (London), 23 October.
Morozov, E. (2008) The alternative's alternative. OpenDemocracy, 29 December.
Morozov, E. (2011) *The net delusion: How not to liberate the world*. London: Allen Lane.
Mortensen, M. (2011) When citizen photojournalism sets the news agenda: Neda Agha Soltan as a Web 2.0 icon of post-election unrest in Iran. *Global Media and Communication*, 7(4), 4–16.
Mortensen, M. (2012) The eyewitness in the age of digital transformation. In K. Andén-Papadopoulos and M. Pantti (eds.), *Amateur images and global news*. Bristol: Intellect, 61–76.

Moses, A. (2008) Mumbai attacks reported live on Twitter, Flickr. *The Sydney Morning Herald*, 27 November.
Mulhmann, G. (2008) *A political history of journalism*. Cambridge: Polity Press.
Mulhmann, G. (2010) *Journalism for democracy*. Cambridge: Polity Press.
Myers, S. (2010) How WikiLeaks is changing the news power structure. www.poynter.org, 27 July.
Myers, S. (2011a) How citizen journalism has changed since George Holliday's Rodney King video. www.poynter.org, 3 March.
Myers, S. (2011b) How 4 people & their social network turned an unwitting witness to bin Laden's death into a citizen journalist. www.poynter.org, 5 May.
Myers, S. (2011c) Why the man who tweeted Osama bin Laden raid is a citizen journalist. www.poynter.org, 5 May.
Neuman, J. (1996) *Lights, camera, war: Is media technology driving international politics?* New York: St Martin's Press.
New York Times, The (1920) Press agents and public opinion, 5 September, 3.
New York Times, The (1998) The Zapruder film. Editorial leader, *The New York Times*, 23 June.
New York Times, The (2011) *Open secrets: WikiLeaks, war and American diplomacy*. E-book.
New York Times Co. v. *United States*. Certiorari to the United States Court of Appeals for the Second Circuit. No. 1873. Argued: 26 June 1971 – Decided: 30 June 1971; Mr Justice Black, with whom Mr Justice Douglas joins, concurring. www.law.cornell.edu/supct/html/historics/USSC_CR_0403_0713_ZC.html.
Newman, K. (1999) *Millennium movies: End of the world cinema*. London: Titan Books.
Newsweek (2011) Tumblr post, 20 October. Available at http://newsweek.tumblr.com/post/11694030747/warning-this-is-video-of-muammar-gaddafis-corpse.
Nip, J. (2009) Citizen journalism in China: The case of the Wenchuan earthquake. In S. Allan and E. Thorsen (eds.), *Citizen journalism: Global perspectives*. New York: Peter Lang, 95–106.
Nunan, M. P. (2010) Compassion, self-congratulation and cynicism: Haiti and broadcast news, 16 January. Available at http://trueslant.com/.
Nystedt, D. (2009) Wikileaks plans to make the web a leakier place. ComputerWorld.com, 9 October.
O'Carroll, L. (2011) London riots: Photographers targeted by looters. Guardian Unlimited, 9 August.
O'Carroll, T. (2011) Cameras, livestreaming and activism at Occupy Wall Street. Video for Change blog, 8 November.
O'Connell, P. L. (2001) Online diary: Taking refuge on the Internet, a quilt of tales and solace. *The New York Times*, 20 September.
O'Hanlon, E. (2011) Seeing death as it happens brings cruel realities of war to the fore. *Sunday Independent* (Ireland), 30 October.

O'Neill, M. (2011) How YouTube is aiding the Libyan revolution. *Social Times*, 26 February.

Obama, B. (2011) Transcript: Obama announces the death of Osama bin Laden. Available at http://articles.cnn.com, 2 May.

Oborne, P. (2011) The moral decay of our society is as bad at the top as the bottom. *The Telegraph*, 11 August.

Oliver, K. (2001) *Witnessing: Beyond recognition*. Minneapolis: University of Minnesota Press.

Ostrow, J. (2003) With images hard to grasp, TV still conveyed tragedy. *The Denver Post*, 2 February.

Pantti, M. and Bakker, P. (2009) Misfortunes, memories and sunsets: Non-professional images in Dutch news media. *International Journal of Cultural Studies*, 12(5), 471–89.

Papacharissi, Z. A. (2010) *A private sphere: Democracy in a digital age*. Cambridge: Polity Press.

Park, R. E. (1922) Review of *Public opinion*. *American Journal of Sociology*, 28(2), 232–4.

Park, R. E. (1929) Review, *The public and its problems*. *The American Journal of Sociology*, 34(6), 1192–4.

Pasternack, A. (2010) The strange history of the Zapruder film. MotherBoard, 22 November. Available at http://motherboard.vice.com.

Peat, D. (2010) Cellphone cameras making everyone a walking newsroom. *Toronto Sun*, 1 February.

Pepper, D. (2008) India's media blasted for sensational Mumbai coverage. *Christian Science Monitor*, 24 December.

Pepper, S. C. (1928) Review, *The public and its problems*. *International Journal of Ethics*, 38(4), 478–80.

Perlmutter, D. D. (1999) *Visions of war: Picturing warfare from the stone age to the cyber age*. New York: St Martin's Griffin.

Peters, J. D. (2001) Witnessing. *Media, Culture & Society*, 23(6), 707–23.

Peters, J. D. (2009) An afterword: Torchlight red on sweaty faces. In P. Frosh and A. Pinchevski (eds.), *Media witnessing: Testimony in the age of mass communication*. Basingstoke: Palgrave Macmillan, 42–8.

Pew Research Center's Internet & American Life Project (2011) Social networking sites and our lives. Available at http://pewinternet.org/Reports/2011/Technology-and-social-networks.aspx.

Pfanner, E. (2011) Cameron exploring crackdown on social media after riots. *The New York Times*, 11 August.

Politkovskaya, A. (2006) A condemned woman. *The Guardian*, 14 October.

Pollard, R. (2011) Bearing witness to the horror and the hope of a nation reborn. *The Sydney Morning Herald*, 10 September.

Poniewozik, J. (2011) Did you need to see Gaddafi's corpse? *Time*, 20 October.

Poole, O. (2011) The good guys were for once saved. The bad guys beaten. In J. Mair and R. L. Keeble (eds.), *Mirage in the desert? Reporting the 'Arab Spring'*. Bury St Edmunds: Abramis, 18–35.

Poulsen, K. and Zetter, K. (2010) US intelligence analyst arrested in Wikileaks video probe. Wired.com, 6 June.

Powaski, R. E. (1987) *March to Armageddon: The United States and the nuclear arms race, 1939 to the present*. New York: Oxford University Press.

Power, N. (2011) There is a context to London's riots that can't be ignored. *The Guardian*, 8 August.

Preston, P. (2011) Boundaries are crossed as grim images of Gaddafi flood the media. *The Observer*, 23 October.

Pulitzer, J. (1904) The School of Journalism in Columbia University, 2006 facsimile reproduction: *The School of Journalism*. Seattle: Inkling Books.

Radio Free Asia (2009) Media strategy in Xinjiang. RFA, 16 July.

Rantavuo, H. (2008) *Connecting photos: A qualitative study of cameraphone photo use*. Helsinki: University of Art and Design Helsinki.

Reading, A. (2009) Mobile witnessing: Ethics and the camera phone in the 'war on terror'. *Globalizations*, 6(1), 61–76.

Rees, J. (2000) Snapshots that froze history. *Sunday Business*, 30 July.

Rentschler, C. (2004) Witnessing: US citizenship and the vicarious experience of suffering. *Media, Culture & Society*, 26(2), 296–304.

Rentschler, C. (2009) From danger to trauma: Affective labor and the journalistic discourse of witnessing. In P. Frosh and A. Pinchevski (eds.), *Media witnessing: Testimony in the age of mass communication*. Basingstoke: Palgrave Macmillan, 158–81.

Reporters Sans Frontières (2009) Concern about harsh crackdown following Xinjiang rioting. RSF press release, 8 July.

Reuters (2008) Protestors rule the web in internet backwater Greece. *Reuters Global News Journal*, 18 December.

Rhodes, R. (1986) *The making of the atomic bomb*. New York: Touchstone / Simon and Schuster.

Rice, X. (2007) The looting of Kenya. *The Guardian*, 31 August.

Richards, B. (2010) News and the emotional public sphere. In S. Allan (ed.), *The Routledge companion to news and journalism*. London and New York: Routledge, 301–11.

Richards, J. and Lewis, P. (2011) How Twitter was used to spread – and knock down – rumours during the riots. *The Guardian*, 7 December.

Riegert, K., Hellman, M., Robertson, A. and Mral, B. (2010) *Transnational and national media in global crisis: The Indian Ocean tsunami*. Creskill, NJ: Hampton.

Robinson, S. (2009) 'If you had been with us': Mainstream press and citizen journalists jockey for authority over the collective memory of Hurricane Katrina. *New Media and Society*, 11(5), 795–814.

Robinson, S. and DeShano, C. (2011) Citizen journalists and their third places; What makes people exchange information online (or not). *Journalism Studies* 12(5): 642–57.
Rockow, L. (1926) Review of *The phantom public*. *The Nation*, 19 May, 556–7.
Rodríguez, C. (2011) *Citizens' media against armed conflict: Disrupting violence in Colombia*. Minneapolis: University of Minnesota Press.
Rosen, J. (2006) The people formerly known as the audience. Pressthink.org, 27 June.
Rosen, J. (2010a) The Afghanistan war logs released by Wikileaks, the world's first stateless news organization. Pressthink.org, 26 July.
Rosen, L. (2010b) Understanding the iGeneration: Before the next mini-generation arrives. *Nieman Reports*, 64(2), 24–6.
Rosenberry, J. and St. John III, B. (eds.) (2010) *Public journalism 2.0: The promise and reality of a citizen-engaged press*. New York and London: Routledge.
Rosoff, M. (2011) Twitter just had its CNN moment. *Business Insider*, 2 May.
Rubin, S. (1991) The home video news amateurs' tapes get on TV. *The San Franciso Chronicle*, 3 April, B3.
Russell, A. (2007) Digital communication networks and the journalistic field: the 2005 French riots. *Critical Studies in Media Communication* 24(4): 285–302.
RWB (2011) Countries under surveillance: Libya. Reporters Without Borders http://en.rsf.org/surveillance-libya,39717.html.
S, A. (2008) Eye witness from Thessaloniki. OpenDemocracy, 12 December.
Said, E. (1977) *Orientalism*. London: Penguin.
Said, E. (1990) Islam through Western eyes. *The Nation*, 26 April.
Said, E. (1997) *Covering Islam: How the media and the experts determine how we see the rest of the world*, 2nd edn. London: Vintage.
Sambrook, R. (2009) Citizen journalism. In J. Owen and H. Purdey (eds.), *International news reporting*. Oxford: Wiley-Blackwell, 220–42.
Sandels, A. (2011) LIBYA: Amateur video footage purportedly depicts battle scenes in Zawiyais. *The Los Angeles Times*, 24 February. Available at http://latimesblogs.latimes.com.
Sarvas, R. and Frohlich, D. M. (2011) *From snapshots to social media – The changing picture of domestic photography*. London: Springer.
Schechter, D. (2005) Helicopter journalism. Mediachannel.org, 5 January.
Schiller, D. (1981) *Objectivity and the news*. Philadelphia: University of Pennsylvania Press.
Schmidt, T. S. (2007) A Wiki for whistle-blowers. *Time*, 22 January.
Schudson, M. (1978) *Discovering the news: A social history of American newspapers*. New York: Basic Books.

Schudson, M. (1998) *The good citizen: A history of American civic life*. New York: Free Press.

Schudson, M. (2008) *Why democracies need an unlovable press*. Cambridge: Polity Press.

Sefton-Green, J. (eds.) (1998) *Digital diversions: Youth culture in the age of multimedia*. London: UCL Press.

Seib, P. (2010). News and foreign policy: Defining influence, balancing power. In S. Allan (ed.), *The Routledge companion to news and journalism*. London and New York: Routledge, 533–41.

Shalett, S. (1945) First atomic bomb dropped on Japan. *The New York Times*, 7 August.

Shanbhag, A. (2008) Mumbai blasts: Taj burning: More pics from terrorist killing. 26 November. Available at http://arunshanbhag.com/tag/taj-burning/.

Shirky, C. (2008) *Here comes everybody: The power of organizing without organizations*. New York: Allen Lane.

Shirky, C. (2010) *Cognitive surplus: Creativity and generosity in a connected age*. New York: Allen Lane.

Shukri, M. (2011) How social media gets information to Libyan population. BBC News Online, 22 February.

Siegel, J. (2011) Witnessing war: Blogs from soldiers in Iraq and Afghanistan. Media@LSE Electronic M.Sc. Dissertation Series. London: LSE.

Sifry, M. L. (2011) *WikiLeaks and the age of transparency*. Berkeley, CA: Counterpoint.

Silverman, C. (2010) How WikiLeaks outsourced the burden of verification. *Columbia Journalism Review*, 30 July.

Silverstone, R. (2006) *Media and morality*. Cambridge: Polity Press.

Sinclair, U. (1920) *The brass check: A study of American journalism*. Pasadena, CA.

Singer, J. B., Hermida, A., Domingo, D., et al. (2011) *Participatory journalism: Guarding the open gates at online newspapers*. Malden, MA: Wiley-Blackwell.

Smith, K. and McConville, B. (2011) How the media marginalised the economic roots of the 'Arab Spring'. In J. Mair and R. L. Keeble (eds.), *Mirage in the desert? Reporting the 'Arab Spring'*. Bury St Edmunds: Abramis, 128–38.

Smith, T.V. (1929) Review of *The public and its problems*. *The Philosophical Review*, 38(2), 177–80.

Smith-Spark, L. (2011) Graphic images capture Gadhafi's final moments. CNN, 20 October.

Snickars, P. and Vonderau, P. (eds.) (2009) *The YouTube reader*. Stockholm: National Library of Sweden.

Snow, J. (2005) Nothing beats the reporter on the spot. *The Guardian*, 21 November.

Snow, J. (2011) The golden age of journalism. *Port Magazine*, March.

Sontag, S. (1977) *On photography*. London: Penguin.
Sontag, S. (2003) *Regarding the pain of others*. London: Penguin.
Sontag, S. (2004) *Regarding the torture of others. New York Times Magazine*, 23 May.
Sonwalkar, P. (2009) Byte by byte: Journalism's growing potential to reflect the idea of India. *Journalism: Theory, Practice and Criticism*, 10(3), 374–6.
Sreedharan, C., Thorsen, E. and Allan, S. (2012) WikiLeaks and the changing forms of information politics in the network society. In E. Downey and M. A. Jones (eds.), *Public service, governance and Web 2.0 technologies: Future trends in social media*. Hershey PA: IGI Global, 167–80.
Stack, G. (2009) 'Twitter revolution' Moldovan activist goes into hiding. *The Guardian*, 15 April.
Stanley, A. (2010) Broadcast coverage: Compassion and self-congratulation. *The New York Times*, 16 January.
Stelter, B. (2011) How the Bin Laden announcement leaked out. Media Decoder Blog, *The New York Times*, 1 May.
Stelter, B. and Cohen, N. (2008) Citizen journalists provided glimpses of Mumbai attacks. *The New York Times*, 29 November.
Stirland, S. L. (2008) As TV networks focus on Mumbai landmarks, local captures ground shots on Flickr. Wired.com, 27 November.
Stolley, R. B. (1998) Zapruder Rewound. *Life*, 21(10), September.
Strangelove, M. (2010) *Watching YouTube: Extraordinary videos by ordinary people*. Toronto: University of Toronto Press.
Stray, J. (2010) Is this the future of journalism? *Foreign Policy*, 7 April.
Strom, S. (2010) Pentagon sees a threat from online muckrakers. *The New York Times*, 17 March.
Strunsky, S. (1925) Government by the people. *The New York Times*, 25 October, BR1.
Stuffco, J. (2008) Mumbai crisis put 'citizen journalists' in spotlight. CTV.ca, 28 November.
Sturken, M. (2007) *Tourists of history: Memory, kitsch, and consumerism from Oklahoma City to ground zero*. Durham and London: Duke University Press.
Sweeney, C.W. with Antonucci, J. A. and Antonucci, M. K. (1997) *War's end: An eyewitness account of America's last atomic mission*. New York: Avon Books.
Sydney Morning Herald (2012) Editorial: The death of a witness. 24 February, 12.
Tait, R. and Weaver, M. (2009) How Neda Agha-Soltan became the face of Iran's struggle. *The Guardian*, 22 June.
Tait, S. (2011) Bearing witness, journalism and moral responsibility. *Media, Culture & Society*, 33(8), 1220–35.
Taubert, E. (2012) So, you're still using the phrase citizen-journalism. Dailycrowdsource.com, 14 May.

Tester, K. (2001) *Compassion, morality and the media*. Buckingham: Open University Press.

Thiessen, M. (2010) WikiLeaks must be stopped. *The Washington Post*, 3 August.

Thurman, N. (2008) Forums for citizen journalists? Adoption of user generated content initiatives by online news media. *New Media & Society*, 10(1), 139–57.

Thussu, D. (2009) Turning terrorism into a soap opera. *British Journalism Review*, 20(1), 13–18.

Topol. S. A. (2011) This is how you start a war: Libya's frantic flight for the future. *Gentleman's Quarterly*, June. www.gq-magazine.co.uk.

Townend, J. (2009) Difficult to get western media attention on Kenyan killings and disappearances, says WikiLeaks editor. Journalism.co.uk, 5 June.

Trice, M. (2011) Frontline history is not war porn. Partisans.org, 21 October.

Tsimas, P. (2008) Transcript of speech to Global Forum for Media Development, posted by Andrew Lam on 'Chez Andrew'. New America Media blog, 10 December.

Tumber, H. (2010) Journalists and war crimes. In S. Allan (ed.), *The Routledge companion to news and journalism*. London and New York: Routledge, 533–41.

Turkle, S. (2011) *Alone together: Why we expect more from technology and less from each other*. New York: Basic Books.

Turner, G. (2010) *Ordinary people and the media*. London: Sage.

Vågnes, Ø. (2011) *Zaprudered: The Kennedy assassination in visual culture*. Austin, TX: University of Austin Press.

Vande Berg, L. R. (1995) Living room pilgrimages: Television's cyclical commemoration of the assassination anniversary of John F. Kennedy. *Communication Monographs*, 62, 47–64.

Villi, M. (2010) *Visual mobile communication: Camera phone photo messages as ritual communication and mediated presence*. Aalto: Aalto University School of Art and Design.

Vis, F. (2009) Wikinews reporting of Hurricane Katrina. In S. Allan and E. Thorsen (eds.), *Citizen journalism: Global perspectives*. New York: Peter Lang, 65–74.

Wahl-Jorgensen, K. and Hanitzsch, T. (eds.) (2009) *Handbook of journalism studies*, London and New York: Routledge.

Wallace, S. (2009) Watchdog or witness? The emerging forms and practices of videojournalism. *Journalism*, 10, 5, 684–701.

Warnick, B. (2002) *Critical literacy in a digital era*. Mahwah, NJ: Lawrence Erlbaum.

Washbrook, C. (2011) Online journalist Mohammed Nabbous killed in Libya. The SpyReport, 20 March. Available at www.mediaspy.org.

Watson, H. (2011) Preconditions for citizen journalism: A sociological assessment. Sociological Research Online, 16(3) 6.

Waxman, Z.V. (2006) *Writing the Holocaust: Identity, testimony, representation*. Oxford: Oxford University Press.
Weart, S. R. (1988). *Nuclear fear: A history of images*. Cambridge, MA, and London: Harvard University Press.
Webb, J. (2011) Why the job of the journalist remains so vital today. In J. Mair and R. L. Keeble (eds.), *Mirage in the desert? Reporting the 'Arab Spring'*. Bury St Edmunds: Abramis, 1–3.
Weber, M. (1919) Politics as a vocation. In D. Owen and T. B. Strong (eds.) (2004) *The vocation lectures*, trans. by R. Livingstone. Indianapolis, IN: Hackett, 32–94.
Weine, S. (2006) *Testimony after catastrophe*. Evanston, IL: Northwestern University Press.
Weller, G. (2006) *First into Nagasaki*. New York: Three Rivers Press.
Wigley, S. and Fontenot, M. (2009) Where media turn during crises: A look at information subsidies and the Virginia Tech shootings. *Electronic News*, 3(2), 94–108.
Willey, M. W. (1926) Review of *The phantom public*. *Social Forces*, 4(4), 854–8.
Williams, J. (2012) When journalism comes under fire. BBC News Online, The Editors blog, 21 February.
Williams, R. (1963) *Culture and society, 1780–1950*. Harmondsworth: Penguin.
Wines, M. (2009) In latest upheaval, China applies new strategies to control flow of information. *The New York Times*, 6 July.
Witherow, J. (2012) Letter to staff. *The Times*, 22 February.
Wolfe, A. (2008) Twitter in controversial spotlight amid Mumbai attacks. *Information Week*, 29 November.
Wolff, M. (2010) Can WikiLeaks save journalism? Newser.com, 27 July.
Woodward, R. B. (2003) The 40th anniversary of a 26-second reel. *The New York Times*, 16 November.
Wrone, D. R. (2003) *The Zapruder film: Reframing Kennedy's assassination*. Lawrence: University Press of Kansas.
Zelizer, B. (1992) Covering the body: The Kennedy assassination, the media, and the shaping of collective memory. Chicago, IL: University of Chicago Press.
Zelizer, B (1993) Journalists as interpretive communities. *Critical Studies in Mass Communication*, 10(3), 219–37.
Zelizer, B. (1998) *Remembering to forget: Holocaust memory through the camera's eye*. Chicago: University of Chicago Press.
Zelizer, B. (2002a) Photography, journalism, trauma. In B. Zelizer and S. Allan (eds.), *Journalism after September 11*. London and New York: Routledge, 48–68.
Zelizer, B. (2002b) Finding aids to the past: Bearing personal witness to traumatic public events. *Media, Culture & Society*, 24, 697–714.
Zelizer, B. (2005) Journalism through the camera's eye. In S. Allan (ed.), *Journalism: Critical issues*. Maidenhead: Open University Press, 167–76.

Zelizer, B. (2007) On 'having been there': 'Eyewitnessing' as a journalistic key word. *Critical Studies in Media Communication*, 24(5), 408–28.
Zelizer, B. (2010) *About to die: How news images move the public*. New York: Oxford University Press.
Zelizer, B. (2012) Journalists as interpretive communities, revisited. In S. Allan (ed.), *The Routledge companion to news and journalism*, revised edn. London and New York: Routledge, 181–90.
Zelizer, B. and Allan, S. (eds.) (2011) *Journalism after September 11*, 2nd edn. London and New York: Routledge.

索 引

（条目后数字为英文原书页码，即本书页边码）

图书在版编目(CIP)数据

危机时代重思新闻业/(英)斯图尔特·艾伦(Stuart Allan)著;胡特译.--北京:中国传媒大学出版社,2023.2(2024.1重印)
(传播与中国译丛.新闻·新技术·公共生活)
ISBN 978-7-5657-3388-8

Ⅰ.①危… Ⅱ.①斯… ②胡… Ⅲ.①突发事件—新闻报道—研究 Ⅳ.①G212

中国版本图书馆CIP数据核字(2023)第014650号

著作权合同登记号 图字:01-2023-0112

危机时代重思新闻业
WEIJI SHIDAI CHONGSI XINWENYE

著　者	[英]斯图尔特·艾伦(Stuart Allan)		
译　者	胡　特		
校　译	张昱辰		
责任编辑	杨小薇		
封面设计	拓美设计		
责任印制	阳金洲		
出版发行	中国传媒大学出版社		
社　址	北京市朝阳区定福庄东街1号	邮　编	100024
电　话	86-10-65450528　65450532	传　真	65779405
网　址	http://cucp.cuc.edu.cn		
经　销	全国新华书店		
印　刷	唐山玺诚印务有限公司		
开　本	880mm×1230mm　1/32		
印　张	10.75		
字　数	230千字		
版　次	2023年2月第1版		
印　次	2024年1月第2次印刷		
书　号	ISBN 978-7-5657-3388-8/G·3388	定　价	49.00元

本社法律顾问:北京嘉润律师事务所　郭建平